个人所得税
课税模式改革研究

刘 娟 著

中国政法大学出版社

2022·北京

图书在版编目（ＣＩＰ）数据

个人所得税课税模式改革研究/刘娟著. —北京：中国政法大学出版社，2022.8
ISBN 978-7-5764-0606-1

Ⅰ.①个… Ⅱ.①刘… Ⅲ.①个人所得税－税收改革－研究－中国 Ⅳ.①F812.424

中国版本图书馆 CIP 数据核字 (2022) 第 138156 号

出 版 者	中国政法大学出版社
地 　 址	北京市海淀区西土城路 25 号
邮寄地址	北京 100088 信箱 8034 分箱　邮编 100088
网 　 址	http://www.cuplpress.com (网络实名：中国政法大学出版社)
电 　 话	010-58908586(编辑部) 58908334(邮购部)
编辑邮箱	zhengfadch@126.com
承 　 印	固安华明印业有限公司
开 　 本	720mm×960mm　1/16
印 　 张	20
字 　 数	320 千字
版 　 次	2022 年 8 月第 1 版
印 　 次	2022 年 8 月第 1 次印刷
定 　 价	86.00 元

个人所得税是以个人在一定时期内所取得的各项应税所得作为课税对象的税种。[1]它从产生之初就与每个纳税人的切身利益息息相关，并逐渐在各国经济发展的历史长河中得到共识与重视。在西方，素有"罗宾汉税"之称的个人所得税肇始于英国。1799 年，英国为筹集军费所需而开征个人所得税。个人所得税自问世以来，历经 220 年的悠久历史，似乎与战争结下了不解之缘。随后，美、德、法等国家纷纷效仿，但个人所得税的征收却是跌宕起伏、屡兴屡废，直至 19 世纪末 20 世纪初，个人所得税才最终实现了"临时税—固定税，辅助税—主体税"的根本性转变，并受到发达国家的青睐，成为一种永久性的税种。伴随着经济的快速发展，全球个人所得税课税模式也日趋复杂化，各国个人所得税的发展重心逐步转移到选择何种课税模式和如何实现税制公平。我国开征个人所得税的时间相对较晚，但个人所得税课税模式的改革问题历来是我国政府关注的重点。与此同时，人们对个人所得税制的关注点也开始从如何实现税收效率逐渐向如何选择更能体现税收公平正义价值的课税模式转变。2018 年 8 月 31 日，我国完成了对《个人所得税法》[2]的第七次修正，将"分类综合所得课税模式"作为本轮个人所得税改革的重中之重。但仅仅从立法形式上对课税模式进行改革显然是一种狭义的、形式意义上的改革。要实现实质意义上的课税模式改革，理应对课税模式的改革作广义的理解，并将其视为一个长期而艰巨的系统性工程。客观而言，从此次修法的具体内容来看，仍存在诸多问题。易言之，在税收公平原则的指导下，探寻适合于分类综合所得课税模式的改革路径俨然已经成为新时代推进

---

〔1〕　张富强主编：《税法学》，法律出版社 2007 年版，第 328 页。
〔2〕　《个人所得税法》，即《中华人民共和国个人所得税法》，为表述方便，本书中涉及的我国法律直接使用简称，省去"中华人民共和国"字样，全书统一，不再赘述。

分类综合所得课税模式顺利实现的关键问题。

随着中国经济的迅速腾飞，人们的收入来源增多，收入水平大幅度提升，收入多元化现象日益凸显，为个人所得税的开征提供了较为丰富的税源基础。个人所得税作为较年轻的税种之一，缘于经济的快速发展和税收征管水平的稳步提高，个人所得税税收规模及其在国家税收总收入的比重也呈现出逐年递增的发展趋势。国家统计局的最新数据显示：2020 年我国个人所得税总收入为 11 568.17 亿元，约占我国 2020 年全国税收总收入（154 310.06 亿元）的 7.5%。[1] 从各税种占据国家税收总收入的比重来看，个人所得税显然已逐步发展成为我国税收中仅次于增值税和企业所得税的第三大税种。正因为如此，个人所得税一度被视为民众关注度最高的税种。与此同时，由于个人所得税具有增加财政收入的功效，因此其也成了国家期望值较高的税种。它不仅仅是国家筹集财政收入的主要来源，更是调节社会收入分配、促进经济稳定增长的重要工具，在保障和改善民生、实现税收公平与税收正义方面都具有举足轻重的作用。从这一层面来看，个人所得税在一国税收中的重要性毋庸置疑。

我国自 1980 年开征个人所得税以来，一直沿用的是分类所得课税模式。这与改革开放初期个人所得收入形式单一、税收征管水平不高的国情有着必然的联系。在开征个人所得税的早期，囿于当时我国属于经济欠发达的国家，正处于社会主义市场经济的发展初期，民众的纳税意识较为薄弱，人们的收入所得主要依附于工资制度。在当时，人们的工资水平低，收入结构单一，征管条件低下，实行分类所得课税模式，体现了国家对不同收入来源的调控与监管，且操作简单、征收效率高、征收成本低，在当时看来确实是一种切实可行的课税模式，这种课税模式不仅有利于国家征税目标的实现，也存在一定的合理性与适用性。但时至今日，随着我国经济的日益发展、收入分配制度的不断调整，居民收入形式和收入结构发生显著变化，居民收入水平得到显著提高，"不患寡而患不均"，随之而来的问题也非常严峻，多元化愈加明显、贫富差距悬殊、偷税漏税频频发生、税收流失较为严重，分类所得课税模式难以担负调节贫富差距的重任，更无法实现实质意义上的税收公平。归根结底，中国分类所得课税模式所固有的弊病逐渐暴露，且无法满足日益

---

〔1〕 根据国家统计局 2020 年国家税收总收入和个人所得税总收入的统计数据计算而来。

变化的经济发展趋势和社会发展需求，其合理性、适用性和科学性逐渐受到质疑。可见，我国个人所得税制面临着严峻的考验，传统的分类所得课税模式早已不适应现代经济形势的发展。1996 年"九五"计划、2001 年"十五"计划、2006 年"十一五"规划和 2011 年"十二五"规划都将"分类与综合相结合"的课税模式作为个人所得税改革的最终目标。2013 年，党的十八届三中全会又再一次重申要实现分类综合所得课税模式。事实上，自 1980 年我国《个人所得税法》颁布以来，其先后修正了 7 次，但在前 6 次的修正中并没有将分类所得课税模式的改革在立法中加以体现。相反，仅仅是简单地屡次"被搬家"，曾一度陷入"社会空议，税制难变"的尴尬局面。直至 2018年 8 月，我国对《个人所得税法》进行了第七次修正，首次将分类与综合相结合的课税模式列为此次修法的重要内容，从而实现了个人所得税课税模式的根本性变革。此次修正《个人所得税法》终于践行了我国个税的"综合化"道路，且此番修法是建立在我国《立法法》已确立税收法定原则、全面推行"营改增"的背景下实施的财税体制改革的又一重大举措，同时也推进了我国个税"减税降费"的新进程。同时，在修法中还专门规定了 6 项专项附加扣除，也充分体现了对"课税禁区"理论的深度挖掘。

此次修法旨在体现个人所得税制的公平与正义价值，充分发挥个人所得税缩小贫富差距的调节功能。由此可见，实行分类综合所得课税模式是适应新时代社会经济发展的客观需要，是对传统分类所得课税模式的弊病进行理性纠偏，是国家深化个人所得税税制改革和实现现代税制的必然选择。

当前，世界上的大多数国家都已开征个人所得税，部分国家甚至已将其发展成为国家财政收入的主体税种。随着个人所得税的不断发展与壮大，有关个人所得税课税模式的选择也成了个人所得税改革不容忽视的重要内容。从国际发展趋势上看，个人所得税课税模式经历了"分类所得课税模式—综合所得课税模式—分类综合所得课税模式"的演变过程。就早期各国开征个人所得税而言，其课税模式都采用的是分类所得课税模式。但后来，受各国不同时期的经济条件、政治因素、征管环境的影响，个人所得税课税模式也在悄然地发生变化，并逐步演变为综合所得课税模式或分类综合所得课税模式。毋庸讳言，为顺应我国经济发展和国际形势的需要，摒弃原有的分类所得课税模式，转而实行分类综合所得课税模式显得刻不容缓。当前，个人所得税课税模式改革问题已成为国家和民众关注的焦点。倘若要实现真正意义上的分类综合所得课税模式，仅仅就《个人所得税法》在形式上进行简单的修正显然是远远不够的。更重要的是，如何推进个人所得税课税模式改革的进程？如何解决个人所得税课税模式改革的困境？如何实现个人所得税课税模式改革的目标？这一系列问题都将成为我国当前个人所得税税制改革必须重新考量的重要内容。个人所得税课税模式改革的内容涉及面广，我们不仅要考虑社会经济因素，还要考虑政治文化因素。在整个改革的过程中，既不能实行"一刀切"，更不能"盲目推进"。个人所得税课税模式改革的设计既不是简单的立法上的调适与完善，也不可能一步到位、一蹴而就；而是应该采取循序渐进、分步实施的改革办法，创造有利的改革条件与配套措施，与国际接轨，以期为实现分类综合所得课税模式夯实基础。有鉴于此，本书将以税收公平为视角，透过对个人所得税制设计的基本原则和基本理论的探讨，对我国分类所得课税模式的公平价值进行客观评判；在考察国外个人所得税成功税制经验的基础上探索适合我国个人所得税课税模式的改革路径。

本书的写作目的不在于评判我国分类所得课税模式的缺陷与不足，全然抛开现行制度而一味追求新的个人所得税制的构建也不是本书的初衷。笔者试图以税收公平为研究视角，在检视我国个人所得税改革前后课税模式公平价值的基础上，突破传统分类所得课税模式的桎梏，打开思想的藩篱，基于对原有的分类课税模式和此番个人所得税课税模式的改革进行通盘考虑，试图从实现分类综合所得课税模式的法律逻辑路径、税制要素路径、配套改革路径着手，注重个人所得税立法的顶层设计与具体制度设计，以提升个人所得税税制的公平性和合理性。故此，探寻个人所得税课税模式的改革路径才是笔者写作的目的。诚然，课税模式的改革也是一个长期而艰巨的过程，课税模式的改革问题影响着个人所得税改革的方向，唯有探究适合分类综合所得课税模式的改革路径，方能实现现有税制和改革税制之间的契合与协调、制度之间的有效衔接，从而为我国个人所得税的税制改革铺平道路。为稳步推进我国分类综合所得课税模式的改革，我们有必要将税制改革放在更为全面、系统的社会经济环境中加以思考。唯有如此方能使我国个人所得税制更贴近国情、贴近民生、贴近实际。有鉴于此，本书将对我国个人所得税制建设进行深入探索与研究，以期抛砖引玉，为推进我国分类综合所得课税模式的顺利实现以及未来个人所得税的改革与发展提供有益的见解。

C目录
CONTENTS

绪　论

　　个人所得税作为国家税收收入中的重要税种之一，肩负着筹集财政收入、调节收入差距、抑制贫富悬殊的职能。随着经济的发展，我国个人所得税原有的分类所得课税模式所呈现的初次分配不公、调节力度不足、贫富差距扩大的弊病日益凸显，严重阻碍了个人所得税固有功能的充分发挥。为实现个人所得税作为"自动稳定器"调节收入分配、缩小贫富差距的功能，我国屡次提及个人所得税课税模式的改革问题。2018 年 8 月，我国通过了《个人所得税法》的第七次修正，将原有的分类所得课税模式改为分类综合所得课税模式。此次改革意义重大、影响深远，旨在体现个人所得税的公平价值与正义价值，为化解社会主要矛盾，减轻纳税人的税收负担和促进社会和谐发展提供助力。在此背景下，如何推进和实现分类综合所得课税模式俨然已成为个人所得税未来改革的关键。本书立足于税收公平视角，将我国个人所得税课税模式的改革作为研究对象，在评判个人所得税课税模式公平价值的基础上进行实证分析，并参酌借鉴国外成熟的税制经验，以期为推进分类综合所得课税模式实现的改革路径进行积极探索。

第一节　研究背景和研究意义

　　个人所得税作为调节社会财富、促进社会再分配的重要税种，关系到国家与国民的利益分配、纳税人之间的税负公平。个人所得税从最初开征受到质疑，到如今被大多数国家普遍认同，历经 220 年的发展与完善。国外个人所得税改革的关键在于如何设计和选择课税模式。自 1980 年我国正式开征个人所得税以来，在相当长的一段时期内，一直实行分类所得课税模式。但随着经济的不断发展，人民生活水平和收入水平的不断提高，收入来源的多样化，分类所得课税模式已不再适应当前经济的发展需求。故此，2018年8月31日，我国借第七次修正《个人所得税法》的契机，对个人所得税课税模式进行改革，将分类综合所得课税模式正式纳入此次修法的范畴。但仅仅从立法上对课税模式进行修正只是一种狭义上的改革，即对旧制度在形式上的改良。而广义上的改革，理应是一个长期、复杂、动态的过程，即对旧制度进行实质上的系统改良。因此，本书所指的课税模式改革，从狭义上看，仅仅是通过此次修正《个人所得税法》完成了课税模式形式意义上的改革；但从广义上看，分类综合所得课税模式并没有真正得以实现。因为广义上的改革是一项长期、复杂的系统工程，具有一定的持续性，不可能一步到位、一蹴而就，还需要在未来的改革和实践中，不断地摸索前进，并辅之以相关的完善措施和配套制度。因此，本书旨在以个人所得税课税模式在广义上的改革作为研究对象，将如何推进和实现分类综合所得课税模式作为完善我国个人所得税的重要抓手和突破口，希冀在我国改革个人所得税课税模式的基础上进一步探索适合分类综合所得课税模式的改革路径，为新时代完善个人所得税立法和健全现代税制体系提供助力。

一、研究背景

纵观世界的历史发展，基于经济发展水平和政治法律制度存在较大差异，各国在个人所得税的税制设计和税制改革方面也千差万别。但从整体来看，大多数国家的个人所得税税制改革无外乎涉及个人所得税课税模式的选择、个人所得税税制要素的重构等问题。其中，关系个人所得税改革成败的最重要因素就是如何设计课税模式，而课税模式的设计问题又是个人所得税制度设计中的首要问题。个人所得税课税模式作为个人所得税法中最重要、最基础的环节，其关系到所得税制的总体框架，是一种税制采用何种应税项目、适用何种税率、如何计征税款、如何征收的基本形式。[1]因此，我国作为发展中的大国，尽管在个人所得税征收时间上晚于发达国家，但我们应该清楚地认识到，我国当前对个人所得税的改革离不开对课税模式的重新考量，这对于推进新时代个人所得税立法改革目标的实现而言至关重要。

---

〔1〕 刘纯林：《个人所得税法变革专题研究》，世界图书出版公司2015年版，第270~271页。

（一）我国个人所得税课税模式改革的缘由

个人所得税是以个人（自然人）取得的应税所得作为征税对象，直接向纳税人进行征收，通过重新分配国家和国民的利益，对市场分配不公进行矫正的税种。总体来看，其具有筹集财政收入、调节收入分配和调控宏观经济的功能。1978 年，我国开始实行改革开放，为适应改革开放的需要，我国基于维护国家主权和税收收益权的目的，针对外籍来华人员和我国居民征收个人所得税。改革开放以来，我国经济呈现快速增长态势，人民生活水平和收入水平不断提高，收入来源多元化日趋明显，这无疑为我国个人所得税的征收提供了丰富的税源基础。个人所得税作为较年轻的税种之一，在社会经济快速发展、税收征管水平稳步提高的背景下，其税收收入呈现逐渐递增的发展趋势，且在我国税收总收入中占有一席之地。以 2017 年为例，国家统计局的最新数据显示：我国个人所得税总收入为 11 966.3 亿元，约占我国全国税收总收入（144 359.5 亿元）的 8.2%，增幅为 18.6%。[1]时至今日，在营业税退出历史舞台后，个人所得税已发展成为国家税收收入中仅次于增值税和企业所得税的第三大税种，在我国部分地区甚至已跃居地方税收收入的第二位，成为地方财政收入的主要来源。在市场经济不断深化的趋势下，个人所得税作为国家和民众期望值较高的税种，俨然已成为调节社会收入分配和促进经济稳定增长的重要工具，在保障改善民生、实现税收公平、维护税收正义等方面都发挥着举足轻重的作用。从这一层面来看，个人所得税在国家税收收入中的重要性毋庸置疑。

自 1980 年颁布《个人所得税法》以来，在相当长的一段时间内，我国一直沿用着分类所得课税模式。采取分类所得课税模式，与我国改革开放初期个人所得的收入形式过于单一、税收征管水平比较落后的基本国情有着必然的联系。开征个人所得税的早期，囿于我国当时属于经济欠发达的国家，正处于社会主义市场经济的发展初期，民众的纳税意识较为薄弱，人们的收入来源主要依附于工资所得，且工资水平较低、收入结构单一、征管条件低下，实行分类所得课税模式，操作简单、征收效率高、征收成本低，体现了国家对不同收入来源的调控与监管，有助于国家财政收入的快速增长。在当时，实行分类所得课税模式是一种切实可行的做法，具有一定的合理性和必要性。

---

[1] 根据国家统计局 2017 年国家税收总收入和个人所得税总收入的统计数据计算而来。

但随着改革开放的纵深发展，经济发展水平的不断提高，尤其是1994年我国实行了分税制改革，有关个人所得税课税模式改革的呼声日益强烈，受到了社会的高度关注。然而，在具体实施的过程中，个人所得税制体系的不完善和调节体制的不健全严重阻碍了个人所得税应有功能的有效发挥，且在调节高收入的纳税人方面存在着"劫贫济富"的现象。倘若继续沿用传统的分类所得课税模式，既不能发挥其调节收入分配和缩小贫富差距的功能，实现纳税人之间的税负公平，也无法满足日益变化的经济发展趋势和社会发展需求。客观而言，这不仅有悖于税收公平原则的基本要求，更无法实现个人所得税调节收入分配、缩小贫富差距、增进国民福祉的征税宗旨。事实上，我国在"五个五年计划（规划）"[1]中都将"分类与综合相结合"的课税模式作为个人所得税改革的最终目标（详见表1-1）。2013年，党的十八届三中全会又再次重申分类与综合相结合的课税模式。由此观之，我国经济的发展重心已从过去的一味注重效率转向注重公平。这就意味着我国个人所得税课税模式的改革理应由分类所得课税模式向分类综合所得课税模式转换。显然，个人所得税课税模式的转型已成为新时代我国个人所得税立法改革中无法回避的重要议题。

表1-1　五个五年计划（规划）关于"个人所得税课税模式"的表述[2]

序号	五年计划（规划）名称	个人所得税课税模式的表述
1	"九五"计划	建立覆盖全部个人收入的"分类与综合相结合的个人所得税制"
2	"十五"计划	建立"综合与分类相结合的个人所得税制度"
3	"十一五"规划	实行"综合与分类相结合的个人所得税制度"
4	"十二五"规划	逐步建立健全"综合与分类相结合的个人所得税制度"
5	"十三五"规划	加快建立"综合和分类相结合的个人所得税制度"

---

　　[1]　五年计划，后改称五年规划，全称为中华人民共和国国民经济和社会发展五年计划纲要，是中国国民经济计划的重要部分，属长期计划。主要是对国家重大建设项目、生产力分布、国民经济重要比例关系等作出规划，为国民经济发展远景规定目标和方向。中国从1953年开始制定第一个"五年计划"。2006年，从"十一五"起，"五年计划"改为"五年规划"。
　　[2]　表1-1为笔者根据1996年至2016年五个五年计划（规划）关于个人所得税课税模式改革的目标的表述自制。

　　长期以来，我国个人所得税在制度设计方面一直存在短板，从而也影响和限制了其税收公平效应积极作用的发挥。税收公平效应主要体现在横向公平和纵向公平两个方面。从横向公平来看，尽管我国在 1994 年对《个人所得税法》进行了完善，但由于当时仍然沿用 1980 年以来的分类所得课税模式，各种所得的纳税标准差异较大。相比之下，资本所得的纳税范围较窄，税收负担不重，同类所得的纳税标准也不一样。在此阶段，个人所得税存在课税不普遍、所得分类设计不科学的弊病，实践中的个人所得税并没有较好地体现其调节收入社会公平的作用。从纵向公平来看，免征额的调整不能做到切实反映个人的生存成本，采用"一刀切"的免征额设置方法，并没有周全考虑不同纳税人之间的差异性，且部分税收优惠政策在实施过程中存在过度关注税收效率、忽视税收公平的现象，累进税率结构并没有起到缩小贫富差距的预期效果。此外，当时我国税务机关征收个人所得税的税收征管能力较低，客观上呈现出了纳税人存在偷税漏税的现象，在一定程度上阻碍了个人所得税制度的设计理念和终极目标的实现，侵蚀了个人所得税积极效应，违背了个人所得税设计的初衷。

　　自 1980 年《个人所得税法》颁布以来，其先后历经 7 次修正（详见表 1-2），屡次修正的内容主要涉及个人所得税基本扣除费用标准、税率结构、税率档次等多个方面。前 6 次修正虽然在一定程度上提高了个人所得税的适用性，但并未触及课税模式的改革问题，使得个人所得税课税模式在每次修正的过程中都是简单地"被搬家"，在分类所得课税模式下，修正无法满足税收调节收入分配的要求，并没有实质性的进展和变革，更无法从根本上解决问题。与此同时，就我国个人所得税制设计而言，其在一定程度上也缺乏科学性、严肃性和合理性。事实上，在我国现行的税制体系中，个人所得税调节居民收入分配差距的收效甚微。随着改革开放的深入发展，我国居民收入水平的逐步提高，各地区、城乡、行业之间的收入差距较为明显，贫富差距过大已成为当今社会的热点问题。由此可见，我国原有的分类所得课税模式的征收条件与征税环境已发生了重大变化，难以适应我国当前经济社会发展的全面需求，阻碍了课税模式应有功能的有效发挥。综上，为实现个人所得税改革"缓解收入差距扩大，促进税收分配公平"的价值追求与终极目标，实现税收的公平与正义，个人所得税课税模式的适时转型逐渐成为税制改革的关键点。从分类所得课税模式转向分类综合所得课税模式，这不仅是考虑到纳税人的实际支付能力，也是发挥个人所得税"控高调低"的收入调节作用的积极体现。鉴于此，我们不得不重新考量，我国未来的个人所得税改革是否应当转向个人所得税的制度设计和调节功能的发挥。

表1-2 《个人所得税法》7次修正的概要内容[1]

序号	修正时间	历年修正《个人所得税法》的概要内容
1	1993年10月	实现"三税并征"即将征收外籍人员的个人所得税、中国公民的个人收入调节税、城乡个体工商户所得税合并为统一的个人所得税。调整工资税率为9级超额累进税率，对个体工商户使用5级超额累进税率。
2	1999年8月	增加了对储蓄存款利息所得征收个人所得税的条款。具体开征时间和征收办法由国务院规定。
3	2005年10月	将工资、薪金所得的减除费用标准由每月800元提高到每月1600元。扩大自行申报的范围，并规定扣缴义务人全员申报义务。
4	2007年6月	授权国务院根据需要规定对储蓄存款所得个人所得税的开征、减征、停征及其具体办法。
5	2007年12月	将工资、薪金所得的减除费用标准由每月1600元提高到每月2000元。
6	2011年6月	将工资、薪金所得的减除费用标准由每月2000元提高到每月3500元，税率级次由9级改为7级，工资薪金所得的税率适用范围改为3%~45%。调整个体工商户生产经营所得和承包承租经营所得的税率级距与税率结构。
7	2018年8月	建立综合与分类相结合的课税模式。将4项劳动性所得[2]纳入综合征税范围，适用统一的超额累进税率，居民个人按年合并计算个人所得税。将工资薪金所得的减除费用标准由每月3500元提高到每月5000元。制定新的税率表，将个人所得税的税率进行统一调整，即将综合所得的税率范围调整为：3%~45%的超额累进税率，扩大了3%、10%、20%三档低税率的级距，缩小了25%税率的级距。增加6项支出作为专项附加扣除[3]，增设反避税条款。

---

[1] 表1-2为笔者根据1993年至2018年，历年修正个人所得税法的概要内容进行汇总自制。

[2] 2018年我国通过《个人所得税法》第七次修正，实行分类综合所得课税模式，将4项劳动性所得纳入综合所得范畴，4项劳动性所得是指工资、薪金所得、劳务报酬所得、稿酬所得和特许使用费所得。

[3] 2018年我国通过《个人所得税法》第七次修正，新增专项附加扣除，分别是子女教育、继续教育、大病医疗、住房房屋贷款或住房租金和赡养老人的支出。

根据表 1-2 我们得知，2018 年 8 月，我国对《个人所得税法》进行了第七次修正。此次修法最大的突破就是实现了课税模式由分类所得课税模式向分类综合所得课税模式的转型，实现了个人所得税课税模式的根本性变革，是个人所得税改革迈出的关键一步。从此次修法的内容来看，实行部分综合所得和增设专项附加扣除的规定彰显了新《个人所得税法》对税收公平原则的贯彻，充分体现了新法对基本权利的尊重和对生存权的保障。从某种意义上来讲，此次改革意义重大、层次更深、影响深远，旨在建立更为科学、公平、合理的课税模式，为化解社会主要矛盾迈出了关键的一步。

首先，此次修正《个人所得税法》对个人所得税进行改革，其累进性有所增强，使得获得高收入群体将承担更高比例的税收负担，而低收入群体则享受此次个税改革的红利，在缴纳个税方面，使纳税人得到实惠。很明显，修正《个人所得税法》后，个人所得税的累进性明显增强。个人所得税累进性增加的主要原因是由基本扣除的提高所带来的累进性大幅度增加，但此次个税改革在税收再分配效应方面却有所降低，其主要原因在于税率结构累进性的下降以及平均税率的降低。相比之下，在累进性、再分配效应方面，新法虽然设置了专项附加扣除制度，但在一定程度上也呈现出了逆向调节的作用。由此可见，基本扣除费用标准的提高和将专项附加扣除制度引入《个人所税法》在客观上促成了个人所得税对税收公平的维护。在新法制度设计的理念下，基本费用扣除的提高是一把"双刃剑"，一方面提高了高收入群体的税收负担，但另一方面也降低了纳税人的平均税率。综合计征方法能够平衡收入来源不同但收入水平相同的纳税人之间的税负公平问题。然而，笔者发现，仅仅依靠立法从形式上来规定个人所得税课税模式的改革与真正意义上的改革相差甚远。因为从立法上对个人所得税课税模式进行改革只是一种狭义上的改革，仅仅是完成了形式上的改革；实质意义上的改革理应是一个长期且艰巨的系统工程，需要在不断的改革实践中继续摸索前进，以提出适合分类综合所得课税模式的改革措施和具体制度。显然，倘若要实现真正意义上的分类综合所得课税模式，仅仅就《个人所得税法》在形式上进行简单的修正显然亦是远远不够的。此次改革能否真正地做到个人所得税在形式意义上的公平和实质意义上的公平要在实践中加以检验。因为此次个人所得税的改革目标是以减税为主基调，对于低收入的劳动者和中高收入的劳动者来说，也因此出现了不同的改革结果，即对低收入劳动者来说综合所得免征额的提高对其并没有太大的影响，但对于中高收入劳动者而言，可以享受由免征额提高带来的应纳税所得的减少和边际税率的降低。

不仅如此，在立法中引入专项附加扣除制度，切实维护了纳税者的税收公平。在制度设计上是只有年收入综合所得在 6 万元以上的纳税人方可享受这一扣除制度，而低收入劳动者则无法从中获益，因为专项附加扣除制度主要是以个人的社会状态为依据，而不是以收入水平为依据。在现实中，能享受这一扣除制度的不一定都是收入较低的劳动者。很显然，这就体现出了形式意义上的公平与实质意义上的公平之间的矛盾。在法律规定的范围内，设计合理的费用扣除制度对于维护纳税人之间形式意义上的公平而言非常重要。从这个意义上来说，我国新一轮的个人所得税改革不仅充分体现了纳税人的基本生活保障要求，也体现了纳税人的基本生活诉求。免征额的提高和专项附加扣除制度的设置避免了税收剥削纳税人的可行能力，个人所得税在形式意义上的对公平的维护力度得到了一定的提升。但从另一方面来看，正因为存在较高的基本扣除额，随之而来的是专项附加扣除额的空间被挤压，从而也很难使得专项附加扣除制度的扣除效应得到相应的增强。由此可见，形式意义上的公平和实质意义上的公平的调节出现了差异和矛盾，追根溯源主要是缘于两个方面的因素：一方面，主要是基于设计较高的基本扣除可以使得专项附加扣除制度发挥对高收入者收入再分配的逆向调节作用；另一方面，在专项附加扣除制度的设计下，高收入且面临养老等支出的纳税人也可能会因此享受较高的费用扣除。上述分析说明专项附加扣除制度的设计不依赖于纳税人的收入水平，高收入者的应纳所得反而会比低收入者低。在此种情况下，《个人所得税法》虽维护了形式意义上的公平，但却并不会必然实现实质意义上的公平。从实质意义上的公平来看，专项附加扣除的公平效应被低估了。

综上所述，如何实现个人所得税在形式意义上的公平和实质意义上的公平的协调一致？如何推进个人所得税课税模式的改革进程？如何解决个人所得税课税模式的改革困境？如何构建个人所得税课税模式的改革路径？综合所得范围仅限于 4 类劳动性所得是否科学？综合所得范围是否还有继续拓展的空间？专项附加扣除规定是否公平、合理？如何实现个人所得税费用扣除范围和扣除标准的汇算清缴和申报核对？分类综合所得课税模式是否可以根据物价和汇率的实际变动来设置弹性税率和动态调整机制？动态调整机制是依据物价变动还是参照平均工资？对于这些问题，此次修法并没有作出深入而具体的规定，而对上述问题的回答恰恰又是个人所得税课税模式改革过程中必须要面对和解决的问题。因而，新修正的《个人所得税法》在具体操作和执行层面还有诸多问题值得商榷，实现个人所得税立法改革的宏伟目标仍然是任重而道远。

（二）我国个人所得税课税模式改革的实质

我国在"五个五年计划（规划）"和"十八届三中全会"中多次提及将"分类与综合相结合"的课税模式作为个人所得税改革的最终目标。这足以说明我国个人所得税课税模式改革的趋势必然是由分类所得课税模式向分类综合所得课税模式转变。因而，对分类所得课税模式实行必要的改良是历史发展和经济进步的客观要求。从某种意义上来说，我国个人所得税课税模式的改革问题实质上就是对我国传统的分类所得课税模式进行反思，摒弃传统的分类所得课税模式，对我国现行个人所得税的税制进行实质性改良，在探寻个人所得税课税模式改革路径的基础上，尽快制定出与分类综合所得课税模式相适应的配套制度，加快推进个人所得税课税模式改革的步伐，促进个人所得税立法改革的实现。正义是评价社会制度的一种道德标准，被视为社会制度的首要价值。[1]个人所得税是实现国家财富分配的利器，是调节收入差距和实现分配正义的有效手段。个人所得税作为一国税收中的重要税种，一直在筹集财政、税收调节、调控经济方面发挥着积极作用。我国个人所得税课税模式之所以在较长的时间内一直沿用分类所得课税模式，与改革开放初期经济欠发达、所得收入形式单一、税收征管水平落后的基本国情有着必然的联系。在开征个人所得税的初期，我国经济发展水平比较落后。为扭转经济发展的落后局面，国家以"发展经济，效率优先"为己任，不得不优先考虑个人所得税对国家财政收入的筹集功能，因此在当时实行分类所得课税模式具有一定的必要性和合理性。分类所课税模式在对劳动者通过劳动所得予以充分尊重的基础之上，不仅能够化解由劳动种类繁多导致的税收负担，而且也可以在一定程度上缓解个税流失。显然，从我国实行分类税制的初衷来看，是对不同性质所得按照不同税率进行不同程度的课税，以此实现个税调

---

〔1〕 ［美］约翰·罗尔斯：《正义论》，何怀宏、何包钢、廖申白译，中国社会科学出版社 1988年版，第5页。

控收入差距的特定目标。但随着经济社会的发展与进步，个人所得税的征收环境和客观条件发生了巨大变化，继续实行分类所得课税模式已不能满足经济社会的发展需求，更无法实现个人所得税调节收入分配和缩小贫富差距的征税目的。正因为如此，个人所得税课税模式改革要从宏观和微观、顶层设计和具体制度设计层面来实现个人所得税的公平价值和正义价值。

（三）我国个人所得税课税模式改革的愿景

在中国经济新常态下，个人所得税课税模式的转型已成为个人所得税新一轮税制改革的关键环节。值得欣慰的是，我国提出的分类与综合相结合的课税模式已在第七次《个人所得税法》的修正中得以践行。客观而言，此次修法实现了我国二十多年来一直想解决但未能及时解决的问题。个人所得税课税模式改革的愿景就是要通过此次修正来确定个人所得税课税模式改革的必要性，实现国家经济政策的公平价值，充分体现个人所得税作为经济杠杆的职能，切实减轻纳税人的税收负担，增加纳税人的税后收入，以增强纳税人的"获得感"和"幸福感"。与此同时，此次修法要充分发挥个人所得税调节收入分配的功能，实现个人所得税的税制公平，从而为促进社会的和谐与稳定、经济的健康发展提供原动力。我国自1980年颁布《个人所得税法》以来，一直沿用分类所得课税模式，其本身具有较强的累退性，不能较好地实现量能课税原则，在无形中加重了低收入者的税收负担，无法实现《个人所得税法》的公平价值。随着经济的纵深发展，个人所得税不能充分发挥税收调节收入分配的职能，反而从客观上造成了纳税人之间贫富差距扩大，中低收入者与高收入者之间的税负不公。其主要原因是传统的分类所得课税模式已不再适应客观经济形势的发展变化。因此，改革个人所得税课税模式也是基于客观经济发展的需要。课税模式将决定个人所得税的基本特性，同时也会影响个人所得税的税基范围、税率设置和税收征管等具体制度安排。一言以蔽之，此次修正《个人所得税法》既是提升《个人所得税法》立法质量的有效手段，也是实现国家经济政策目标的客观需要。希冀借此次修法之契机，改良个人所得税课税模式，在探究和构建分类综合所得课税模式改革路径的基础上，从立法改革的顶层设计和具体制度设计层面充分发挥个人所得税调节收入分配、缩小贫富差距的功能，体现纳税人之间的税负公平，实现分配公平与正义的立法宗旨。

二、研究意义

当前，世界上约有 140 个国家开征了个人所得税，且逐步发展成为发达国家的主体税种。[1]纵观个人所得税发展的历史进程，其先后经历了"分类所得课税模式—综合所得课税模式—分类综合所得课税模式"的演变过程。屡次改革都会或多或少地触及课税模式的改革问题，这也是个人所得税发展过程中必须要解决的核心问题。无论采取何种课税模式都要与其经济背景、政治体制和社会环境相适应。毋庸讳言，为顺应我国经济发展和国际形势的需要，我国个人所得税的改革问题也离不开对课税模式的重新审视。摒弃原有的分类所得课税模式，转而实现分类综合所得课税模式显得尤为必要。故而，本书的核心在于以税收公平为研究视角，在此次改革个人所得税课税模式的背景下，通过评判我国分类所得税课税模式的公平价值，吸收、借鉴国外的税制经验，希冀从宏观和微观层面、实体法和程序法层面，通过个人所得税立法改革的顶层设计和具体制度设计，探寻适合于分类综合所得课税模式的改革路径，从而推进分类综合所得课税模式的顺利实现。这对于我国个人所得税税制的完善而言具有重要的理论意义、实践意义和社会意义。

（一）理论意义

从世界范围来考察，任何一个国家在开征个人所得税之初都要选择一种适合于本国国情的课税模式。准确定位个人所得税课税模式将为个人所得税的制度设计与改革提供助力。在我国尚未开征社会保障税、遗产税、赠予税等调节收入分配的直接税的情况下，从理论上而言，个人所得税一直在增加财政收入、调节收入分配、缩小贫富差距的功能上被寄予厚望。个人所得税课税模式是个人所得税税制要素设计、实施机制设计等一系列制度设计的基础，唯有明确个人所得税课税模式的改革方向才能有益于个人所得税的税制改革。具体而言，研究个人所得税课税模式改革的理论意义在于：

（1）将税收公平价值理论视为探究及构建新时代我国个人所得税课税模式的理论依据。目前，我国研究个人所得税改革的文献颇多，且多见于剖析我国个人所得税税制中存在的问题以及课税模式的选择问题。但基于税收公平价值理论系统而全面地对个人所得税课税模式进行翔实分析的文章却较少。

---

〔1〕　许建国主编：《中国个人所得税改革研究》，中国财政经济出版社 2016 年版，第 1 页。

为此，从研究视角来看，本书以税收公平价值理论作为贯穿全文的红线，通过检视我国个人所得税课税模式的公平价值，查找影响个人所得税课税模式改革的理论诱因，试图将税收公平价值理论作为衡量个人所得税课税模式改革成败的标准。同时，通过对个人所得税课税模式公平价值的比较，强调税收公平价值理论在我国个人所得税课税模式改革中的意义和价值，从而丰富和完善我国新时代个人所得税课税模式改革的理论基础，为构建新时代我国分类综合所得课税模式的改革路径寻求理论依据。

（2）将税收公平原则作为我国个人所得税课税模式改革的核心原则。个人所得税课税模式改革的基本原则是建立、评价个人所得税课税模式所遵循的基本指导思想和内在依据。我国个人所得税课税模式的改革过程同样需要相应的原则予以指导，而税收公平原则作为此次改革的核心原则，在一定程度上明确了个人所得税课税模式改革的价值取向和改革方向，实现了个人所得税调节税负公平和分配正义的价值追求。本书试图在揭示我国个人所得税课税模式改革缘由的基础上，摒弃对我国个人所得税课税模式的以往认识，打破传统的税制改革主要源于税收法定原则和税收效率原则的局限，将税收公平原则作为我国此次个人所得税课税模式改革的关键问题进行理性的思考，提出税收公平原则在个人所得税课税模式改革中的核心地位及主导作用。

（3）提出新时代我国个人所得税课税模式的改革构想、改革目标和改革路径。本书通过介绍个人所得税课税模式基本理论、基本原则、公平价值、效率价值等内容，对我国现行个人所得税课税模式公平价值进行客观评判，在参酌借鉴其他国家个人所得税课税模式的特点和启示的基础上，从宏观方面，围绕税收公平价值理论系统地探究分类综合所得课税模式的改革构想和改革目标；从微观方面，试图通过我国个人所得税立法改革的顶层设计和具体制度设计，寻求个人所得税现行税制与改革税制的协调，以期构建适合我国分类综合所得课税模式的改革路径，并以此来推进我国分类综合所得课税模式改革的顺利实现，保证课税模式改革在理论上和实践上的公平性、科学性和合理性，充分彰显个人所得税课税模式改革的正义价值。

（二）实践意义

改革开放后，我国经济形势发生了重大变化，尤其是在进入新时代、经济新常态的特殊时期，我国经济发展的条件和环境已经或即将发生诸多重大转变。随着我国城乡居民生活水平和收入水平提高，居民收入来源日益多元化,《个人所得税法》修正前原有的 11 类所得难以覆盖居民现有的全部收入来源。与此同时,纳税人之间的收入差距日益扩大,税收分配不公的现象愈加明显,继续沿用分类所得课税模式已无法满足日益变化的社会需求。显然,我国传统的分类所得课税模式已不能履行其调节收入分配、缩小贫富差距的历史使命,早已成为社会经济发展的掣肘。基于此,改革我国个人所得税课税模式势在必行。研究个人所得税课税模式改革的实践意义在于:

(1) 个人所得税课税模式改革是对我国个人所得税立法改革顶层设计的重新考量。从我国 1980 年《个人所得税法》正式出台至今已过去了四十多年的时间,期间还经历了 7 次修正。前 6 次修正主要针对税率结构、基本费用扣除等内容而非系统性、框架性的改革。显然,我国《个人所得税法》具有一定的滞后性。因此,我国于 2018 年 8 月修正《个人所得税法》,并对个人所得税课税模式进行改良。这是在新时代下我国《个人所得税法》在顶层设计上的改革与完善,以此寻求适合分类综合所得课税模式的税收环境、法制环境、人文环境。本次修法意义重大,对分类综合所得课税模式的所得范围、扣除范围、税率结构等顶层设计进行了彻底改良,以提升个人所得税立法改革在顶层设计上的公平价值和正义价值。

(2) 个人所得税课税模式改革是对我国个人所得税具体制度设计的重新安排。个人所得税作为调节收入分配的重要税种,其税制设计直接关系到国家收入分配格局的重新定位,关系到国家经济政策的贯彻与执行。因而,个人所得税采取何种课税模式已成为直接关系个人所得税改革成败的核心问题。我国自 1980 年开征个人所得税以来,一直实行分类所得课税模式,但随着社会经济的迅速发展,社会财富越来越多地聚集在少数人手中,个人所得税均衡财富分配的调节功能得不到充分发挥,客观上造成纳税人之间贫富差距过大,税负不公现象日益凸显。由此可见,个人所得税课税模式改革的实质就是要实现个人所得税调节收入分配公平、缩小贫富差距的重要功能。通过此次改革,从立法层面和具体制度层面实现国家提倡已久的分类综合所得课税模式,以"小综合+多扣除"为分类综合所得课税模式的显著特点,实际上是对以往的分类所得课税模式的具体制度设计的优化与改良,以促进个人所得税课税模式改革向更为科学、公平、合理、规范的方向发展。

(3) 个人所得税课税模式改革是对我国个人所得税程序制度设计的重新认识。我国于 2018 年 8 月完成了对《个人所得税法》的第七次修正,将分类综合所得课税模式作为此次修法的最大亮点。这一创举实现了二十多年来我国一直想解决而并未能及时解决的问题。第一次从实体法层面承认了分类综合所得课税模式存在的必要性和合理性。从个人所得税立法改革的内容来看，实现了《个人所得税法》实体法意义上的公平与正义。同时，在程序制度设计层面，亟须对课税模式的改革进行重新认识，即个人所得税课税模式改革需要实现国家依法征税、国民依法纳税、社会各界依法监督的客观要求，从实体和程序上保障个人所得税改革的公平与正义。

（三）社会意义

（1）个人所得税课税模式改革是社会经济发展的必然趋势。我国原有的分类所得税课税模式缺乏科学性、严肃性和合理性，导致国家对个人收入的调节力度不足，影响了个人所得税应有功效的发挥。同时，税制模式的条件发生了重大变化，这也意味着我国与世界经济发展的实际需求存在较大差距，不能适应经济社会的客观要求。传统的分类所得课税模式所依赖的社会经济基础发生了改变，个人所得税课税模式也需要适时进行调整。从国际上来看，大多数国家都进行了针对个人所得税课税模式的改革。正因为如此，为顺应我国经济发展状况和国际形势的需要，有必要对我国个人所得税课税模式进行彻底改革。客观而言，课税模式的转变与社会经济的发展密不可分。随着市场经济的繁荣，个人所得税的税制完善需要渗入经济的发展因素，从分类所得课税模式向分类综合所得课税模式的转变实质上就是社会经济因素变化的联动反应。因此，在分类综合所得课税模式中对传统"所得"的计征方式进行改良，正是社会经济发展促进个税立法改革和个税要素改革的具体展现。反之，从某种意义上来说，改革个人所得税课税模式将为我国社会主义市场经济的发展提供原动力。

（2）个人所得税课税模式改革是社会公众领域的强烈要求。我国个人所得税虽经历了四十多年的发展，但个人所得税课税模式与税收公平的理念却渐行渐远。个人所得税关乎每个纳税人的切身利益，对一般纳税人而言，税收公平成了人们渴望进行税制改革的动力与追求，符合民众对个人所得税改革的期待，寄望于在"控高调低"上发挥积极作用。事实上，个人所得税已经成为民众关注度和参与度最高的税种，《个人所得税法》的屡次修正都受到了民众的广泛关注。2005 年，公众参与了个人所得税立法史上的第一次听证会；

2011 年第六次修正《个人所得税法》时征集到 23 万条公民修订意见；[1] 2018 年，我国再次修正《个人所得税法》，这是自 1993 年以来的一次较大修正，在 4 天内就征集到了超过 12 万条公民修订意见。[2] 这些都充分印证了民主立法和科学立法相结合，反映了社会公众对个人所得税改革尤其是税制改革的呼声和期待。其作为关系国家利益与国民利益、纳税人之间税负公平的税种，被社会公众寄望厚望，希冀其在充分调节收入分配、维护社会公平正义方面发挥积极的作用。社会公众对于个人所得税的期待在客观上也反映在课税模式改革是否公平、合理的层面上。在此次改革中，社会公众最为关心的是基本费用扣除标准问题，尽管该标准从过去的 3500 元调整至 5000 元，但仍然不能满足社会公众对个人所得税课税模式改革的心理预期。显然，改革个人所得税课税模式就是要实现国家与国民、纳税人之间的利益平衡，在不断优化升级中逐步接近或实现国家和纳税人对个人所得税立法改革公平价值的追求。

（3）个人所得税课税模式改革是社会税收新风气的客观体现。在过去，我国纳税人对于个人所得税的主动缴纳意识不强，国家与国民之间的征纳利益不平衡，纳税人之间税负不公造成贫富差距过大，传统的分类所得课税模式并没有较好地发挥税收调节收入差距、实现分配正义的应有功能，从而导致纳税人对国家与国民之间的征纳关系产生错误的认识。2018 年修正的《个人所得税法》是我国个人所得税开征以来又一次立法范围内的较大调整，此次修法之所以会形成较大的社会影响，主要缘于个人所得税课税模式的改革问题。此次修法实现了二十多年来呼吁已久的分类综合所得课税模式，充分体现了税收调节收入差距、实现收入分配公平、促进社会和谐的立法宗旨。此番修法切实让纳税人感受到了分类综合所得课税模式带来的红利，在一定程度上大大减轻了中低收入人群的税收负担，被誉为是一次具有里程碑意义的改革，也是我国新时代个人所得税向现代税制改革的良好开端。分类综合所得课税模式改革的亮点在于采取了"小综合+多扣除"的设计理念，充分展现了国家对征收个人所得税从过去的注重效率到如今的注重公平的观念转变。

---

[1] 郭一信："个税修订意见 23 万条，立法机构被要求说明如何体现"，载 http://business.sohu.com/20110601/n309011496.shtml，最后访问于 2017 年 10 月 10 日。

[2] "个税法修订征集意见超过 12 万条"，载 http://wemedia.ifeng.shtml，最后访问于 2017 年 10 月 10 日。

通过修正《个人所得税法》改革个人所得税课税模式，充分体现了个人所得税立法改革关心民生、关切民意之道，彰显了立法改革与民主进步的法治精神之道。让纳税人有更多的"获得感"和"幸福感"，真正享受到此次改革的红利，在一定程度上转变了人们基于国家强制性征税、无偿征税，尤其是征收个人所得税的负面影响和抵触情绪，增强了纳税人的主动纳税意识，转变了税收征纳观念，形成了国家依法征税、国民依法纳税、征纳双方互相信赖的社会税收新风气，同时也为个人所得税创造了良好的征税环境，促成了新时代国家与国民之间的良性征纳关系以及纳税人主动积极纳税的社会新风气。

第二节　国内外研究现状

纵观世界，个人所得税从早期开征受到质疑，到如今被大多数国家普遍接受，前后历经了 220 年的发展与完善。尽管许多国家的个人所得税都经历了数次变革，但其核心问题始终离不开对个人所得税课税模式改革的探讨。一国采取何种课税模式在不同历史时期、不同经济背景、不同政治体制、不同社会环境下各有差异。无论是分类所得课税模式，还是综合所得课税模式，抑或是分类综合所得课税模式，都受到了国内外学者们的广泛关注和深入研讨。从目前的研究现状来看，对个人所得税课税模式的研究已蔚然成风，自成一格。正基于此，我们有必要对国内外学者关于个人所得税课税模式的研究进行一番梳理。

一、国外研究现状

个人所得税作为多数国家普遍开征的税种最早发端于英国。早在 1799 年，英国便成了第一个开征个人所得税的国家，它是市场经济发展到一定历史阶段的产物。作为增加财政收入、调节收入分配、稳定宏观经济的税种，西方学者对其作了较为深入、翔实的研究。为实现个人所得税公平与效率的有机结合，学者们通过对个人所得税的概念、范围、税率、税制等方面的研究来探索适合本国国情的课税模式，并对课税模式的理论依据进行了分析和论证，"仁者见仁，智者见智"。总体来看主要涉及以下几个方面：

（一）主张实行分类所得课税模式的研究现状

最早提出分类所得课税模式的学者是英国经济学家弗里茨·纽马克。他认为："应税所得是只有从一个可以获得固定收入的永久性'来源'中所取得的收入，实质上是对其利益所进行的一种分配。"因而，对财产进行课税也就被视为对资本进行课税。但对资本进行课税的前提是不影响再生产。资本利得等非固定收入不应该被视为应税所得，而应该被视为永久性来源的固定收入。分类所得税制产生于资本主义经济发展的初期，在这个特殊时期，囿于国家的各项制度不完善，在当时的社会环境下，由资本利得带来的各种收益与劳动所得相比较而言更具有稳定性和持续性。基于客观的经济环境，弗里茨·纽马克主张对资本利得和劳动所得进行区别对待。[1]实际上，他的这一主张源于"来源说"，又称所得源泉说。来源说认为，只有连续取得的所得才能被视为真正意义上的所得，基于财产转让而临时获得的所得并非来源说意义上的所得。在纽马克看来，如果获得收入的来源是永久性的，那么从该来源获得的固定的和不固定的收入便都应该被视为征税对象。由此看来，来源说的核心内容在于将所得收益与永久性来源联系起来。1951年，英国经济学家塞尔泽指出，所得来源于农业社会的收获传统，基于这种认识，对资本本身价值的增值不实行征税，只有土地在固定周期内生产出的成果收入才被视为"所得"。来源说认为的所得实际上是一种永久的、循环的、具有源泉性质的特定概念，而非临时的、偶然的概念。这一学说在当时引起了许多学者对其公平性的深入探讨。所得税来源理论的一般认识是，以区分应税所得的真正来源为基础进行课税。分类所得课税模式是依据不同类型的所得采用不同的税率进行征税，较之因劳动而获得的所得而言，应该对来自资本的所得采用更高的税率进行课税。

（二）主张实行综合所得课税模式的研究现状

德国经济学家范·香兹最早提出了"净增值说"，这是综合所得课税模式的理论基础。他认为："净增值说，又称为净资产增加说。在一定时期内，不论所得是如何产生或如何获得，只要净资产有所增加，则应该被视为有所得发生。"范·香兹对净增值说的认识基础是应税所得。同时，他还指出应税总所得应当包括以下三个部分：①在一定时期内从其他人那里获得的收入

---

〔1〕 赵惠敏："所得概念的界定与所得课税"，载《当代经济研究》2006年第1期，第63页。

总额。②在这一时期内本人享受的消费活动的价值，但排除从其他人那里得到的收入、货币、商品。当纳税人兼具某些产品或服务的提供者和消费者的双重身份时，其消费的价值应当等于纳税人支付商品或服务的货币价值，这就是一种"推定所得"。③在这一时期内所拥有的财产的增值。[1]依此认识，每年不断取得的所得、继承、受赠予所获得的财产增加都应该被看作是应税"所得"。很明显，这与来源说是截然对立的。事实上，应税所得的概念较为广泛，对于资本利得进行征税，其相应的损失应当被扣除。归纳起来，范·香兹的最大贡献在于分别列举各种应税所得，以此来拓宽所得的概念和范围，从而打破了来源说收入所得认识的狭隘性，为后世的学者们研究所得的范围提供了新思路。此后，美国的黑格与西蒙斯在范·香兹的认识基础上，又提出了"黑-西标准"（黑-西定义）。该标准认为："所得是个人消费能力在一段时间内的净增加部分的货币价值，即实际消费额和财富的净增额，因为它们代表着潜在消费能力的增加。"后来，经济学家杜在"黑-西标准"的基础上提出应税所得应该包括以下三个方面：①在一定时期内从他人那里获得的收入总额；②拥有财产的增值；③本人享受的消费活动的价值。正如前文所述，范·香兹首先创设了净增值说，提出纳税人的应税所得范围是在扣除所有成本、支付利息和资本损失后的所有净收益。之后，西蒙斯在此基础上对应税所得的范围加以改进，并于1938年提出了著名的"税基选择"思想，主张采取"减法"罗列的办法来计算个人所得税应纳税所得额，在扣除不需要纳税的所得项目后，剩余部分所得都应该被视为个人所得税的征纳对象。[2]换言之，他主张适用累进税率来计算综合所得，并以此作为个人所得税的税基。适用累进税率计算税基的方法具有较强的操作性，使得综合计征的方法很快被美国认同，并在世界范围内逐步推广开来。随后，英国经济学家安东尼·阿特金森、帕鲁索等人对税基范围作了深入研究。阿特金森主要针对综合所得扣除项目进行研究。他认为，税率的累进程度会受到税前扣除项目的影响，而扣除项目和扣除标准又会直接影响到税收的公平问题。帕鲁索在前人的基础上对个人所得税的纳税单位进行研究。他认为，以家庭为纳税单位

---

[1] 曾繁正等编译：《财政管理学》，红旗出版社1998年版，第171~172页。

[2] Howell H. Zee, "Individual Income Tax Reform: Concepts, Issues, and Comparative Country Developments", *International Monetary Fund Working*, 4（2005），20.

较为理想，因为个人所得税对同质家庭、异质家庭以及家庭成员内部的税收公平性都会产生一定的影响。日本著名税法学家北野弘久主张，个人所得税的征收应当考虑纳税人本身的具体情况，并对其赖以生存的财产或最低生活费用少征税或不征税。因而，实行综合税制模式较为合适。[1]

（三）主张实行分类综合所得课税模式的研究现状

分类综合所得课税模式产生于 1917 年的法国，这种课税模式的理论基础是由税制改革设计者、法国财政学家凯劳克斯提出的"二元所得税"。凯劳克斯的主要贡献是在评价英国个人所得税和德国个人所得税的基础之上进一步提出了二元所得税，即我们通常所说的分类综合所得课税模式（混合税制模式）。在他看来，法国最理想的个人所得税就是实行分类与综合相结合的税制模式，这种课税模式的改革方案是先对所得收入按照不同类别进行分别课征，再对全部所得收入征收一个较低税率的"附加税"。这样做既能满足综合税制的严格要求，又能弥补分类税制有失税收公平方面的不足。他认为，要充分发挥分类课税模式和综合课税模式的各自优势，将两种课税模式进行有效的结合，充分体现"区别定性原则"与"支付能力原则"。随后，在法国的影响下，意大利、葡萄牙、西班牙等国家也相继实行了二元课税模式的个人所得税制。[2]日本税法学界泰斗金子宏提倡，各国应遵循税收公平原则，依据各国发展的不同情况选择适合本国的课税模式。随后，比利时经济学家西尔文曾在所得税税制模式和二元课税模式方面进行探索，将各国对个人所得税课税模式的选择作为研究对象，并运用较为翔实的数据为世界各国的个人所得税征收模式提供了研究的基础和方向。

梳理国外学者有关个人所得税不同课税模式的认识，我们不难发现，学者们在"所得"来源、税收公平和税收效率的偏好方面有所不同。国外学者针对个人所得税不同课税模式的分析与论述，为划分个人所得税的课税模式奠定了理论基础。三种课税模式依据不同的所得来源、收入形式加以区分。在课税模式的选择方面，从世界税制的发展史来看，个人所得税课税模式的选择经历了一个由分类所得课税模式到综合所得课税模式再到分类综合所得

---

〔1〕 国家税务总局税收科学研究所编著：《西方税收理论》，中国财政经济出版社 1997 年版，第184~185 页。

〔2〕 温海滢：《个人所得税制度设计的理论研究》，中国财政经济出版社 2007 年版，第 161 页。

课税模式的演变过程。一般而言，受到一国政治、经济、文化、环境等因素的综合影响，个人所得税课税模式的选择也各有差异。

二、国内研究现状

与国外学者浓厚的研究氛围相比，我国学者有关个人所得税课税模式的早期研究多为一些粗浅的表象性研究。相比于国外学者，我国学者关于个人所得税课税模式的理论研究开始得比较晚，但在改革开放以后，尤其是在1994年全面实行分税制改革以来，个人所得税课税模式的有关理论却取得了较快的发展。此时，国内学者才开始对个人所得税课税模式进行深入思考。学者们关于个人所得税课税模式的研究与讨论众说纷纭、观点林立，归纳起来大致可以分为以下几个方面：

（一）个人所得税课税模式利弊的研究现状

个人所得税的课税模式，是开征个人所得税首先要确立的制度框架。在这个制度框架下才能更为合理地设置各项税制要素。个人所得税从产生至今已有220年的历史。纵观国外个人所得税的实践经验，个人所得税课税模式一般被分为三种：分类所得课税模式、综合所得课税模式和分类综合所得课税模式。评判个人所得税课税模式的好坏，一般是以是否符合税收公平原则和量能课税原则为标准。税收公平原则是个人所得税税制设计的首要理念，其内涵包括税收的横向公平和税收的纵向公平。税收要尽量做到公平合理、一视同仁，不能因人而异，造成税负不公。量能课税原则源于税收公平原则的财税思想，其目的在于实现税收公平。以纳税人的负担能力作为税负是否公平合理的考量标准，这是税收正义价值的充分体现。在量能课税原则下，税收安排遵循最小牺牲原则，必须按照纳税人的负担能力平等征收。[1]在税收法律关系中，国家与纳税人之间的征纳关系应当是地位平等、关系和谐，而纳税人之间理应公平、合理地承担税负。国家在征税时应充分考虑纳税人的纳税能力和税收负担，并保证纳税人之间的税收负担处于一定的平衡状态。就三种课税模式而言，各有优劣，学者大多依据税收公平原则、量能课税原则探讨三种课税模式的优势与劣势。针对三种课税模式的利弊，学者们各抒己见。

---

〔1〕 张富强、刘娟："量能课税原则下房产保有税立法的正义价值"，载《社会科学战线》2017年第4期。

温海滢强调，从个人所得税不同课税模式的比较来看，综合所得课税模式是三种课税模式中最能体现税收公平的一种模式。因为综合所得课税模式是对纳税人的全部所得进行汇总，进而计算净所得，可以充分体现纳税人的实际纳税能力。分类所得课税模式是以所得为基础，而非以纳税人为基础，仅考虑各类所得的负税能力，而没有考虑纳税人的综合纳税能力，因而不能较好地实现税收公平。分类综合所得课税模式综合考虑了分类所得课税模式和综合所得课税模式的各自优势，是对两种课税模式的折中处理。在实践中，分类所得课税模式公平性相对较差，综合所得课税模式最能反映税收公平，分类综合所得课税模式在操作性方面要求极高，实践起来也不尽如人意。从税收效率的角度来看，基于分类所得课税模式实行源泉扣缴制度，因而其在一定程度上能满足征税机关和纳税人的要求。综合所得课税模式建立在自行申报的基础之上，对纳税人的纳税意识和税务机关的征管水平要求较高，从而在无形中增加了征税成本、降低了税收效率。[1]

刘志娟主张，分类所得课税模式的优势在于其按照源泉课征，简便易行，税收征收成本较低。但其劣势在于不能较好地体现纳税人的综合纳税能力和税负公平原则，往往会造成税收流失严重。所以，当今采用分类所得课税模式的国家越来越少。综合所得课税模式以"净资产增加值"为其理论基础，其优势在于税源较广、税基大，对国家财政收入的增加有利，能较好地体现纳税人的综合税负能力，充分实现税收公平。因此，实行综合课税模式的国家较多。而分类综合所得课税模式是针对纳税人所得收入，一方面实行分类计征，另一方面又实行综合计征，针对不同的收入所得实行差异化征收，实际上则是对同一所得实行两次独立的课税，这种计征方式有利于防止偷税漏税。[2]

施正文认为，分类所得课税模式的优点在于对不同的所得实行差别待遇，税收征管的要求相对较低。但其不足之处在于不能较好地实现量能课税原则，容易产生偷税漏税现象。综合所得课税模式的优点在于它不仅能够较好地实现税收的横向公平和纵向公平，还能充分体现量能课税原则，但缺点是其计

〔1〕 温海滢："论提高个人所得税在我国税收收入中的比重"，载《扬州大学税务学院学报》2000年第4期。

〔2〕 刘志娟："我国个人所得课税模式之比较与抉择"，载《会计之友》2008年第4期。

税依据的确定难度较大，纳税遵从和税收征管的成本较高。分类综合所得课税模式的优点在于其是分类课征和综合课征相结合，这样做既符合税收公平原则，又能适应税收征管条件不完备的征税环境。[1]

陈洋提出，个人所得税的三种课税模式之间既有联系，又有区别。综合所得课税模式建立在分类所得课税模式基础之上，就筹集税款的功能而言，分类所得课税模式和综合所得课税模式都具有该项功能，但二者的实施又要以有效的管理技术为基础。从理论上来看，综合所得课税模式因实行累进税率而最能体现税收公平。分类所得课税模式采取比例税率可以有效地进行收入所得的再分配，缩小绝对差距，但又因其税收公平性较差而无法缩小相对差距。分类综合所得课税模式保留了分类所得课税模式和综合所得课税模式的优点，克服了分类所得课税模式和综合所得课税模式的缺点，所以能较好地反映纳税人的真实支付能力。[2]

许建国认为，分类所得课税模式的优点在于其按照源泉课征，能有效控制税源，征税成本相对较低，征收较为简便，可以有效预防偷税漏税，保证财政收入。但分类所得课税模式也存在不足之处，因为分类所得课税模式不能客观地反映纳税人的综合纳税能力，因而无法体现税收公平原则和量能课税原则，会影响个人所得税调节收入分配和缩小贫富差距的功能。综合所得课税模式的优势在于税基较宽，符合量能课税原则，且又能结合纳税人实际情况和家庭情况客观地反映纳税人的综合纳税能力。与此同时，由于综合所得课税模式的税源较广，且适用累进税率，因而有利于实现低收入者轻税负、高收入者重税负，从而缩小贫富差距，发挥社会经济"自动调节器"功能。但这种税制模式也会因为税收征管程序较为复杂、征管水平要求较高等原因而使其在具体实践的过程中有一定的困难。分类与综合相结合的课税模式的优势在于：一方面，它具备了分类所得课税模式分类计征的特性；另一方面，它又综合了综合所得课税模式的公平性。相对来说，其是比较科学、合理的征税模式，但其缺点在于会因税收征管难、税收征收成本过高而无法顺利实现预期效果。[3]

---

〔1〕 施正文："论我国个人所得税法改革的功能定位与模式选择"，载《政法论丛》2012 年第 2 期。

〔2〕 陈洋：《个人所得税综合税制可行性研究》，中国税务出版社 2016 年版，第 14~16 页。

〔3〕 许建国主编：《中国个人所得税改革研究》，中国财政经济出版社 2016 年版，第 51~52 页。

　　刘纯林提出，分类所得课税模式的优点在于区别对待不同类型的所得收入并适用不同税率，这符合税收公平原则中的纵向公平。但如果所得分类界定划分不清晰，同样也会导致纳税人偷税漏税，甚至会在无形中增加纳税人的避税空间，有碍税收的稳定增长，反而会造成税收效率的低下。综合所得课税模式以纳税人的综合所得和超额累进税率为基础。一方面，其税基较宽；另一方面实行累进税率。这不仅能充分体现"支付能力原则"，也能通过累进税率来调节纳税人之间的收入分配差距问题。其最大的优势在于，有利于保障税收的横向公平和纵向公平。但是，从生命的周期来看，一生中纳税人会因其储蓄能力和消费方式的改变而使得综合所得税的现值出现差异。因此，综合所得税制的资本往往难以统计。[1]

　　从上述学者针对个人所得税课税模式的利弊分析来看，衡量个人所得税课税模式好坏的标准主要包括以下几个方面：是否能够体现税收公平，即税收的横向公平和纵向公平；是否能够体现量能负担的原则，按纳税人的支付能力纳税；是否能够增加国家的财政收入；是否能够缩小贫富差距，体现税收调节收入分配的功能。三种课税模式的优劣情况各有千秋：

　　分类所得课税模式的优点在于：它依据不同种类的所得实行不同的税率，有效体现了税收调控贫富差距的设计初衷。举例来说，给予劳动所得一定的抵免、对资本利得采用比例税率可以在一定程度上降低劳动所得的税负，实现个人所得税在整体上的税收公平。分类所得课税模式按照所得来源不同适用不同的税率，并采取源泉扣缴税款的征收办法，使得税收征管机关的征税程序更加便捷，可以有效降低征税成本。

　　分类所得课税模式的缺点在于：一方面，基于所得来源不同，针对不同所得收入，税率和费用扣除标准也有所差异，尽管其在一定程度上体现了个税的横向公平，但囿于没有对纳税人的全部收入所得进行综合考量，难以客观、全面地反映出纳税人的实际税收负担。此外，在经济全球化和多元化的今天，基于个人所得收入的形式和来源多元化，分类所得税制模式无疑会遭遇征缴的难题，很有可能造成以正向列举方式界定课税的范围会滞后于经济社会发展。同时，差别化的计税方式也容易导致纳税人行为选择的多样化，为偷逃个税的行为提供了可能性，反而会影响税收的经济效率。另一方面，基于分

---

　　[1]　刘纯林：《个人所得税法变革专题研究》，世界图书出版公司 2015 年版，第 272~273 页。

类所得税制正向列举的各种所得比较容易认定，从表面看来，其似乎降低了征税机关的征税成本，但从社会整体来观察，税务机关的实质性征税成本仍然很高。

综合所得课税模式的优点在于：这种税制模式的税基较为宽泛，可以充分、全面地衡量纳税人的实际纳税负担，体现税收的量能负担原则和税收的横向公平。该课税模式是在考虑纳税人本身和家庭的实际状况的前提下，综合纳税人全年的所得收入，减掉各项法定的扣除额，再对相应的应税所得给予一定的减免。这样做的目的在于充分体现税收的纵向公平，达到调节纳税人税收负担的目的。不仅如此，综合所得课税模式对纳税人的各种所得收入均采取超额累进税率这种一视同仁的课征方法，可以在一定程度上避免纳税人转化收入所得以规避纳税。

综合所得课税模式的缺点在于：税务机关征税手续较为繁琐，所得收入的计税依据难以确定。对税收征管能力和纳税人的纳税遵从度要求较高，这在一定程度上限制和影响了综合所得课税模式积极作用的发挥。

分类综合所得课税模式的优点在于：此种课税模式有效地结合了分类所得课税模式和综合所得课税模式的优势，将税收待遇的统一性和税基综合性相结合，在这个过程中，不仅要适用现行分类所得课税模式的差别税率，也要适用综合所得课税模式的累进税率和综合税基，以充分彰显税收公平原则和量能负担原则。分类综合所得课税模式相较于分类所得课税模式和综合所得课税模式，是一种适用性较强、设计理想的课税模式。

分类综合所得课税模式的缺点在于：从理论上看，分类综合所得课税模式具有一定的先进性，但在实际操作中却存在较大难度。从表面上看，它属于分类所得课税模式和综合所得课税模式的结合体，但实质上并没有达到两种税制模式在税收公平和税收效率方面的积极效果。

综合上述分析，在个人所得税的三种课税模式中，没有一种模式是完美的，一国在选择课税模式时，应该综合考虑本国的实际情况，在不同时期有针对性地进行改革才是个人所得税课税模式未来发展应当考虑的方向。

（二）个人所得税课税模式影响因素的研究现状

正如前文所述，三种课税模式各有千秋，优劣各异。在理论上，划分个人所得税的三种课税模式是可以做到的。但在实际中，实行纯粹的分类所得课税模式和综合所得课税模式的国家较少，从个人所得税课税模式的历史发展过程来看，一国选择何种课税模式会受到多种因素的影响，如税收征管技术、经济发展水平、非经济因素等。总体来看，学者针对课税模式的影响因素也是各持己见。

高培勇认为，各国在最初选择个人所得税课税模式是各种历史偶然因素共同作用的结果，且因制度惯性被沿用下来。纵观各国个人所得税的发展进程，在不同时期，影响各国选择何种课税模式的因素有所不同。在 20 世纪 80 年代以前，各国主要基于本国国内的公共政策，同时也考虑到个人所得税具有筹集财政收入和实现收入分配公平的功能，对个人所得税课税模式加以改革。在 20 世纪 80 年代以后，个人所得税课税模式改革受到了全球化因素的影响。[1]

李波提出，各国个人所得税课税模式的选择，要基于税收制度存在的社会经济背景和环境因素，各国选择或是偏重哪种课税模式，在不同时期受多种因素的影响和促成。其中，税收征管技术、社会经济发展水平、非经济因素等都会对各国选择何种课税模式造成一定的影响。与此同时，区域经济一体化发展也会使得各国在选择税制模式时受到国际因素的牵制。因此，我国在选择适用何种课税模式时，在制度设计无法超越外部因素和税收征管技术的情况下，唯有做好征管条件和配套措施，才能促使个人所得税税制进一步完善。[2]

徐晔指出，分析个人所得税课税模式的选择差异要考虑其所在的社会经济背景和环境背景。各国选择或偏重何种课税模式，从其发展的过程来看，在不同时期或多或少地受到各种综合因素的影响。这些影响因素大致包括：①政治因素，包括领导意愿、整体结构、决策机制、立法需要等。②经济因素，包括经济发展水平、人们的收入水平、通货膨胀、税制改革、公共政策目标等。③社会因素，包括初始选择、路径依赖、历史文化、国际环境、价值取向、征管技术条件等。[3]

崔志坤提出，由于不同国家在每个发展阶段的征管技术、历史时期、发

---

〔1〕　高培勇主编：《个人所得税：迈出走向"综合与分类相结合"的脚步》，中国财政经济出版社 2011 年版，第 53 页。

〔2〕　李波等：《我国个人所得税改革与国际比较》，中国财政经济出版社 2011 年版，第 43~45 页。

〔3〕　徐晔："我国个人所得税现行课税模式的弊端分析与改革研究"，复旦大学 2014 年博士学位论文，第 145~147 页。

展趋势、非经济因素不同,个人所得税课税模式会发生偏离。因为课税模式是一种常态,没有完美的、只有合适的。课税模式是一种具有指导性作用的技术性约束,这种偏离恰好也是寻求最适合的课税模式的过程。[1]

由此可见,个人所得税课税模式选择的影响因素无外乎各国不同时期、不同政治、不同经济、不同社会、不同税收征管技术等多种综合因素。显而易见,一国选择何种课税模式不是依据简单的或单一的因素,而是应该考虑多种影响因素,制定出适合本国国情的最佳课税模式。

(三) 个人所得税课税模式选择的研究现状

相较于国外学者,我国学者从 20 世纪 80 年代才开始对个人所得税课税模式的选择进行深入研究。随后呈现出百花齐放、百家争鸣的趋势,同时也取得了较为丰硕的研究成果。归纳起来,大致有以下几种观点。

第一种观点认为:应采用分类所得课税模式。

莫生红、李明伟提出,从世界各国个人所得税课税模式的选择来看,一般分为三种,即分类所得课税模式、综合所得课税模式和分类综合所得课税模式。从税收公平原则来看,我国个人所得税应该实行综合所得课税模式。但是,由于我国当前的税收征管水平有限,与发达国家差距较大,而综合所得课税模式较为复杂,税收的征管条件要求较高,因此目前要实行综合所得课税模式是不现实的。现阶段,要改革和完善我国个人所得税制,只能在分类所得课税模式下对个人所得税的征收方法加以调整和改进。[2]

薛香梅指出,科学的课税模式是个人所得税应有职能发挥效用的重要基础,也是科学的个人所得税制度的重要组成部分。个人所得税课税模式的选择问题,不仅是一个技术问题,更是一个理论问题。从理论和实践来看,我国个人所得税改革的方向应该是综合所得课税模式,但囿于综合所得课税模式税收征管难度较大、比较复杂,对纳税人和税务机关的要求较高,且当前我国税收征管水平有限,在短期内要实行综合所得课税模式,显然是一种不成熟的做法,唯有在分类所得课税模式下进行改进。[3]

张明提出,尽管我国分类所得课税模式存在不足之处,但综合所得课税

〔1〕 崔志坤:《个人所得税制度改革整体性推进》,经济科学出版社 2015 年版,第 106~108 页。
〔2〕 莫生红、李明伟:"论我国个人所得税制的改革与完善",载《经济纵横》2006 年第 7S 期。
〔3〕 薛香梅:"我国个人所得税课税模式选择",载《合作经济与科技》2006 年第 01X 期。

模式也并非更适合我国国情。依据我国个人所得税的征纳习惯、文化传统、税收征管等因素，客观而言，采取分类所得课税模式要比采取综合所得课税模式更直接、有效。因此，完善分类所得课税模式才是强化个人所得税征管的基础。[1]

余显财认为，我国现行的课税模式是一种特殊的分类所得课税模式，它既不是简单的分类所得课税模式或综合所得课税模式，也不是标准的分类综合所得课税模式。这种特殊的分类所得课税模式不仅体现了国家对不同所得采取不同的税收政策，对不同所得实行区别定性。同时，还对不同所得适用累进税率，以充分体现纳税人的纳税能力。因此，当前这种特殊的分类所得课税模式才是适合我国国情的课税模式。[2]

张洪、杨荣海主张，早在 2003 年我国就确定了个人所得税制"分类与综合相结合"的改革方向。尽管综合所得课税模式是我国个人所得税制改革的终极目标，但要适用综合所得课税模式需要具备相应的基础与条件，即先进的网络技术、发达的税务代理制度、完善的纳税人信誉等级制度、良好的个人所得税征收环境、较高的税收征管水平等。而我国在相当长的一段时间内难以满足综合所得课税模式要求的基本条件。鉴于此，在一定时期内，我国个人所得税税制改革仍然要停留在现行的对分类所得课税模式的制度优化设计层面。[3]

第二种观点认为：应采用综合所得课税模式。

张正义认为，个人课税模式的设计是个人所得税的基础之一，课税模式的类型不同，其税基、税率等税制要素也有所差异，在税收效率和税收公平上的体现也有所不同。分类所得课税模式不能较为全面、完整地体现纳税人的综合纳税能力，综合收入较高的纳税人，因其所得来源较多反而会出现不缴税或少缴税现象。相反，所得收入较少、收入相对集中的纳税人却缴税较多。显然这是不符合量能课税原则的。从理论上而言，分类综合所得课税模式兼具分类所得课税模式和综合所得课税模式的优点，但就各国个人所得税

---

〔1〕 张明："我国个人所得税分类税制转向综合税制评析"，载《税务研究》2008 年第 1 期。

〔2〕 余显财："个人所得税税制模式：公平与效率的权衡"，载《中南财经政法大学学报》2011 年第 2 期。

〔3〕 张洪、杨荣海："现行分类个人所得税模式的制度优化探讨"，载《财会研究》2011 年第 5 期。

的实践来看，也会存在重复征税的问题。就我国现行的经济发展水平来看，分类综合所得课税模式的征管水平较高，不适合我国当前的基本国情。综合所得课税模式能较好地体现纳税人的纳税能力，符合量能课税原则，且能充分发挥个人所得税实现收入分配公平的功能，因此也有助于个人所得税发挥"自动稳定器"的功效。基于此，考虑到个人所得税主要功能的选择，综合所得课税模式是我国的必然选择。[1]

吕桂英指出，分类所得课税模式根据纳税人所获得的不同收入所得进行分类，并适用不同税率对不同性质的所得进行课税。其最大的优势在于实行源泉扣缴，征收成本低、简便易行。当然，分类所得课税模式也存在自身的不足，其既不能体现纳税人的综合纳税能力，也不能较好地实现税收公平。综合所得课税模式将个人不同来源所得综合在一起形成所得总额，再减除各种费用扣除额、税收扣除额和各项政策减免额，以其余额作为应纳所得额，并按适用税率进行课征。这种课税模式的优势在于：一方面，其征税面积较广、税基较大，有益于国家财政收入的筹集；另一方面，适用累进税率，能够较好地体现纳税人的综合税负能力，实现税收公平。要实现我国个人所得税制的改革和完善就要将分类所得课税模式改革为综合所得课税模式，实现个人所得税筹集财政收入和调节收入分配的功能，促进经济增长。[2]

卢艳宁主张，我国个人所得税课税模式尽管在十六届三中全会被确定为分类综合课税模式，但学术界的看法却不太一致。综合所得课税模式是将纳税人在一定时期内获得的各种所得进行汇总，扣除法定减免项目后，对其余额适用累进税率计征个人所得税。分类综合所得课税模式是先对纳税人的所得收入实行分类计征，再对纳税人的全年所得进行综合汇总，达到一定数额的，依据累进税率计征综合所得税。基于我国当前经济发展水平不高、公民纳税意识薄弱、主动申报纳税制度不健全、征管水平不高等现状，分类综合所得课税模式暂时无法实现，因此，建议我国还是应当采用综合所得课税模式。[3]

孙玉栋、陈洋、曹恬提出，个人所得税无论采取何种课税模式都要与本

---

〔1〕 张正义："个人所得税课税模式比较及我国的选择"，载《时代经贸》2008 年第 S4 期。

〔2〕 吕桂英："试论我国个人所得税的发展与完善"，载《内蒙古科技与经济》2008 年第 24 期。

〔3〕 卢艳宁："关于我国个人所得税坚持公平原则的法律制度设"计，载《财政监督》2009 年第 15 期。

国的国情相适应。税收的操作性很强，税制所起到的作用在很大程度上依赖于税务机关的执行能力。因此，国家在设计税制时就要充分考虑管理和操作能力，而不能一味强调理论上的合理，忽略它的实操性。若在具体的税收征管中得不到相应的支持，也会严重限制和阻碍个人所得税应有功能的有效发挥。基于我国的国情，当前应该采用综合所得课税模式。但鉴于我国征管水平和外部环境的有限性，我们可以采取从"小综合"逐步过渡到"大综合"的改革思路，以彰显《个人所得税法》的公平性。[1]

胡绍雨主张，我国现行的分类所得课税模式的优点在于征收简便、节省税收成本，但其有悖于量能课税原则。分类所得课税模式存在很多问题，如相同收入会存在因为税收来源不同而承担的税负不同，难以实现税收的横向公平。纳税人收入所得来源不同，适用的税率、扣除额和优惠政策也不相同，在这种情况下，反而会造成纵向的不公平，即高收入者少纳税、低收入者多纳税。很明显，分类所得课税模式难以实现真正意义上的税收公平，这种以牺牲税收公平为代价换取较低征税成本的做法并不可取。因而，就公平性而言，实行综合所得税制模式才是最佳的选择。因为综合所得税制模式能够积极地反映出纳税人的税收负担和纳税能力，更有利于实现税收公平。[2]

王建琴强调，我国于1980年施行的《个人所得税法》标志着我国个人所得税制度的恢复与建立。在当时实行分类所得课税模式是符合我国国情的。但是，随着社会发展、经济进步和国情变化，《个人所得税法》也在逐步暴露它的弊病，尤其是在调节收入分配的过程中，分类所得课税模式在税收来源、所得次数、纳税主体、费用扣除、税收征管等方面的弊端日益凸显。因此，综合所得课税模式不仅能充分考虑纳税人的纳税能力，也能较好地实现调节收入分配、缩小贫富差距和促进社会公平的征税宗旨。综合所得课税模式才是我国个人所得税课税模式的必然选择。[3]

第三种观点认为：应采取分类综合所得课税模式。

刘剑文、胡翔指出，我国实行分类所得课税模式的初衷主要是它可以根

---

[1] 孙玉栋、陈洋、曹恬："构建我国综合个人所得税制的思考"，载《铜陵学院学报》2011年第2期。

[2] 胡绍雨："进一步完善我国个人所得税制度的再思考"，载《武汉科技大学学报（社会科学版）》2015年第6期。

[3] 王建琴："我国个人所得税制度存在的问题及完善"，载《现代商贸工业》2017年第13期。

据不同性质、不同税率征收不同所得的税收，有益于实现调节收入差距的特定目标。例如，针对非劳动所得可以课以较重的税收，针对工资、薪金劳动所得则可以课以较轻的税收，以期在实现按劳分配为主的分配制度的前提下，达到税收公平。不仅如此，分类所得课税模式还可以实现按照源泉扣缴，在控制税源等方面具有一定的便利作用，在一定程度上操作简单，可以防止偷逃税收的现象发生，以最小的征税成本获得最大的征税效率。但是，客观而言，囿于我国税务部门的信息披露和收集机制不健全，实务中存在资本所得容易被隐匿、所得性质容易被转换的问题，因而也使得偷逃税现象成为可能。因此，分类所得课税模式预期的"具体问题具体分析"的税收征管模式难在实然层面实现税收公平。而实行分类综合所得税制模式则有利于矫正资本与劳动所得税负的失衡以及劳动所得内部税负的失衡，从而使个人所得税制度满足横向公平。[1]

施正文主张，我国在考虑个人所得税课税模式时，必须对征管条件、国家改革趋势等因素加以考量。倘若要实行纯粹的综合所得课税模式，就我国目前的征管环境和纳税遵从度来看，条件尚不具备。实行分类综合所得课税模式不仅能使纳税人按收入多少进行纳税，充分体现量能课税原则，还能对某些所得实行分类计征，这样做有助于为调整劳动所得和资本所得的未来税收政策保留空间。这种课税模式与我国目前的税收征管环境相匹配，符合我国个人所得税的发展实践。[2]

高培勇指出，随着我国经济社会发展逐步迈入新的历史阶段，个人所得税改革需要加快推进分类所得与综合所得相结合的课税模式。与分类所得课税模式相比较而言，它是按照应税所得项目进行年度综合，适用累进税率进行计征，对其他应税所得项目实行分类计征。我国应该在借鉴不同国家个人所得税税制经验的基础之上，设计一个渐进式的改革方案。[3]

许建国强调，个人所得税课税模式的选择是在多种现实因素共同作用下的一个复杂而系统的过程。我国当前实行的分类所得课税模式既不能满足我

---

〔1〕 刘剑文、胡翔："《个人所得税法》修改的变迁评介与当代进路"，载《法学》2018 年第9 期。

〔2〕 施正文："分配正义与个人所得税法改革"，载《中国法学》2011 年第 5 期。

〔3〕 高培勇主编：《个人所得税：迈出走向"综合与分类相结合"的脚步》，中国财政经济出版社 2011 年版，第 91 页。

国经济发展的要求，也难以发挥其应有的效用和功能，存在一定的缺陷。因而，分类所得课税模式亟待改革和完善。但实行综合所得课税模式，纳税人纳税意识、社会信用体系、征管体系等条件并不具备。因此，综合所得课税模式难以适应我国现有的基本国情。我国个人所得税税制改革的必然选择是实行分类综合所得课税模式，因为分类综合所得课税模式不仅能够有效地体现税收公平原则和量能课税原则，更有利于提升纳税主体主动纳税的积极性。[1]

涂虎主张，当初我国选择分类所得课税模式是符合当时经济水平较低、人均收入不高、税收征管落后的现实国情的。但随着我国经济的快速发展、人均收入水平的提高和税收征管技术的提升，我国现行的分类所得课税模式已经不再适应我国的现实国情，人们更加关注的是税制设计是否公平、是否合理？显然，分类所得课税模式不能有效地发挥"控高调低"的预期效用。同时，我国实行综合所得课税模式也是不现实的。考虑到我国的现实国情，从长远来看，我国个人所得税课税模式的改革目标是实现分类综合所得课税模式。这种课税模式不仅能较好地促进社会公平，而且能与我国尚待改善的征管环境相适应。[2]

洪晖琪、王国然提出，我国现行的分类所得课税模式虽然具有征收简便的优点，但没有考虑扣除项目的实际情况（如征收范围有限，不能覆盖所有收入），反而会造成偷税漏税，增加避税空间。倘若要实行综合所得征收模式，我国税务机关在现有的条件下无法准确地掌握纳税人的全部所得信息，也无法周全考虑各项扣除。因此，综合所得课税模式的实施基础尚不具备。故而，在课税模式的改革方向上，受我国现有条件的约束，应该先实行分类综合所得课税模式，这才是最为理想的选择。[3]

综上所述，大多数学者的主张均基于对三种课税模式优劣的认识与判断。其中，主张采用分类所得课税模式的学者较少，主要是从我国特殊国情和历史背景来进行分析和阐述，属于较为保守的观点。而大多数的学者则倾向于采用综合所得课税模式和分类综合所得课税模式，学者们多从两种课税模式的优势来考虑，但两种课税模式各有千秋，并没有绝对的优势和绝对的劣势。

---

〔1〕 许建国主编：《中国个人所得税改革研究》，中国财政经济出版社 2016 年版，第 50~55 页。
〔2〕 涂虎："论我国个人所得税课税模式的改革路径"，载《现代商贸工业》2016 年第 21 期。
〔3〕 洪晖琪、王国然："我国个人所得税课税模式改革探讨"，载《商业会计》2017 年第 14 期。

客观而言，针对个人所得税课税模式的选择问题，学界目前还存在很大的争议，并未达成共识。尽管我国一再申明未来的改革方向是分类综合所得课税模式，但要进行真正意义上的课税模式改革，在短期内是难以实现的。因为，从目前的经济条件、纳税意识、征管条件和征税环境来看，我国还处于探索阶段。

第三节　研究思路、研究方法及创新之处

通过上述分析可知，对个人所得税课税模式的改革在个人所得税的税制改革过程中具有一定的理论意义和实践意义。一国在不同历史时期选择不同的课税模式是本国经济发展的必然要求。同理，我国个人所得税的改革也需要厘清改革的关键点，即课税模式的选择，这也是本书研究的核心问题。故而，笔者将在梳理我国分类所得课税模式的弊病的基础上，对传统分类所得课税模式进行理性纠偏，并围绕本书的研究思路、研究方法、创新之处来探寻我国分类综合所得课税模式的改革路径。

一、研究思路

根据预期研究目标，本书将围绕个人所得税课税模式改革的研究背景和研究意义、个人所得税课税模式改革的基本原则、个人所得税课税模式的划分及比较、我国个人所得税课税模式的发展及其公平价值评判、个人所得税课税模式的国际比较、推进分类综合所得课税模式实现的改革路径这六个方面展开。

第一章为绪论，着重介绍个人所得税课税模式改革的研究背景和研究意义，对国内外有关个人所得税课税模式的研究现状进行汇总、梳理与分析，并在此基础上明确本书的研究思路、研究方法以及创新之处。

第二章立足于个人所得税课税模式改革的基本原则，从税收法定原则、税收公平原则和税收效率原则入手，阐述个人所得税制设计所遵循的指导思想和内在依据，并为对个人所得税课税模式的分析奠定理论基础。

第三章重点阐述个人所得税课税模式的划分及其比较。通过个人所得税课税模式的概念、类型、内涵、特点、划分的理论依据、公平价值与效率价值比较等内容探讨个人所得税课税模式的基本问题，并为后文的顺利展开做

铺垫。

第四章主要探讨我国个人所得税课税模式的发展情况及对其公平价值的评判。从我国个人所得税课税模式的发展历程、主要特点以及公平价值进行综合评判，检视我国分类所得课税模式下各税制要素的公平性，并在实证分析的基础上加以论证。

第五章对国外个人所得税不同课税模式进行分析与比较，在总结、归纳国外个人所得税课税模式的发展历程及其特色的基础之上，以不同课税模式的税制要素分析为立足点，试图寻求适合我国个人所得税课税模式的改革方式。

第六章试图在分析个人所得税课税模式的改革构想、改革目标、改革步骤的基础上，查找适合分类综合所得课税模式的改革路径和配套措施，以期为实现新时代分类综合所得课税模式的改革提供参考。

二、研究方法

本书将以税收公平原则为指导思想，以个人所得税课税模式的改革为主线，在剖析我国个人所得税课税模式公平价值缺失原因的基础之上，借鉴发达国家的成熟经验，以期构建适合我国分类综合所得课税模式改革的路径。为达到论述有力、说理透彻，笔者将综合采取多种研究方法进行分析、比较和论证。

（一）文献分析法

笔者通过查找、阅读各类有关个人所得税课税模式改革的文献资料，在充分甄选、归纳和总结前人取得的丰硕研究成果的基础上，梳理个人所得税课税模式的国内外研究现状，掌握最新的前沿动态。在充分阅读文献资料的基础上，对个人所得税课税模式的基本理论、历史沿革、发展趋势等形成初步认识，进而厘清本书的研究目标和研究方案，为深入研究个人所得税课税模式改革做铺垫。

（二）历史分析法

对国内外个人所得税课税模式发展的历史沿革进行较为全面而系统的梳理和分析，并试图归纳和总结不同历史时期、不同国家个人所得税课税模式产生、发展、变化的规律、特点及其影响因素。

（三）案例分析法

在本书第四章的研究过程中，笔者试图通过对我国个人所得税课税模式的发展与现状的公平价值进行客观评判，并引用相关案例加以佐证，查找造成我国现行个人所得税课税模式公平价值缺失的因素。

（四）实证分析法

在本书第二章、第三章、第四章和第五章的研究过程中，笔者通过梳理我国《个人所得税法》的相关规定、引用权威部门真实可靠的数据资料和相关案例对我国个人所得税课税模式的现存问题和发展动态进行分析和论证、绘制相关图形和数据表格，对文中论证的内容加以说明，使其更加直观、更具说服力。同时，在本书的研究过程中，笔者就本书的选题、研究对象、研究思路、框架结构等内容走访并咨询了财税法学界、实务界相关部门的专家、学者，并对个人所得税课税模式在实践中存在的问题作出了相应的回应，为全书的研究提供了素材。笔者通过实地了解、获取个人所得税的最新进展与实践经验，精准把握本书所要研究的问题，使论证更加科学、更具说服力。

（五）比较研究法

在本书第二章和第五章的研究过程中，笔者对个人所得税课税模式的公平价值与效率价值的比较，国外典型性国家个人所得税课税模式的发展历程、特色、启示进行了细致而深入的探讨，采用对比分析的方法，从立法、纳税单位、纳税对象、税率结构、费用扣除、税收优惠、税款征缴等方面进行较为深入的对比和分析，力图归纳并汲取有利于我国个人所得税课税模式改革的经验和启示，为本土化研究创造条件。

三、创新之处

如前所述，无论是国外研究还是国内研究，学界有关个人所得税课税模式改革的观点林立、众说纷纭。学者们大多关注对个人所得税课税模式的局部研究，主要集中在个人所得税课税模式的利弊研究、个人所得税课税模式的影响因素研究、个人所得税课税模式的选择研究上。但上述研究都缺乏统领全局的合理切入点，笔者寄希望于以税收公平价值理论为研究视角，在评判我国分类所得课税模式公平价值的基础之上，对国外的个人所得税的税制经验加以取舍，从而对我国实现分类综合所得课税模式的改革路径进行探索与展望。本书的创新之处主要包括以下三个方面：

（一）研究视角的创新

从研究视角上看，我国关于个人所得税课税模式的研究浩如烟海，成了财税法学领域的一座珍贵思想宝库。但以税收公平价值理论为视角来研究个人所得税课税模式改革的文献却寥寥无几，尤其是以税收公平价值理论为视角来审视我国现行个人所得税课税模式取得的成效与不足方面的研究。大多数文献仅针对个人所得课税模式的选择和制度设计展开研究，以税收公平价值理论作为个人所得税课税模式改革的理论依据的却很少。

（二）研究思路的创新

从研究思路上看，全书以税收公平价值理论为研究视角，在探究个人所得课税模式改革的基本原则、个人所得税课税模式的基本理论、个人所得税课税模式的公平价值与效率价值比较的基础上，对我国个人所得税课税模式公平价值进行反思，试图查找我国现行个人所得税课税模式的弊病。同时，通过对比、分析国外典型国家个人所得税课税模式的特色，借鉴国外的成功经验，探索适合分类综合所得课税模式的完善路径，通过个人所得税立法的顶层设计和具体制度设计推动个人所得税课税模式改革的顺利实现。

（三）研究观点的创新

从研究观点上看，大多数学者均主张个人所得税课税模式在立法上向综合所得课税模式或分类综合所得课税模式转型，但并未从理论上深挖个人所得税课税模式改革的缘由。因此，本书将税收公平价值理论作为探究和构建我国个人所得税课税模式改革的理论逻辑。同时，以个人所得税课税模式的改革作为研究对象，并将其视为一种广义的、实质意义上的改革，一项长期、复杂的系统工程，而不仅仅是狭义的、形式意义上的立法改良。笔者主张以税收公平原则作为此次个人所得税课税模式改革的核心原则，对我国个人所得税的原有税制和现行税制加以剖析和论证，并在此基础上围绕税收公平价值理论，对我国个人所得税的立法设计和具体制度设计展开深入的剖析与探讨，为构建新时代分类综合所得课税模式的改革构想、改革目标、改革步骤和改革路径提供理论依据，提升个人所得税课税模式改革的可操作性，从而实现理论设计、立法设计、制度设计在价值取向上的一致性。从个人所得税专项附加扣除的范围来看，我国应适当扩大扣除的范围，以实现分类综合所得课税模式从"小综合"向"大综合"迈进。

个人所得税课税模式改革的基本原则

　　税收的基本原则是一个国家税收法制的理论基础，它对税收立法的制定、施行、遵守以及争议的解决都具有一定的指导意义。个人所得税课税模式改革的基本原则是建立、评价个人所得税课税模式所遵循的基本指导思想和内在依据。税收法定原则作为征收个人所得税的前提和基础，是个人所得税立法的准则。《个人所得税法》以税制设计为基本内容，而税制设计的核心则在于充分体现税收公平原则的基本要求。国家征收个人所得税在一定程度上是为了筹集财政，实现国家税收的足额入库。在税收效率原则的督促下，充分提高个人所得税的征收效率，以实现国家筹集财政的目的。可见，上述三个原则对于个人所得税的征收而言意义重大。同理，个人所得税课税模式作为个人所得税改革的核心内容也应当遵循税收法定原则、税收公平原则和税收效率原则。这三个原则在课税模式改革的过程中的作用和地位略有不同：税收法定原则作为首要原则，起保障性作用；税收公平原则作为核心原则，起主导作用；税收效率原则作为辅助原则，起推动作用。

第一节　个人所得税课税模式改革的首要原则：税收法定原则

　　个人所得税课税模式作为个人所得税改革的重要内容须于法有据，税收法定原则作为一项历史悠久、国际通行的基本法律原则，在个人所得税课税模式改革中应当被遵循。确切地说，税收法定原则是指导税收立法、执法和司法，规范政府征税权，保障纳税人权利的首要原则。一项改革的推行与实施必须在法律的框架内进行。同样，个人所得税课税模式的改革也离不开对税收法定原则的遵从与认可，因为税收法定原则不仅是税制改革的前提和基础，也是推动民主和法治的动力。因此，作为个人所得税课税模式改革的首要原则，我们有必要对其进行深入探讨，并将其作为个人所得税立法改革的准则。

一、税收法定原则的溯源

追溯税收征收的历史，税收法定原则起源于中世纪的英国。英国当时主要是由国王通过王室地产的收入、王室法庭的收入、贡金等获取财政收入，以此来负担政府和王室的支出。但后来因受到战争的影响，国王开始通过征税、借款、出卖官职等方法增加财政收入。在此过程中，受到"国王未征求意见和得到议会同意，不得擅自行动"这一传统观念的影响，一场争夺课税权的激烈斗争在英国国王与英国议会之间展开。1215 年，国王在争权的过程中被迫签署了《大宪章》，并在《大宪章》中规定"对国王征税问题作出明确的限制"，即国王必须服从法律。《大宪章》于 1225 年被重新颁布，增加了议会享有批准赋税权的权力。1688 年，英国爆发了"光荣革命"，国王按照国会的要求制定了《权利法案》，并在法案中再次强调了课税必须经过国会的同意，否则应当被禁止的规定。至此，税收法定原则以立法的形式被确立。这一原则的确立使得课税权被从国王处解放出来。与此同时，将税收法定原则纳入《权利法案》，为日后各国的课税权设置起到了良好的示范作用。随着资本主义在全球范围的兴起与发展，税收法定原则开始被越来越多的国家采纳与遵从，并被大多数国家纳入宪法。例如，1787 年的美国《宪法》第 1 条规定"一切征税议案首先应当由众议院提出""国会有权赋课并征收税收"；法国《宪法》第 34 条规定，有关各种税收的税基、税率和征收方式必须以法律的形式加以规定；比利时《宪法》第 112 条规定国家征税，不得享有特权，免税或减税只能由法律规定。客观而言，税收法定原则日渐发展成对公民财产权益的一种法律保护。事实上，税收法定原则在各国的确立也是各国公民争取自身权利的过程，推动了近代民主和法治。[1]随着各国将税收法定原则纳入立法，其基本要求也被确定下来，即国家依法征税、公民依法纳税。

---

〔1〕　刘剑文、耿颖："税收法定原则的完整内涵及现实意义"，载 http://www.ce.cn/cysc/newmain/yc/jsxw/201503/11/t20150311_ 4783717.shtml，最后访问时间：2019 年 1 月 5 日。

二、税收法定原则的含义

税收法定原则，又被称为税收法定主义原则，指国家征税必须要有法律依据，公民依法进行纳税。没有法律依据，国家不能课税，公民也不用纳税。换言之，如果没有法律的规定作为征税的前提，国家不能肆意向公民征税，公民也没有义务纳税。从某种意义上说，这是税收法定原则在现代法治上的体现。税收法定原则要求有关税收的规定需通过国家立法机关加以确定和明确。税收法定原则的内涵应当包括三个方面的内容：①税种法定。一国税种的开征与设置都必须由法律事先予以规定，没有法律规定，国家没有征税的权力，公民也没有纳税的义务。②税收要素法定。税收要素法定是指有关征税的各项具体内容都应该由法律加以规定，即纳税主体、课税对象、课税依据、课税标准、税基、税率以及税收优惠减免等内容都由税法规定。③税收程序法定。税收程序法定是指税收立法程序、征收缴纳程序、税收争议解决程序等都应该通过法律加以规定，征税机关依照法定程序征税，纳税人依照法定程序纳税。税收法定原则作为一项至关重要的基本原则：一方面，限制了国家征税权力的行使，可以保障纳税人的合法财产权益不受侵害；另一方面，有助于维护经济生活的稳定，对于国家和纳税人之间的税收征纳关系具有预见性。依据税收法定原则的内在要求，个人所得税的开征也必须依据立法的规定，没有法律依据，国家不能征税，个人所得税的征税对象和征税额度都必须事先由法律作出明确规定，行政机关（尤其是税务机关）在征税时，没有超幅度范围的税收自由裁量权。对于符合征税条件的，税务机关必须征税；对于不符合征税条件的，税务机关不能征税。税务机关如果滥用职权，纳税人可以依据法律的规定获得救济，这是税收法定原则针对税种法定、税收要素法定和税收程序法定的具体要求。[1]

三、税收法定原则的作用

个人所得税课税模式是对纳税人的各项收入所得如何计征、如何扣除的一种制度安排。一国个人所得税课税模式的改革不仅会受到本国国情和时代背景的影响，也会受到税收基本原则的制约。税收法定原则作为税收立法、

---

[1] 熊伟主编：《财税改革的法律逻辑》，湖北人民出版社2015年版，第4页。

并对个人所得税税基展开了深入研究。他认为："税收公平原则包括税收横向公平和税收纵向公平。税收横向公平是指税收负担能力相同的纳税人，其应当缴纳的税款数额相同。税收纵向公平是指税收负担能力不同的纳税人，其应当缴纳的税款数额不同。课税公平是指在政府进行纳税时，各国臣民应当给予支持，税款尽可能地与纳税人的支付能力相当。在大庄园中，所有的佃户都对他们在庄园中所获得的利益来进行纳税，遵守这一准则，就是所谓的税收公平，否则就是不公平的。"[1]缴纳的税收必须与获得的收入成比例，即按照比例课征个人所得税，富人按照略高的比例缴纳税款是合理的。由此可见，关于个人所得税税基的早期研究是在税收公平原则的指导下实现的，同时也反映出了对个人所得税税率模式的选择应当采取比例税率，对个人所得税地位和调节功能的研究还处于以效率为准则的研究阶段。这为现代所得税的发展和建立以及所得税成为主体税的税制模式奠定了坚实的理论基础。[2]

　　德国财税学家阿道夫·瓦格纳运用社会政策观念，将亚当·斯密的公平原则发展为"社会正义"原则，主张税收负担在个人和各阶层之间应该实现分配公平，通过课税来矫正社会财富分配不均和贫富分化的弊端，从而实现社会改革。20世纪30年代，美国经济学家亨利·西蒙斯提出了公平课税理论。他认为，政府对于个人所得税制的设计应本着以实现税收公平为目标、以经济干预最小化为原则。公平课税理论下，公平性是最为重要的原则。税收公平是个人所得税制设计的首要理念，在个人所得税的设计上，公平课税理念更能彰显个人所得税的本质内涵。大部分经济学家均试图通过税基来实现税收的横向公平，通过累进税率来实现税收的纵向公平。[3]新古典综合学派代表人物萨缪尔森教授在他的代表作《经济学》一书中阐述了税收公平原则的两层含义：一方面是普遍课税，即要求所有人都应普遍承担税收义务；另一方面是量能负担，即依据纳税人纳税能力的大小来确定税负的高低，对纳税能力高的纳税人多征税、对纳税能力低的纳税人少征税。这就是税收的横向公平和纵向公平。简言之，横向公平就是在经济情况、纳税能力相同的情况下，其税收负担应当相同。反之，在经济情况、纳税能力不同的情况下，

〔1〕　[美]阿兰·J.奥尔巴克、马丁·费尔德斯坦主编：《公共经济学手册》（第1卷），匡小平、黄毅译，郭庆旺校译，经济科学出版社2005年版，第15页。

〔2〕　刘纯林：《个人所得税法变革专题研究》，世界图书出版公司2015年版，第82页。

〔3〕　温海滢：《个人所得税制度设计的理论研究》，中国财政经济出版社2007年版，第6页。

其税负负担也应当不同。之后，美国经济学家理查德·A. 马斯格雷夫认为税收公平原则应该从水平和垂直两个层面来加以反映，即水平公平和垂直公平。水平公平就是指同等经济状况下的人应缴纳相同的税款，垂直公平是指不同经济状况下的人应缴纳不同的税款。[1]从上述学者有关税收公平的理解和认识来看，税收公平原则最为集中地体现了税法精神，成了税收理论界和实践界都应当遵循的重要原则。

二、税收公平原则的含义

税收公平原则最初由古典经济学家提出，历经数百年的发展历史，现已成为各国税法中的重要原则。税收公平原则作为贯穿税收立法、税收执法和税收司法全过程的指导性原则，其最基本的含义是：税收负担要依据纳税人的负担能力来进行分配，纳税人负担能力相等的，其税负应当相同；纳税人负担能力不相等的，其税负应当不同。具体而言，税收公平原则应当包括横向公平和纵向公平。所谓横向公平，又被称为水平公平，即纳税能力相同的纳税人，其负担的税收数额应当相同，也就是同等情况同等税负。税收的水平公平要求国家应当对纳税人进行平等征税，对于拥有相同纳税能力的人，国家不应实行差别待遇、歧视性待遇或税收优惠，要充分体现公平原则。所谓纵向公平，又被称为垂直公平，即纳税能力不同的人，其负担的税收数额应当不同，也就是不同情况不同税负。换言之，纵向公平是在税收过程中应当体现区别对待和合理负担，经济情况不同的纳税人，其税收负担也有所不同，当纳税人的纳税能力发生变化时，其税负也应当相应增减。由此可见，税收公平原则设置的目的在于实现税收负担的公平分配，纳税能力相同的人，同等对待；纳税能力不同的人，区别对待。从本质上来说，税收公平原则充分体现了能力强者多纳税、能力弱者少纳税、无能力者不纳税的思想。[2]

三、税收公平原则的作用

从国外学者们关于税收公平原则的研究来看，最初的税收公平原则被视为一种税收思想。税收公平原则是税法学者从法律的视域，在学理上将其上

---

〔1〕 张富强主编：《税法学》，法律出版社 2007 年版，第 135~136 页。
〔2〕 熊伟主编：《财税改革的法律逻辑》，湖北人民出版社 2015 年版，第 6~7 页。

升为税法的基本原则。税收公平原则作为税法最为重要的基本原则，不应该继续停留于税收思想和税收理论层面，而应该被提升到税法精神的高度，成为调整国家与纳税人之间税收关系的根本性原则，同时也应当是税收执法、司法中不可或缺的指导性原则。税收公平的本质不是简单的利益交换的对价性，而是公平分配纳税者的税收负担和税收分配的正义要求，以此实现征税的正当性和合理性。征税公平与否是衡量一国税收制度和政策好坏的砝码。

税收公平原则最为集中地体现了税法的基本精神，我国个人所得税课税模式改革的初衷和目的就是充分实现税收公平原则，即税收的横向公平和纵向公平。充分发挥税收调节收入的功能，让高收入者多纳税、低收入者少纳税。税收公平原则是个人所得税赖以建制的核心原则。这就意味着，在制定个人所得税法律制度的过程中，不仅应该在形式上追求合法性和正当性，还应该在实质上追求公平性和合理性。税收公平原则作为税收法律体系中的重要原则，在个人所得税课税模式改革中也起主导作用。税收公平原则作为我国个人所得税课税模式改革的基本指导思想，它不仅是个人所得税在立法中应当注重的基本原则，更是评价个人所得课税模式改革成败的重要准则。由此可见，我国在《个人所得税法》的制定与完善、个人所得税税制的设计与改良等方面都应当严格遵循税收公平原则，充分彰显个人所得税在调节纳税人收入的横向公平和纵向公平方面的作用。从某种意义上来说，税收公平原则在此次改革中具有引领和统帅的作用。换言之，在个人所得税课税模式改革的过程中，无论是遵循税收法定原则，还是遵循税收效率原则，其最终的目的都要归结为实现税收公平，这也是此次修正《个人所得税法》的意义所在。

第三节　个人所得税课税模式改革的辅助原则：税收效率原则

在税制改革实践中，个人所得税所遵从的基本原则也日渐成熟，并逐步形成了一套完备的理论体系。这为我们研究个人所得税课税模式的改革提供了正确的指导方向。学术界针对个人所得税课税模式改革的基本原则已渐具共识。无论是税收法定原则，还是税收公平原则，抑或是税收效率原则，都从不同角度阐释了个人所得税课税模式改革的初衷和理念。换言之，个人所得税课税模式改革需要在税收法定原则和税收公平原则的基础上进行准确的理解和把握，对税收效率原则作进一步探讨。事实上，在个人所得税课税模式的选择和改革过程中，税收效率原则作为辅助原则正在发挥助推税收公平原则实现的积极作用。

一、税收效率原则的溯源

美国著名经济学家斯蒂格利茨指出："衡量税收体系的两大标准：一是公平，二是效率。"[1]早期的税收效率并没有着眼于某一个特殊的税种，它与税收公平一样适用于整个税收制度。税收效率的提法最早出现在英国古典经济学家亚当·斯密的《国富论》一书中。在书中，亚当·斯密提出了赋税四大原则：平等、确实、便利和最少征收费用。其中，亚当·斯密将便利和最少征收费用视为对税收效率的最佳解读。在亚当·斯密看来，给纳税人提供便利就是给征税者带来便利，给纳税人多一些便利就会促成税款拖欠情况的减少。因此，便利原则的宗旨就是要降低征纳成本，以提高征税效率。一切赋税的征收均须设法让人民付出的尽可能等同于国家收到的，即尽量降低交易成本、降低税收征管费用。由此可知，税收效率的着眼点在于税收征管费用的最小化。实现最小化的额外负担，才能对经济效率起到明显的改善作用。到了19世纪，意大利经济学家维弗雷多·帕累托提出了"帕累托效率"理论。该理论的基础是资源配置呈最佳状态：如果有一群人和可用于分配的资源，从一种分配状态到另一种分配状态的变化过程中，任何资源的调整都不会影响其他人的境况，并造成他人境况的变坏，那么这种资源配置的效率就是最大的。[2]帕累托效率后来也被经济学家用来解释税收效率问题。他们认为，税收活动上的任何措施同时也应该是得者的所得多于失者的所失。税收是调整国家和国民利益分配的手段，是使资源从私人部门向公共部门转移与分配。在资源分配的过程中，如果原有社会资源的配置是合理的，则税收手段介入其中反而会阻碍经济活动的发展，社会利益也会受到一定的削弱。这时，税收手段便成了一种额外税收负担。但如果社会资源配置原本就不合理，税收介入其中，经济活动会因此得到改善与促进，社会利益会因此得到加强，

---

〔1〕 ［美］斯蒂格利茨：《经济学》，高鸿业等校译，中国人民大学出版社1997年版，第517页。

〔2〕 王勇："公平与效率视角下我国个人所得税研究"，西南财经大学2009年博士学位论文，第19页。

税收也会成为一种额外利益。客观而言，这是税收经济效率作用的体现。除此以外，税收效率还包括税收征管效率。税收征管效率早在英国古典经济时期就备受关注。威廉·配第所提出的简便原则强调国家征税的手段不能太过于繁琐，而是应当在征收的形式和时间方面给纳税人提供便利。此后，亚当·斯密也提出了便利原则和最少征收费用原则。便利原则要求手续尽量从简，给纳税人最大的便利，减轻纳税人的缴税负担。最少征收费用原则要求尽量减少不必要的费用开支，使得税收尽可能被足额入库。税收征管效率原则是税收征管的成本能否减少到最低，从而实现国家的实际税收收入的最大化，或者给纳税人带来的额外负担最小化。税收征管的成本越低、税收征管的效率越高。反之，税收征管的成本越高、税收征管的效率越低。

二、税收效率原则的含义

判断税收体系是否良好有两大标准：一是公平，二是效率。可见，税收在注重公平原则的同时，也不能忽视对效率的注重。税收效率原则指国家征税应当有益于资源的有效配置和经济机制的良性运行，增强税务管理的能力，以最小的费用获取最大的税收收入，并利用税收的经济调控作用最大限度地促进经济的发展或最大限度地减轻税收对经济发展的妨碍。[1]税收效率原则的含义较多：从资源配置来看，税收要有利于资源的有效配置，使得社会通过资源的有效配置获得最大的效益；从税收征管来看，税制要简便易行，使征纳成本最小化、征管效率最大化。实际上，税收效率原则是税收经济效率原则和税收征管效率原则的统一体。税收经济效率原则是税收对整个国民经济运行施加影响的程度，不仅要考察其是否存在社会资源的有效配置，保障国民经济的良性运行，还要考察税收是否中性，能否使得社会承受的超额负担最小化、获得的超额利益最大化，以最小的税收成本换取最大的经济效益。换言之，税收征管效率原则是税收征管的费用是否能够减少到最低的程度，给国家带来的实际税收收入最大或给纳税人带来的额外负担最小。税收征管效率原则，一方面要求国家的征管手段简便易行、厉行节约、注重效率，尽可能以最小的征税成本获得最大的税收收入；另一方面要尽可能减少纳税人

---

〔1〕　刘剑文、熊伟：《财政税收法》（第6版），法律出版社2014年版，第186页。

因纳税而支付的费用，减少纳税人花费的时间、精力和金钱。[1]

三、税收效率原则的作用

在税收效率原则下，政府在不影响私人原有资源配置的情况下，即使会造成私人损失，也应当以税款为限，不给私人造成选择上的扭曲，实现税收的超额负担最小化。就个人所得税而言，国家应尽可能以最小的税收成本来获取个人所得税的税收收入，并通过一定时期内的税收成本和税收收入之间的对比来加以衡量。同样，在个人所得课税模式改革的过程中，税收效率问题不容小觑。税收效率原则作为个人所得税课税模式改革的辅助原则，要尽可能降低成本，力争以最小的征收成本获得最大的税收收入，并尽可能通过优化税制结构减少税收对经济产生的不良影响，最大限度地促进社会经济良性发展，助推个人所得税课税模式改革所追求的税收公平原则的实现。显然，在个人所得税课税模式改革的过程中，积极落实税收效率原则更能促进个人所得税形式公平与实质公平的实现，彰显更高层次的税收公平。因为税收效率原则是实现税收公平原则的物质基础，个人所得税课税模式的改革就是要对相关税制进行优化配置，实现效益的最大化，这是保证税收公平原则充分实现的前提条件。反之，税收公平是提高税收效率的重要保证。换言之，在征收个人所得税时，也要尽可能减轻纳税人的遵从成本和国家的征收成本，以促进个人所得税公平与正义价值的实现，即实现税收效率与税收公平具有一致性。一言以蔽之，税收效率原则作为个人所得税课税模式改革的辅助性原则，对促进税收公平原则的实现起到了积极的助推效果。

---

[1] 张富强主编：《税法学》，法律出版社 2007 年版，第 143~146 页。

个人所得税课税模式的划分与比较

　　纵观世界发展，个人所得税课税模式大致分为三种：分类所得课税模式、综合所得课税模式、分类综合所得课税模式。三种课税模式在设计上泾渭分明，特点上各有千秋。从理论和实践来看，无论采取何种课税模式，对于一国的个人所得税的发展来说都是至关重要的。鉴于此，研究个人所得税课税模式的划分和比较问题，不仅可以从理论上加以探讨，还可以基于公平和效率的视角作出评价。本章将基于对个人所得税课税模式的类型化研究，寻找个人所得税课税模式划分的理论依据及其特点，在比较不同课税模式的公平价值与效率价值的基础上，进一步区分不同课税模式的优劣。

第一节　个人所得税课税模式的类型及其特点

　　个人所得税课税模式作为制定个人所得税制的总体框架，是将应税项目进行归类与扣除，按照法律规定的税率计算出应纳税额的税制设计。从世界范围来看，受税制改革的指导思想和具体国情的影响，各国的课税模式存在差异。但大体看来，有关个人所得税课税模式的划分类型各国已基本达成共识，一般分为分类所得课税模式、综合所得课税模式以及分类综合所得课税模式三种。

一、分类所得课税模式的概念、内涵及特点

　　分类所得课税模式是个人所得税课税模式中最早被采用的。国外早期征收个人所得税时，一开始都采用分类所得课税模式，这种模式因具备一定的先天优势而被各国于开征个人所得税早期普遍采用。因此，厘清分类所得课

税模式的概念、内涵及其特点有助于我们理解和把握早期开征个人所得税的国家选择该模式的缘由。

（一）分类所得课税模式的概念

分类所得课税模式，是将个人所得的全部收入，按照不同所得的来源和性质进行划分，依据个人所得税法的规定扣除法定允许的相关费用，再适用不同税率（大多采用比例税率或是较低的超额累进税率）进行计征的一种税制模式。分类所得课税模式的理论基础是"所得源泉说"，即税务机关征收的纳税人所得收入应该具有源泉性质，且是每年经常发生的具有连续性的所得。分类所得课税模式最早出现在英国，是英国开征个人所得税时最早确立的一种税制模式。从世界范围来看，目前采用分类所得课税模式的国家主要有中国、苏丹、也门、老挝、黎巴嫩等，这些大多属于个人所得税不是财政收入的主要来源的国家。因此，采用分类所得课税模式征收简便，从税收征管的角度来看，充分体现了税收效率原则。

当前，学术界主要将分类所得课税模式划分为"二元所得税制"和"多元所得税制"。前者主要按照所得来源不同，划分为劳动所得和资本所得两大类，分别适用不同的税率进行征税。劳动所得又可以被细分为工资薪金所得、个体工商户生产经营所得、劳务报酬所得等。资本所得则可以被细分为资本利得、利息、股息、红利所得、租金所得等。经营所得则是按照法律规定被吸收到劳动所得和资本所得之中。具体而言，在扣除了法定的必要费用支出后，劳动所得适用累计税率进行课征，资本所得则适用比例税率进行课征。以二元所得税制作为征税依据的国家主要有芬兰、挪威、瑞典等北欧国家。二元所得税制与这些国家的经济与社会发展相适应，契合个人所得税的税收效率与税收公平原则，被大多数北欧国家所青睐。多元所得税制则是将所得划分为多个种类，不同种类的应税所得适用不同税率分别课征。应税所得具体包括劳动所得、资本所得和经营所得，其中劳动所得又可被进一步细分为工资薪金所得、个体工商户生产经营所得、劳务报酬所得等。资本所得可以被进一步细分为资本利得、利息、股息、红利所得、租金所得等。经营所得按照不同行业可以被划分为农业经营所得、工业经营所得、商业经营所得等。目前，采取纯粹的多元所得税制的国家不多，主要有中国、苏丹、约旦、索马里、也门、叙利亚等。

（二）分类所得课税模式的内涵

分类所得课税模式作为个人所得税最早采用的课税模式，在个人所得税的历史发展中占据重要地位。国外早期征收个人所得税都采取分类所得课税模式，因为它是最为简便易行一种课税模式。就其内涵来看，主要包括三个方面：①在分类所得课税模式下，纳税人所获得的全部所得都要被划分为若干种，且具有较强的差异性和针对性，其重点在于区分不同的所得。②在分类所得课税模式下，其征税范围极为有限。从所得分类的角度来看，属于所得划分范围之内的被视为课税对象，而没有被纳入所得分类范畴的则不被视为课税对象。③在分类所得课税模式下，多采取比例税率。不同性质的所得按照相应的比例税率予以计征。所得的来源不同、性质不同，其适用的税率也不相同，这是区别定性理论的基本要求。

（三）分类所得课税模式的特点

分类所得课税模式的最大特点在于，根据纳税人不同类型的所得收入，适用不同税率计征个人所得税，更具针对性和差异性。这样做既有利于税务机关的征收与管理，简便易行，又提高了征税效率，降低了税收征收成本。针对劳动型所得（如劳务报酬、工资、薪金等）适用较低的税率；针对财产型所得（如股息、利息、红利等）适用较高的税率。分类所得课税模式不仅可以从客观上激励纳税人积极创造劳动价值，还将不同类型的所得收入从产生的源头上进行有效控制，以防止税源的流失。诚然，分类所得课税模式也存在一定的不足：一方面，随着经济关系的日益复杂，所得形式的多元化趋势愈加明显，倘若对所得分类的界定不清晰、不准确，将会引发纳税人不交税或少交税现象，从而增加纳税人的避税空间，造成税收流失。这将不利于保障财政收入的稳定增长，造成税收效率低下。另一方面，分类所得课税模式没有考虑到纳税人的整体收入状况（如家庭的负担能力），只是注重单个纳税人的个体负担，设置多个税率结构，无法针对各项所得适用统一的累进税率，在纳税人较为分散和转移所得收入的情况下，同样会造成税负不公，不利于实现税收的分配正义和公平，最终也会影响个人所得税调节收入功能的有效发挥。[1]

---

〔1〕　刘纯林：《个人所得税法变革专题研究》，世界图书出版公司 2015 年版，第 272 页。

二、综合所得课税模式的概念、内涵及特点

从个人所得税课税模式的发展与变迁来看，各国早期大多采用分类所得课税模式。随着经济的发展和社会的进步，20 世纪 70 年代以后，许多国家陆续开征个人所得税，这一阶段正是分类所得课税模式向综合所得课税模式转变的重要时期。从个人所得税课税模式的选择来看，综合所得课税模式因具有分类所得课税模式所不具备的优势而备受大多数国家青睐。深入了解综合所得课税模式的基本概念、内涵及其特点会对课税模式的划分有深刻的理解。

（一）综合所得课税模式的概念

综合所得课税模式，是将个人全年不同性质、不同来源的所得收入进行全部汇总后形成总收入额，扣除法定扣除额或宽免额，得到的余额为应纳税所得额，再适用累进税率课征的税制模式。易言之，综合所得课税模式就是将纳税人全年各种所得视为其所有收入的来源。不论其所得的性质和所得的来源，只要属于其个人所得便都应当被视为一个整体，并按照一定的税率计征纳税。"应纳税额＝应纳税所得额×税率"，"应纳税所得额＝个人全年综合所得总额－法定扣除额－法定宽免额"。综合所得课税模式最早起源于范·香兹提出的应税所得的"净资产增加说"，后来，美国经济学家海格提出了综合所得税基的概念。[1]综合所得课税模式对美国个人所得税税制模式产生了重大影响，尤其是在第二次世界大战以后，电子信息技术在税收领域的广泛运用提高了综合所得课税模式的征收效率并不断完善。目前，世界上大多数发达国家都采用综合所得课税模式，如美国、德国、法国、加拿大等。美国在征收个人所得税时采取的是"反向列举法"，即列出不被征收的所得范围，没有被立法纳入的所得则采用累进税率实行综合征税。采用这种方法的好处在于，在一定程度上拓宽了个税的课征范围，实现了税收公平原则。但在实际征税过程中，美国也不是纯粹的综合所得课税模式国家，对于综合所得，其也采取了特殊的处理方法，笔者姑且将此种税制称为综合所得税制。例如，在美国，自有房屋的估算价格不是将估算收益列入综合征税的范畴，附加福利所得、股票期权所得等也是采取有针对性的优惠税率来进行课税，与美国相似的国家还有加拿大、澳大利亚、德国等。

---

〔1〕 樊丽明主编：《西方国家财政税收论纲》，山东大学出版社 1996 年版，第 169 页。

（二）综合所得课税模式的内涵

综合所得课税模式是在纳税人纳税能力的基础上建立起来的一种模式，这种模式的核心思想是针对不同的纳税人实行不同的纳税政策。其内涵主要包括三个方面：①在综合所得课税模式下，纳税人的各类所得和收益，无论是劳动所得还是资本所得，也不论是实物还是现金，都被视为综合所得课税模式的计征范围。可见，其税基范围十分广泛，这一点与分类所得课税模式形成了鲜明对比。②在综合所得课税模式下，资本利得和源于资本的利得（利息、股息、红利）同样要被课征个人所得税，这也是综合所得课税模式最重要的特征之一。③在综合所得课税模式下，主要采取累进税率，即将纳税人全部所得汇总后，再扣除法定扣除额或免除额，根据扣除后的应纳税所得额的多少来适用累进税率。应纳税所得额较多的，缴纳的个人所得税较多；应纳税所得额较少的，缴纳的个人所得税较少。显然，这种做法有利于彰显税收的纵向公平，充分体现量能课税原则。

（三）综合所得课税模式的特点

综合所得课税模式的特点主要是充分体现个人所得税的纵向公平，尤其是在税基和税率的设计方面。综合所得课税模式最大的特点就是对综合所得进行课税，并适用超额累进税率。一方面，综合所得课税模式的税基较为广泛，涵盖了现金收入、实物收入、劳动所得、资本所得、经常性所得、偶然所得等。简言之，纳税人在一定时期内所获得的所有收入、所得都被视为综合所得课税模式的课税对象。对相同综合所得的纳税人按照相同税率课税，对不同综合所得的纳税人依据累进税率课征税，基于所有所得收入按照一个超额累进税率来计征，因此其充分体现了税收的纵向公平。另一方面，对征税对象采取"反列举"的办法，即排除免税额和宽免额，其他所有所得收入一律纳入综合收入计征个人所得税。显然，相比于分类所得课税模式而言，综合所得课税模式大大拓宽了个人所得税的税基范围。能够在一定程度上有效地反映出纳税人的综合税负能力，即对综合所得采取累进税率进行课征，也充分实现了"支付能力原则"。按照不同收入的纳税人来课征个人所得税以实现调节收入分配差距的目的有助于实现个税的纵向公平，体现了量能负担原则。但是，这种税制模式也存在一定的弊端：综合所得相同的纳税人，由于储蓄和消费方式的差别，综合所得税现值会有所不同，从生命的周期来看，有悖于税收的横向公平。综合所得课税模式在实际操作中难度较大。例如，资本所得往往难以计算，如果将资产出售，其所得可以以市场价值为基础，如果是持有资产，则应按照推定价格计算。这样会造成税务机关很难把控资本收益价值，也会造成低估资本收益，进而滋生避税行为。因而，综合所得课税模式要依赖较为完善的税收征管体系，该模式的应纳所得额的计算较为复杂。首先，要明确纳税人自行申报的收入，以此为依据计算纳税人的全部收入，对纳税人主动纳税的意识要求较高。此外，从实际操作层面来看，综合所得课税模式往往也很难得到全面贯彻，常常会出现对资本所得有大量优惠政策，而劳动所得却被作为国家公共收入的主要来源的现象，这样做有损劳动者劳动积极性的发挥。与此同时，由于缺乏对纳税人所得收入支付主体的有效监管，征收难度较大，扣除方式较为复杂、课征繁琐，更不利于防止税收流失和偷逃税行为。从某种意义上来说，综合所得课税模式的征税方式过于复杂，对税收征收成本和纳税遵从能力要求更高。

三、分类综合所得课税模式的概念、内涵及特点

20 世纪 80 年代中期，国外相继掀起了"扩大税基，降低税率、规范优惠"的税制改革浪潮，分类综合所得课税模式开始被部分国家所采用。分类综合所得课税模式因具有分类所得课税模式和综合所得课税模式所不具备的优势而受到了部分国家的认同。因此，对分类综合所得课税模式的概念和特点的理解与把握有助于揭示它能够弥补分类所得课税模式和综合所得课税模式的缺陷，并被部分国家采纳和接受的原因。

（一）分类综合所得课税模式的概念

分类综合所得课税模式，又被称为混合所得课税模式或二元税制模式，是在弥补分类所得课税模式和综合所得课税模式缺陷的基础之上建立起来的税制模式。分类综合所得课税模式是将纳税人的各类所得，先按照分类所得课税模式适用不同的税率进行源泉扣缴，然后再对纳税人全年的各种收入或应纳税所得额进行汇总，若达到一定的标准数额，再对其总额适用累进税率课征综合所得税或附加税，并将已经缴纳的税款在应纳税额中予以扣除的税制模式。分类综合所得课税模式源于 1917 年的法国，这一理论的提出源于法国税制改革的设计者凯劳克斯。凯劳克斯认为，二元所得税是一种建立在对

英国个人所得税和德国个人所得税评价基础之上的税制模式。[1]分类综合所得课税模式作为一种从分类所得课税模式向综合所得课税模式过渡的税制模式，实际上是在实行分类征收的基础上再进行综合所得征收的一种附加税，其兼具分类所得课税模式和综合所得课税模式的优点。法国是最早实行分类综合所得课税模式的国家，在法国的带动下，其他国家（如葡萄牙、西班牙、意大利等国）也纷纷效仿，日本、英国、荷兰等国家也采用了这种税制模式。分类综合所得课税模式兼顾了分类所得课税模式和综合所得课税模式的特点，即一方面要考虑分类所得部分的课税，另一方面要考虑综合所得部分的课税，同时还要处理由分类课税和综合课税造成的重复征税问题。第二次世界大战后，法国、西班牙、意大利等国转而实行综合所得课税模式，葡萄牙是仍坚持实施分类综合所得课税模式的欧洲国家。葡萄牙将分类所得细化为营业利润所得、资本利益所得、劳动所得、农业活动所得、农用土地所得、城市土地所得和动产所得等七大类。在对上述所得实行分类课征的基础上，采取累进税率进行综合计征，再抵扣在分类所得部分已被扣缴的部分。[2]

（二）　分类综合所得课税模式的内涵

分类综合所得课税模式是建立在二元课税理论的基础之上的一种税制模式，该模式较之分类所得课税模式和综合所得课税模式来说，具有较大的差异性。分类综合所得课税模式的内涵主要包括三个方面：①在分类综合所得课税模式下，将纳税人所获得的全部所得先按照分类所得课税模式进行划分，并依据不同的税率进行计征。然后，在综合所得的基础之上，按照累进税率对超过一定标准的所得进行综合计征。换言之，一部分所得实行分类所得课税模式，一部分所得实行综合所得课税模式。它有效地结合了分类所得课税模式和综合所得课税模式的优势，是一种折中处理的税制模式。②在分类综合所得课税模式下，就其征税对象和费用扣除项目来看，具备了宽税基和扣除综合性的特征，这一点与综合所得课税模式较为一致，充分体现了税收公平原则和量能课税原则。③在分类综合所得课税模式下，其税率的设置是比例税率和累进税率，采用两种税率相结合的方式来计征所得税，相对于单一的比例税率和纯粹的累进税率而言，能有效地缩小贫富差距，达到收入分配

---

〔1〕　温海滢：《个人所得税制度设计的理论研究》，中国财政经济出版社2007年版，第161页。

〔2〕　张天姣："个人所得税制模式的比较分析"，载《财贸研究》2017年第4期。

公平。

(三) 分类综合所得课税模式的特点

分类综合所得课税模式的最大特点是对同一所得进行两次独立的课税，相当于为同一所得施加了双重保险，即对纳税人不同类型的所得收入按照不同税率进行课征，然后再对年总收入超过一定数额的所得适用累进税率进行课征。这样做的最大好处在于能够有效防止偷税漏税，符合量能课税原则。同时，从对不同性质收入适用不同税率的层面来看，其也较好地体现了区别对待原则。分类综合所得课税模式是将分类所得课税模式和综合所得课税模式的优势进行有效结合，取长补短，既要对所得收入实行源泉扣缴，又要对总的所得进行汇总扣除，以彰显税收公平。客观而言，分类综合所得课税模式的税基较为宽泛，对于收入来源较多的纳税人而言，能够有效地预防偷税漏税行为的发生。从某种意义上来说，分类综合所得课税模式不仅可以实现真正意义上的调节税收分配，还可以有效防止两极分化，兼顾效率与公平。任何事物都有两面性，尽管分类综合所得课税模式在一定程度上弥补了分类所得课税模式和综合所得课税模式的不足，但就其本身而言，也存在一些缺陷。尤其是在计算个人所得税方面，分类综合所得课税模式的计征方式较为繁琐、复杂，在税收征收与管理的过程中，不仅要考虑分类计征的征税对象，还要考虑综合计征的征税对象。在实际操作中，难以避免综合所得扣除项目的复杂性，有的所得收入具有劳动所得和资本所得的特性，不便按照其性质进行划分，在分类计征与综合计征之间容易造成重复征税的问题。因而其在具体的执行过程中也存在不利之处。与此同时，税收征收成本和遵从成本也会随之提高，这会在无形中加大税收征管部门的征管难度。此外，分类综合所得课税模式在劳动所得方面实行累进税率，虽然在一定程度上保证了劳动所得分配的纵向公平，但在资本所得方面却适用税率较轻的比例税率。客观而言，对于所得收入总额相同但所得收入结构不同的纳税人来说，这样显然是有悖于税收横向公平的。所得收入中资本所得比重较高的纳税人要比劳动所得比重较高的纳税人纳更少的税，这显然已经违背了量能负担原则，有悖于税收的纵向公平。

第二节　个人所得税课税模式划分的理论依据

个人所得税课税模式是一国个人所得税在制度框架设计上首先要解决的问题。国外学者一般会对个人所得税课税模式的概念界定、特点、划分的理论依据等方面展开深入研究。因此，探究个人所得税课税模式划分的理论依据将有助于我们理解各国在经济发展过程中个人所得税课税模式选择的差异问题。从世界范围来看，个人所得税课税模式划分的理论依据归纳起来大致可分为以下三种。

一、区别定性说

从个人所得税的发展史来看，早期实行对各种所得分类进行课税的模式被认为是一种较为合理的做法。在"区别定性"原则的指导下，对不同类型的所得分别采用"合适"的税率来实现税收公平是分类所得课税模式的理论基础。19 世纪下半叶，意大利财政学者提出了"区别定性"原则。他们认为，劳动所得具有短暂性，会受到解雇、生病、终止就业、丧失劳动技能等综合因素的影响，从而导致收入来源会处于不稳定的状态。因而，对劳动所得应该给予比资本所得更加优惠的税收待遇。相反，资本所得具有持久性，其数额也相对比较稳定。从名义上看，劳动所得和资本所得看似相当，但从经济学的角度来看却是不平等的。按照社会分配正义的要求，为实现所得收入的平等待遇，对于劳动所得应当采取较低的税率计征课税；对于资本所得则应该适用较高的税率或采取征收附加税的形式计征课税。显然，在"区别定性"原则的支持下，个人所得税的最佳课税模式是分类所得课税模式，因为该模式是根据不同类型的所得适用不同的税率和扣除标准来课税的。[1]

二、支付能力说

英国经济学家约翰·斯图亚特·穆勒在其《政治经济学原理》一书中，提出了"支付能力原则"。他认为，税收公平包括税收的横向公平和税收的纵向公平，而纳税人的支付能力是实现税收公平的理论基础。实现税收的横向

---

〔1〕　温海滢：《个人所得税制度设计的理论研究》，中国财政经济出版社 2007 年版，第 150~152 页。

公平依据"可自由支配的所得"的能力，而实现税收的纵向公平则依据累进税率来进行调节。换言之，通过纳税人的支付能力来衡量由税收带来的福利水平下降的忍耐能力和负担能力。1896年，在支付能力原则核心思想的影响下，德国经济学家范·香兹提出了应税所得的"净增值说"，后来美国经济学家海格又提出了综合所得税基的概念。随后，在香兹和海格的基础之上，美国经济学家亨利·西蒙斯进一步深化了对综合所得税基的研究，形成了后来所谓的"黑-西标准"。香兹—海格—西蒙斯关于所得的定义基于支付能力课税理论的税制设计思想，该税制的设计思想主要是根据综合所得概念对所得税基适用累进税率，并通过税前扣除和各项减免课征个人所得税实现其预期的制度目标。此处的综合所得是指所有来源、所有形式的收入都必须归入综合所得的税基，并在此基础上适用累进税率来征收个人得税，即个人所得税综合征收模式。鉴于该模式能较为全面地反映纳税人的真实纳税能力，相比于分类所得课税模式而言，综合征收模式是符合"支付能力原则"的个人所得税的最佳税制模式。[1]

三、二元课税说

二元课税模式实际上就是我们通常所说的分类综合所得课税模式（混合所得课税模式），它产生于1917年的法国，由税制改革设计者凯劳克斯创设。他对二元课税说的理解是建立在对英国个人所得税和德国个人所得税进行评价的基础上的。英国的个人所得税的税负分配并不能充分地、公开地实行累进，而德国采取的综合所得课税模式则适用于德国的国民。法国理想的个人所得税是在本国国情的基础之上，将分类所得税制和综合所得税制有机地结合在一起。他提出的技术依据是德国实行的综合所得课税模式不能较好地区分各种来源的所得，从而导致"区别定性"理论与"支付能力"理论被认为是最为重要的税负分配标准。因此，法国个人所得税的征收是在对不同所得进行分别计征后，再对全部所得计征一个较低税率的"附加税"。这既能有效地解决综合所得课税模式过于严格的问题，也能充分改善分类所得课税模式过于宽松的问题。要发挥分类所得课税模式与综合所得课税模式的优势，就应当把分类所得课税模式与综合所得课税模式结合起来，即要实现分类综合

---

〔1〕 樊丽明主编：《西方国家财政税收论纲》，山东大学出版社1996年版，第169页。

所得课税模式，既要体现"区别定性"原则，也要体现"支付能力"原则。受法国影响，意大利、葡萄牙、西班牙等国家很快加入了实行二元课税模式的队伍。[1]

综上所述，国外学者们分析区别定性说、支付能力说、二元课税说的目的是为划分个人所得税的课税模式寻求理论基础。三种学说依据不同的所得来源、收入形式加以区分，并试图设计出适合不同课税模式的税基和税率，以此来作为区分不同课税模式的显著特征。

第三节　个人所得税课税模式的公平价值与效率价值比较

个人所得税课税模式作为个人所得税改革中最为重要的环节，其关系到个人所得税改革的顺利进行。通常来说，采取何种课税模式将决定个人所得税的基本特性。受不同国家税制改革和具体国情的影响，各国在课税模式的选择上也有所差别。公平价值与效率价值成了采取何种课税模式的评判标准。客观而言，公平价值与效率价值往往在实践中呈现出厚此薄彼的态势。从世界范围来看，个人所得税课税模式大致可被分为三种：分类所得课税模式、综合所得课税模式和分类综合所得课税模式。这三种课税模式都在发展和变化之中，并试图在公平价值与效率价值的不断博弈中寻求二者的完美结合。[2]

一、分类所得课税模式的公平价值与效率价值比较

分类所得课税模式根据所得来源不同或收入性质不同，将不同所得分开一次征收，不同所得之间不存在交叉，适用不同的税率进行课税，且不同所得的扣除标准也各有差异。各类所得由于来源不同、性质不同，因而承担的税收负担也截然不同。实行分类所得课税模式的目的在于实现税收调节收入分配的目标；理论依据来源于区别定性原则，即纳税人所得来源性质不同，税率设置也不相同，对纳税人的不同所得采取区别对待的方式来进行征税，将所得类型划分为劳动所得和资本所得。实行分类所得课税模式的设计初衷就是实现税收公平。具体而言：一是当劳动所得和资本所得均达至平等分配

---

〔1〕　温海滢：《个人所得税制度设计的理论研究》，中国财政经济出版社 2007 年版，第 161 页。

〔2〕　陈红国：《个人所得税法律制度的演进路径》，中国社会科学出版社 2014 年版，第 85~91 页。

状态时，能够满足税收公平原则要求的税制模式是具有差别比例税率的分类所得课税模式；二是当劳动所得实现平等分配，而资本所得未实现平等分配状态时，能够满足税收公平原则要求的税制模式是对劳动所得实行比例税率、对资本所得实行累进税率的分类所得课税模式；三是当资本所得实现平等分配，而劳动所得未实现平等分配的状态时，能够满足税收公平原则要求的税制模式是对资本所得实行比例税率、对劳动所得实行累进税率的分类所得课税模式。因而，在税率设置方面，分类所得课税模式针对不同性质的所得（如劳动所得、工资薪金所得）设置较低的税率进行课税。相反，资本所得、利息所得、股息所得较大金额所得则被设置了较高的税率。分类所得课税模式维持资本所得和劳动所得原有的适用税率，因而具有相对优越性。两种所得区分的主要依据在于：纳税人为劳动所得、工资薪金所得等付出的辛勤劳动较多，所以课以轻税；资本所得来源于资财，纳税人付出的辛勤劳动较少，所以课以重税。由此可见，分类所得课税模式的优势在于依据纳税人不同的所得来源，实行不同的税率和计征方式，充分诠释了区别对待原则。我国《个人所得税法》自1980年颁布施行以来一直采用分类所得课税模式。从税收效率的角度来看，分类所得课税模式根据源泉课征，征收方式简便、征收成本较低，极大地提高了税收征收的效率，保证了财政收入。然而，从税收公平角度来看，分类所得课税模式也存在一些缺点：分类所得课税模式脱离了纳税人的综合纳税能力，既不能客观地反映出纳税人的家庭负担和实际纳税负担，体现量能课税原则，更不利于发挥调节收入分配和缩小收入差距的功能，且在调节高收入纳税人方面也存在"劫贫济富"的现象。所得分类一旦界定不清便容易导致纳税人不交税或少交税，反而会增加其避税的空间。分类所得课税模式很可能造成资本和劳动相对价格的改变，从而导致经济效率的降低、资源配置的扭曲。与此同时，分类所得课税模式采取比例税率，比例税率与生俱来的缺陷就是难以实现税收的纵向公平。基于此，分类所得课税模式也不能较好地体现税收公平原则。从对分类所得课税模式公平与效率的分析来看，其更倾向于效率。（详见表3-1）

二、综合所得课税模式的公平价值与效率价值比较

综合所得课税模式是将纳税人的全部所得汇总后，统一减除法定的扣除项目和减免项目，从而得出应纳税所得额，再依据应纳税所得额适用超额累

进税率进行课税。此种课税模式并不像分类所得课税模式那样将纳税人的所得收入按照来源或者性质加以区分。综合所得课税模式的理论依据来源于支付能力原则，即依据不同的纳税人，适用不同的个税政策，其主要目的在于区分不同的纳税人。在征纳个人所得税时，要充分考虑纳税人的不同纳税能力，依据纳税人能力的大小纳税，能力大的多纳税、能力小的少纳税。当劳动所得和资本所得均未达到平等分配状态时，此时能够满足税收公平原则要求的税制模式是综合所得课税模式。由于不区分纳税人所得的来源和性质，因此综合所得课税模式同等对待资本所得和劳动所得，具有相对优越性。例如，李某的收入来源只有工资薪金所得，张某的收入来源是工资薪金和劳务所得。李某的工资薪金所得为4000元，按照《个人所得税法》修正之前采用的分类所得课税模式的费用扣除标准，减除3500元的基本扣除后，张某要缴纳的个人所得税为15元〔（4000-3500）×3%=15元〕，而张某的收入是4200元，但其中工资薪金所得是3500元，劳务所得是700元，按照我国原有的分类所得的税率设计，其两类所得均没有达到缴税标准，故张某不需要缴纳个人所得税。很明显，这有悖于个人所得税的设计初衷。在第七次修正《个人所得税法》之后，我国采取分类综合所得课税模式，对4类劳动性所得实行综合计征，大大减轻了纳税人的税收负担。从税收公平角度来看，综合所得课税模式的设计初衷就是实现收入多的人多交税、收入少的人少交税。综合所得课税模式的税基较为宽泛，能够更好地体现税收的横向公平和纵向公平。综合所得课税模式的优势在于：首先，税基比较宽，能够较好地反映纳税人的综合纳税能力，纳税人在一定期限内的全部所得被视为一个整体来统一进行课税，且适用法定的扣除标准和减免额，符合量能课税原则。其次，由于综合所得税制税源较为广泛，又实行累进税率，因此有利于实现低收入者轻税负、高收入者重税负，缩小贫富差距，成为社会经济的"自动调节器"。从税收效率角度来看，由于税基过宽，税务机关稽查的收入范围优惠较大，综合所得课税模式主要依靠纳税人自行纳税申报，因此也会存在信息不对称的现象。这样一来，不仅增加了纳税人的税收遵从成本和税务机关的工作量，同时也会提升税务机关的税收征管难度，从而降低了税务机关的征管效率。与分类所得课税模式相比较而言，综合所得课税模式很可能使资本和劳动的边际收益率大大降低，进而抑制资本形成与劳动供给，阻碍经济增长。从对综合所得课税模式公平与效率的分析来看，其更倾向于公平。（详见表3-1）

三、分类综合所得课税模式的公平价值与效率价值比较

分类综合所得课税模式，又被称为混合所得课税模式，抑或是二元课税模式。它将纳税人的所得或收入按照其性质或分类实行源泉扣缴（例如工资、薪金所得这些相对固定的收入），把它列为综合所得类，汇总一年的收入进行加总计算，年终时进行汇算清缴，然后再将一次性收入所得（比如偶然所得、其他所得等）列入分类所得收入，针对每一次的收入进行源泉扣缴。在年终汇总清算时，没有超过标准数额的不需要进行综合申报，已经扣缴的税款则可以在年度的应纳税额中予以抵扣。分类综合所得课税模式建立在分类所得课税模式基础之上，但不能充分体现税收的累进性，因而需要通过综合所得的介入加以平衡与协调。实行纯粹的综合所得课税模式在征管条件和税收遵从方面要求更高，鉴于此，分类综合所得课税模式实际上是集合了分类所得课税模式和综合所得课税模式的长处，从而充分体现了"区别定性"原则和"支付能力"原则。对于纳税人而言，其所得收入既有分类分项征收计税，也有综合所得汇总计税，是一种分类与综合相结合的课税模式。从税收公平角度来看，分类综合所得课税模式的优势在于既保留了分类所得课税模式的特点，即对纳税人的不同来源所得适用不同税率进行课征，同时也体现了综合所得课税模式的公平性。这样做的最大的好处在于有助于实现分类所得税的平衡，在一定程度上弥补分类所得课税模式和综合所得课税模式的不足，有利于减少偷税漏税，是一种较为科学、合理的课税模式。[1]从税收效率的角度来看，分类综合所得课税模式较为复杂，对纳税人综合素质、税收征管水平、收入水平要求较高，但在实践中操作起来却往往不尽如人意。鉴于此，其公平与效率的倾向性也有所不同。（详见表3-1）

基于上述分析可以得知，分类所得课税模式基于源泉扣缴的特性较好地秉承了税收效率原则，综合所得课税模式充分彰显了税收公平原则，分类综合所得课税模式则兼具分类与综合课税模式的优势，取其精华、去其糟粕。从公平与效率的角度来看，三种课税模式可谓是各有所长。在个人所得税的税制实践中，个人所得税课税模式是侧重公平，还是侧重效率，抑或是兼顾公平与效率，一直被视为个人所得税税制改革研究的重点。

---

〔1〕 许建国主编：《中国个人所得税改革研究》，中国财政经济出版社2016年版，第51~52页。

表 3-1　个人所得税三种课税模式的公平价值与效率价值比较[1]

(依据不同课税模式对公平、效率的侧重进行比较)

```
┌─────────────────┐  ┌─────────────────┐  ┌─────────────────┐
│ 分类所得课税模式  │  │ 综合所得课税模式  │  │ 分类综合所得课税模式 │
│ 效率价值＞公平价值 │  │ 公平价值＞效率价值 │  │                 │
└─────────────────┘  └─────────────────┘  └─────────────────┘
```

分类所得课税模式效率价值>分类综合所得课税模式效率价值>综合所得课税模式效率价值

综合所得课税模式公平价值>分类综合所得课税模式公平价值>分类所得课税模式公平价值

───────────────

〔1〕　表 3-1 系笔者根据个人所得税不同课税模式对公平和效率的不同侧重，通过归纳比较自制而成。

我国个人所得税课税模式公平价值的评判

  个人所得税课税模式改革进步与否，不能简单地以采取何种课税模式来判断，而是应当将其放置于历史的长河中进行考察。我国个人所得税课税模式从 1980 年设立之初就一直采用分类所得课税模式，这是在特殊历史背景下和经济环境下作出的选择。但时至今日，从社会经济形势的发展变化来看，传统的分类所得课税模式有失公平的缺陷日益凸显，难以充分发挥税收调节收入分配的功能，更无法与社会追求公平的诉求保持一致。基于此，对我国现行的个人所得税课税模式的公平价值进行客观而全面的评判将对我们深刻理解个人所得税课税模式改革的必要性以及未来改革的方向大有裨益。

第一节　我国个人所得税课税模式的发展历程

  1799 年，英国为筹措英法战争军费而最先开征个人所得税，约占英国财政收入的 1/5。进入 20 世纪以后，个人所得税在发达国家、发展中国家相继开征，且规模不断扩大，充实了各国的财政。当今世界，个人所得税已发展成为大多数国家普遍开征的重要税种，世界上约有 140 个国家开征了个人所得税，并逐步发展成为一国的主体税种。[1]而我国较早涉及所得税的法律文件是 1909 年清朝政府草拟的《所得税章程》，比起发达国家整整晚了 110 年。1950 年，我国又颁布了《全国税政实施要则》，这是我国征收个人所得税的雏形。但遗憾的是，在此后的 20 年里，国家虽有征收个人所得税的设想，但都未能付诸实践，直到 1980 年才正式颁布《个人所得税法》。从时间上来看，

---

  〔1〕　许建国主编：《中国个人所得税改革研究》，中国财政经济出版社 2016 年版，第 1 页。

尽管我国个人所得税的开征时间较短（比英国晚了181年），但归纳和分析我国不同时期个人所得税课税模式的发展与演变将有助于我们深刻理解在特殊时期、特殊背景下我国个人所得税课税模式的选择问题。大体来看，我国个人所得税课税模式历经了三个重要的发展阶段。

一、"三税并存"时期（1978年至1993年）

从我国征收个人所得税的历史进程来看，个人所得税自1980年正式开征以来，开征时间并不长，先后历经了三个重要的发展阶段：第一阶段是"三税并存"时期（1978年至1993年）、第二阶段是"分类统一"时期（1993年至2018年）、第三阶段是"小综合+多扣除"时期（2018年至今）。这三个时期虽都征收个人所得税，但从个人所得税开征的具体内容上看，还是存在一定差异的。故此，分阶段了解我国个人所得税的开征问题，有利于我们明晰不同历史时期个人所得税开征的历史背景。

（一）开征个人所得税时期

1978年，自党的十一届三中全会以来，我国的工作重心转移至社会主义现代化建设，实行对经济体制的全面改革。中国在1978年至1993年期间，对经济实行全面恢复，并建立了个人所得税征税制度。这对促进我国经济发展与对外开放起到了一定程度的积极作用。改革开放初期，一方面，个体经营者、社会成员通过投资经营或职业劳动取得了较高收入，随之而来的问题是社会成员之间贫富差距日益扩大。为防止我国社会成员之间的贫富差距过分悬殊，国家有必要从宏观调控的层面，对较高的个人收入进行税收调节，而且这也是基于国家筹集财政收入的需要。另一方面，随着对外开放的纵深发展，国际上来华工作和投资的外籍人员越来越多，依据国际惯例，收入来源国政府享有对外籍人员收入所得的课税权。在国际经济交往中，如果我国没有及时开征个人所得税，在国际谈判中也会丧失谈判的对等条件和基础。鉴于此，从国家主权出发，为维护国家的税收利益，1980年9月，第五届全国人民代表大会第三次会议通过了《个人所得税法》。至此，在我国从事生产经营活动的个人被正式征收个人所得税。与此同时，对在中国境内居住满1年，从中国境内和境外取得的收入；不在境内居住或者在中国境内居住不满1年，从中国境内取得的所得征收个人所得税。即该法正式对我国公民和在我国取得收入的外籍人员统一征收个人所得税。根据《个人所得税法》第2条之规定，我国采取了"正向列举"的方式，将 6 类所得列入个人所得税的征收范围。即工资、薪金所得；劳务报酬所得；特许权使用费所得；利息、股息、红利所得；财产租赁所得以及财政部确定征税的其他所得。每种所得都应被按照相应的税率计征个人所得税。（详见表 4-1）显而易见，我国此时的个人所得税实行的是分类所得课税模式，并从立法上规定了 6 类不同类型的所得，设置了不同的税率。

表 4-1 1980 年个人所得税税率表[1]

序号	税目	税率
1	工资、薪金所得	5%、10%、20%、30%、40%、45%（扣除费用800 元后按照相应税率缴纳）
2	劳务报酬所得	20%（收入<4000 元，扣除费用 800 元后缴纳，收入>4000 元，扣除 20%的余额缴纳）
3	特许权使用费所得	20%（收入<4000 元，扣除费用 800 元后缴纳，收入>4000 元，扣除 20%的余额缴纳）
4	利息、股息、红利所得	20%（按照每次收入额缴纳）
5	财产租赁所得	20%（收入<4000 元，扣除费用 800 元后缴纳；收入>4000 元，扣除 20%的余额缴纳）
6	经财政部确定征税的其他所得	

（二）开征城乡个体工商户所得税时期

随着改革开放和经济体制改革的深入，党的十一届三中全会以后，为繁荣市场、扩大就业、安定社会，国务院决定对个体经济也按照超额累进税率计征个人所得税。但在具体执行的过程中，却暴露出了诸如社会成员之间收入水平差距过大、地区之间税负不公、税收征管困难重重等问题。为解决上述问题，1986 年 1 月，我国颁布了《城乡个体工商业户所得税暂行条例》。该条例第 1 条规定，"凡从事工业、商业、服务业、建筑安装业、交通运输业以及其他行业，经工商行政管理部门批准开业的城乡个体工商业户"都被视为纳税主体。纳税人按照全年收入总额，减除成本、费用、工资、损失以及国家允许在所得税前列支税金后的余额被视为应纳税所得额，并根据 10 级超额累进税率表计征个人所得税。应纳税额＝（应纳税所得额−费用扣除）×适

---

〔1〕 表 4-1 为笔者根据 1980 年《个人所得税法》有关税率的规定自制而成。

用税率-速算扣除数。（详见表4-2）从表4-2中我们可以得知，我国对个体工商户采取的是单一税制模式，在征税对象的界定方面仅从收入总额进行诠释，存在一定的模糊性。因而，这个阶段的个人所得税课税模式也可以被定性为单一的分类所得课税模式。

表4-2　1986年城乡个体工商业户10级超额累进所得税税率表[1]

级距	全年所得税（元）	税率（%）	速算扣除数
1	不超过1000元的	70	
2	超过1000元至2000元的部分	15	80
3	超过2000元至4000元的部分	25	280
4	超过4000元至6000元的部分	30	480
5	超过6000元至8000元的部分	35	780
6	超过8000元至12 000元的部分	40	1180
7	超过12 000元至18 000元的部分	45	1780
8	超过180 000元至24 000元的部分	50	2680
9	超过240 000元至300 000元的部分	55	3880
10	300 000元以上的部分	60	5380

（三）开征个人收入调节税时期

《个人所得税法》自1980年施行以来已有四十余年的历史，其适用于我国的居民和居住在我国的外籍人员。个人所得税肩负着筹集财政收入、调节收入分配、缩小贫富差距的历史使命。随着中国经济社会的逐步发展与进步，收入分配问题逐渐成了国家与社会关注的焦点。但在具体实践中，尤其是在税收征管方面也逐渐暴露出了不适应社会经济发展的弊端。从其不适应的原因来看，主要在于十一届三中全会以后，我国的个人收入情况发生了较大变化，人们生活水平和收入水平普遍提高，收入来源逐渐增多。过去仅仅是将工资作为收入的主要来源，如今除工资以外还有各种奖金、劳务报酬、转让技术收入、承包所得收入、股息、红利等。此外，我国居民与外籍人员收入差别较大，收入来源不尽相同，若按照统一的税法来征收个人所得税，显然

---

[1]　表4-2为笔者根据1986年《城乡个体工商业户所得税暂行条例》有关税率的规定自制而成。

是不符合客观实际的。在这种背景下，1986 年 9 月，国务院又发布了《个人收入调节税暂行条例》，决定从 1987 年 1 月 1 日开始施行，以此对中国居民个人取得的收入所得征收个人收入调节税。至此，个人所得税的纳税人从 1987 年 1 月 1 日起仅限于外籍人员，对中国公民则开征个人收入调节税。依据《个人收入调节税暂时条例》第 3 条之规定，征税对象被归为八类：①工资、薪金收入；②承包、转包收入；③劳务报酬收入；④财产租赁收入；⑤专利权的转让、专利实施许可和非专利技术的提供、转让取得的收入；⑥投稿、翻译取得的收入；⑦利息、股息、红利收入；⑧经财政部确定征税的其他收入。根据各种收入来源分别按照超额累进税率和比例税率来计算征收。显然，从个人收入调节税的税率表中我们可以看出，第 1~4 项可被合并为综合收入，适用累进税率按月计征，其他收入采取比例税率按次计征。此时的个人所得税课税模式可被视为一种混合所得税制模式。（详见表 4-3）

表 4-3　1986 年个人收入调节税税率表[1]

序号	税目	税率
1	工资、薪金收入	4 项（1~4）合并为综合收入，按月计征，按照地区计税基数核算，若月综合收入超过地区计税基数，就其超基数的 3 倍以上部分，按照税率（20%、30%、40%、50%、60%）超倍累进税率征收个人调节税。
2	承包、转包收入	4 项（1~4）合并为综合收入，按月计征，按照地区计税基数核算，若月综合收入超过地区计税基数，就其超基数的 3 倍以上部分，按照税率（20%、30%、40%、50%、60%）超倍累进税率征收个人调节税。
3	劳务报酬收入	4 项（1~4）合并为综合收入，按月计征，按照地区计税基数核算，若月综合收入超过地区计税基数，就其超基数的 3 倍以上部分，按照税率（20%、30%、40%、50%、60%）超倍累进税率征收个人调节税。
4	财产租赁收入	4 项（1~4）合并为综合收入，按月计征，按照地区计税基数核算，若月综合收入超过地区计税基数，就其超基数的 3 倍以上部分，按照税率（20%、30%、40%、50%、60%）超倍累进税率征收个人调节税。

---

[1]　表 4-3 为笔者根据 1986 年《个人收入调节税暂行条例》有关税率的规定自制而成。

序号	税目	税率
5	专利权的转让和专利实施许可、非专利技术的提供、转让取得收入	20%（每次收入不满 4000 元，减除 800 的费用，超过 4000 元，减除 20%的费用再征缴）
6	投稿、翻译取得的收入	20%（每次收入不满 4000 元，减除 800 的费用，超过 4000 元，减除 20%的费用再征缴）
7	利息、股息、红利收入	20%
8	财政部确定征收的其他收入	

二、"分类统一"时期（1993 年至 2018 年）

1993 年，我国开始实行市场经济体制，为进一步确立市场经济体制的基本框架和市场经济体制改革的各项任务，规范、统一、完善个人所得税和优化我国税收体系，1993 年 10 月，第八届全国人民代表大会常务委员会第四次会议决定将个人所得税和城乡个体工商户所得税、个人收入调节税的法律法规进行整合与完善，并统一合并为《个人所得税法》（详见表 4-4）。至此，我国结束了长达 7 年之久的"一法"和"两个条例"的局面。从此，我国个人所得税正式告别了"三税并存"时期，实现了"三法合一"，对个体工商户纳税人以及国内外取得收入的个人实行统一的制度，取消了"内外有别"的管理方式，平等对待国内外纳税人。正因为此次颁布了《个人所得税法》，国家才最终确立了统一的分类所得课税模式，且在二十多年的时间里并未发生根本性的转变。1994 年 1 月 28 日，国务院发布《个人所得税法实施条例》，与此同时，我国开始实行全面的分税制改革。由此，三大个人所得税各自为政的局面被打破，转而采取统一的分类所得课税模式。这一时期，就纳税的主体而言，已经不再区分境内和境外的纳税人，而是对境内外的纳税人实行同等待遇，统一征收个人所得税。在以往立法的基础之上，将征税对象适当扩展为 11 类所得：工资、薪金所得；个体工商户的生产、经营所得；企事业单位的承包经营、承租经营所得；劳务报酬所得；稿酬所得；特许使用费所得；利息、股息、红利所得；财产租赁所得；财产转让所得；偶然所得、经财政部确定征税的其他所得，且对不同所得分别实行超额累计税率和比例税率。尽管在这一时期实行了"三法合一"，但在税制模式上并没有进行实质性变革，继续沿袭了1980年的分类所得课税模式。后期，我国先后对《个人所得税法》进行了7次修正（详见表4-5），但遗憾的是，前6次修正并未涉及分类所得课税模式的变革。直至2018年8月31日，国家才正式通过了《个人所得税法》的修正意见，并将分类与综合相结合的课税模式首次纳入立法。至此，一直占据统治地位的分类所得课税模式正式退出历史舞台。

表4-4　1993年个人所得税税率表[1]

序号	税目	税率
1	工资、薪金所得	不超过500元：5%；超过500元至2000元：10%；超过2000元至5000元：15%；超过5000元至20 000元：20%；超过20 000元至40 000元：25%；超过40 000元至60 000元：30%；超过60 000元至80 000元：35%；超过80 000元至100 000元：40%；超过100 000元：45%
2	个体工商户的生产、经营所得	不超过5000元：5%；超过5000元至10 000元：10%；超过10 000元至30 000元：20%；超过30 000元至50 000元：30%；超过50 000元：35%
3	企事业单位的承包经营、承租经营所得	不超过5000元：5%；超过5000元至10 000元：10%；超过10 000元至30 000元：20%；超过30 000元至50 000元：30%；超过50 000元：35%
4	劳务报酬所得	20%（超高部分加成征收）
5	稿酬所得	20%
6	特许使用费所得	20%
7	利息、股息、红利取得	20%
8	财产租赁所得	20%
9	财产转让所得	20%
10	偶然所得	20%

[1]　表4-4为笔者根据1993年《个人所得税法》有关税率的规定自制而成。

续表

序号	税目	税率
11	经财政部确定征税的其他所得	

表4-5　个人所得税法7次修正的概要内容〔1〕

序号	修正时间	历年个人所得税法修正的重要内容
1	1993年10月	实现"三税并征"，即将征收外籍人员的个人所得税、中国公民的个人收入调节税、城乡个体工商户所得税合并为统一的个人所得税。将工资税率调整为9级超额累进税率，对个体工商户适用5级超额累进税率。
2	1999年8月	增加了对储蓄存款利息所得征收个人所得税的条款。具体开征时间和征收办法由国务院规定。
3	2005年10月	将工资、薪金所得的减除费用标准由每月800元提高到每月1600元。扩大自行申报的范围，并规定扣缴义务人全员申报义务。
4	2007年6月	授权国务院根据需要规定对储蓄存款所得个人所得税的开征、减征、停征及其具体办法。
5	2007年12月	将工资、薪金所得的减除费用标准由每月1600元提高到每月2000元。
6	2011年6月	将工资、薪金所得的减除费用标准由每月2000元提高到每月3500元，税率层次由9级改为7级，适用税率改为3%~45%。调整个体工商户生产经营所得和承包承租经营所得税率级距与税率。
7	2018年8月	建立分类综合所得课税模式。将4项劳动性所得纳入综合征税范围（小综合），适用统一的超额累进税率，居民个人按年合并计算个人所得税。将工资、薪金所得的减除费用标准由每月3500元提高到每月5000元。制定新的税率表，增加6项专项附加扣除（多扣除），增加反避税条款。

三、"小综合+多扣除"时期（2018年至今）

我国于1980年颁布《个人所得税法》，长期以来，个人所得税一直采用

---

〔1〕　表4-5为笔者根据1980年至2018年7次修正《个人所得税法》的概要内容归纳而成。

分类所得课税模式来计征个人所得税。这是在经济欠发达时期，人们收入来源比较单一的背景下的产物。但随着市场经济的繁荣与进步，纳税人的收入来源日益增多，尤其是在改革开放以后，我国经济取得了长足的进步，国民生活水平和收入水平的迅速提高为推动我国个人所得税课税模式的改革奠定了坚实的经济基础。从 1980 年至今，我国《个人所得税法》前后历经 7 次修正，但前 6 次修正都未能实现对个人所得税课税模式的改革。直至 2018 年 8 月 31 日，国家才正式完成了对《个人所得税法》的第七次修正。此次修正堪称自 1993 年修正以来的一次较大修正，其中最大的亮点就是摒弃了实行 40 年之久的分类所得课税模式，转而采用分类综合所得课税模式；将 4 类所得列入综合计征的范畴；增加了专项附加扣除的规定；将综合所得的税率范围调整为 3%～45% 的超额累进税率，扩大了 3%、10%、20% 三档低税率的级距，缩小了 25% 税率的级距。此次课税模式改革呈现出"小综合＋多扣除"的税制特征，与以往的分类所得课税模式差异较大。由此可见，此次修法标志着我国个人所得税课税模式的发展迈入了新的历史时期。

第二节　我国个人所得税课税模式各时期的主要特征

个人所得税课税模式的发展不是一成不变的，各国个人所得税课税模式从设立之初至今，呈现出"分类所得课税模式—综合所得课税模式—分类综合所得课税模式"的发展趋势。同样，回溯我国个人所得税开征的历史进程，在不同的历史时期，我国采取了不同的课税模式。因为一国在每个时期所选择的课税模式是不完全相同的，采取何种课税模式一般要受到该国的历史背景、经济条件、社会环境、征管因素等多种因素的制约。基于此，深入了解我国个人所得税课税模式的特点将有益于我们深入理解我国不同时期选择不同课税模式的历史原因，同时也可以正确指引我国个人所得税未来的改革方向。

一、"三税并存"时期课税模式的特点

从我国征收个人所得税的历史进程来看，1980 年到 1993 年是征收个人所得税的"三税并征"时期，即对外籍人员征收个人所得税、对中国公民征收个人收入调节税、对城乡个体工商户征收城乡个体工商户所得税。这一阶段三种个人所得税同时并行，适用不同的法律法规，采取不同税率结构和征管

模式，彼此之间不存在交叉，相辅相成。此时的课税模式就是一种"分散化的分类所得课税模式"。在"三税并征"时期，由于制定了内外有别的税收征收政策，因此在相同的个人所得税征税项目上，对国内居民和外籍人员实行区别对待。在这种历史背景下，采取分类所得课税模式是一种十分简便易行的做法，即分类所得课税模式具有税率低、扣除额宽、征收范围窄、计算简便等特点。具体而言，此阶段的分类所得课税模式的主要特征包括以下几个方面：

（一）实行分类所得课税模式

"三税并存"时期，我国个人所得税实行的是分类所得课税模式，即将收入所得划分为6类。具体而言，按照纳税人的收入来源性质进行划分，分别为：工资薪金所得、劳务报酬所得、特许权使用费所得、利息股息红利所得、财产租赁所得和财政部确定的其他所得。

（二）纳税主体为中国公民和外籍人员

"三税并征"时期，我国个人所得税的纳税主体主要是中国公民和外籍个人，且采取内外有别的税收政策。在此阶段，征收个人所得税的主要目的是维护国家主权、调节过高收入。

（三）采用比例税率和累进税率

"三税并征"时期，同时适用比例税率和累进税率，不同所得适用不同税率，有的适用累进税率，有的适用比例税率。其中，工资薪金所得适用累进税率，税率范围为5%~45%。劳务报酬所得、特许权使用费所得、利息股息红利所得、租赁所得适用比例税率，税率为20%。

（四）适用定额扣除和定率扣除

个人所得税的费用扣除采取定额扣除和定率扣除两种方式。工资薪金所得按照每月800元的定额扣除，劳务报酬所得、特许权使用费所得、财产租赁所得采用每次在4000元以下的按照800元定额扣除，4000元以上的按照20%的定率扣除的方式。

（五）采取源泉扣缴和自行申报制度

个人所得税在这一时期采取源泉扣缴和自行申报相结合的方式。扣缴义务人每月所扣的税款和纳税人自行申报的税款都应该在次月的7日内上缴国库，并向税务机关报送纳税申报表。

值得注意的是，1986年个体工商户沿用《个人所得税法》的规定，继续套用分类所得课税模式。1986 年 9 月出台的《个人收入调节税暂行条例》第一次引入了综合税制的内容，即将工资、薪金收入，承包转包收入，劳务报酬收入，财产租赁收入合并为综合收入，按照地区计税基数核算，适用超额累进税率，按月课征个人所得税。而专利权转让、专利实施许可和非专利技术的提供转让收入、投稿翻译收入、利息股息红利收入和其他收入则按照分类所得进行课征。其中，专利权转让、专利实施许可和非专利技术的提供转让收入、投稿翻译收入，每次不满 4000 元，减除费用为 800 元，超过 4000 元的，减除费用为 20%，并按照 20% 的比例税率征税。利息股息红利收入按照每次收入额的 20% 计征个人所得税。显而易见，上述课税模式可以被视为一种特殊的"分类综合所得课税模式"。只不过此时的"分类综合所得课税模式"仍然以分类税制为主导。

二、"分类统一"时期课税模式的特点

由于我国在 1993 年就开始实行"三法合一"，完善《个人所得税法》《城乡个体工商业户所得税暂行条例》《个人收入调节税暂行条例》，统一合并为《个人所得税法》，因此 1993 年至 2017 年分类所得课税模式水到渠成地成了我国个人所得税课税模式的"最佳选择"。在"分类统一"时期，我国先后 6 次修正《个人所得税法》，修正内容大多围绕个人所得税的纳税主体、税基范围、税率结构、费用扣除、征缴方式。其主要特征如下。

（一）实行分类所得课税模式

我国个人所得税在这一阶段继续实行分类所得课税模式，将收入所得划分类别从原来的 6 类提升至 11 类。按照纳税人的不同收入来源性质划分为：工资、薪金所得，个体工商户的生产、经营所得，企事业单位的承包经营、承租经营所得，劳务报酬所得，稿酬所得，特许权使用费所得，利息、股息、红利所得，财产租赁所得，财产转让所得，偶然所得和财政部确定的其他所得。由此可见，与 1980 年出台的《个人所得税法》相比较而言，1993 年《个人所得税法》在所得收入范围和种类上都有了显著的提升和改进。

（二）纳税主体为境内外的纳税人

在"分类统一"时期，我国个人所得税的纳税主体已经不再区分国内和国外，而是对境内外的纳税人实行同等待遇，统一征收个人所得税，对征税对象仍然实行分类所得课税模式。

（三）采用比例税率和累进税率

在这一时期，个人所得税根据不同所得适用不同税率，有的适用比例税率，有的适用累进税率。其中工资薪金所得适用累进税率，级距逐步扩大，税率范围为 5%~45%。劳务报酬所得，稿酬所得，特许权使用费所得，利息、股息、红利所得，财产租赁所得，财产转让所得，偶然所得，国务院财政部门确定的其他所得实行比例税率，税率为 20%。

（四）适用定额扣除和定率扣除

在费用扣除方面，这一时期的费用扣除采取定额扣除和定率扣除两种方式。工资薪金所得费用扣除标准由原来的 800 元逐步提升至 3500 元，费用扣除标准的转变也是我国经济发展水平提高和纳税人所得收入来源多样化的体现。对于劳务报酬所得、稿酬所得、特许权使用费所得、财产租赁所得，每次在 4000 元以下的按照 800 元定额扣除，4000 元以上的实行 20% 的定率扣除。财产转让所得以转让财产的收入额减除财产原值和合理费用。

（五）采取源泉扣缴和自行申报制度

从个人所得税的征缴方式来看，这一阶段的征缴仍然采取源泉扣缴和自行申报相结合的方式。扣缴义务人每月所扣的税款和纳税人自行申报的税款都应该在次月的 7 日内上缴国库，并向税务机关报送纳税申报表。

三、"小综合+多扣除"时期课税模式的特点

1993 年至 2017 年期间，我国个人所得税一直沿用着 1980 年《个人所得税法》出台时确立的分类所得课税模式。尽管在此期间曾先后 6 次修正《个人所得税法》，但前 6 次修正并没有落实"五个五年计划（规划）"和"十八届三中全会"所设定的预期目标，即逐步建立分类与综合相结合的个人所得税制。在此阶段，并没有实现分类综合所得课税模式，仅仅是屡次提及，屡次简单地被搬家。直至 2018 年 8 月我国第七次修正《个人所得税法》才从根本上触及了课税模式的改革问题，正式将分类与综合相结合的课税模式确定为此次修法的重要内容。这不仅是我国《个人所得税法》出台以来的一次创举和一场革命性变化，更是历史的进步。此次修正主要是对部分劳动性所得实行综合计征，因而也呈现出了"小综合+多扣除"的特点，较之以往的修法内容，其特征较为明显。

（一）实行分类综合所得课税模式

从 2018 年 8 月 31 日国家通过《个人所得税法》第七次修正开始，我国个人所得税课税模式正式由过去的分类所得课税模式转向分类综合所得课税模式，即首次在《个人所得税法》中提出了综合所得概念，对部分劳动性所得实行综合征税，将工资薪金所得、劳务报酬所得、稿酬所得、特许权使用费所得等纳入综合所得范畴。这 4 类所得将被合并计算个人所得税，并实行按年计征。

（二）纳税主体为居民和非居民

在纳税主体方面，引入了将居民个人和非居民个人作为个人所得税的纳税主体的规定，明确了纳税年度，将是否居住满 183 天作为划分居民个人和非居民个人的标准。

（三）采用比例税率和累进税率

此次修法在税率结构方面也呈现出较大的变化，主要是优化税率结构、调整级距金额范围。首先，综合所得适用超额累进税率，即劳务报酬所得、稿酬所得、特许权使用费所得由原来的适用比例税率改为适用超额累进税率。其税率范围仍然是与过去的工资薪金所得的 3%～45% 的超额累进税率相同。其次，扩大了 3%、10%、20% 三档低税率的级距金额范围，缩小了 25% 税率的级距金额范围。但 30%、35%、45% 三档较高税率的级距金额范围则维持不变。

（四）增加专项附加扣除

此次修法的一大亮点就是提高了基本减除费用标准，增加了专项附加扣除。这是《个人所税法》修正以来惠及民生的重大创举。将工资、薪金所得的基本减除费用标准由每月 3500 元提高到每月 5000 元。与此同时，还首次增设 6 项专项附加扣除项目，即子女教育、继续教育、大病医疗、住房房屋贷款或住房租金、赡养老人的支出等项目均可扣除。这样一来，纳税人的费用扣除标准和范围都得到了大幅度提升，丰富了抵扣类别，在一定程度上切实减轻了纳税人的税收负担。

（五）规定纳税人识别码

在个人所得税的监管方面，此次修正的《个人所得税法》规定，纳税人有中国公民身份号码的，以中国公民身份号码为纳税人识别号；纳税人没有中国公民身份号码的，由税务机关赋予其纳税人识别号。扣缴义务人扣缴税款时，纳税人应当向其提供纳税识别号。纳税人识别码有类似于个人身份证的功能，为国家更好地管理个人所得税提供了便利。

（六）增设反避税条款

在此次修正的《个人所得税法》中，国家对避税行为进行了规制。根据修正后的《个人所得税法》第 8 条之规定，税务机关有权按照合理方法对不具有合理商业目的的安排进行纳税调整。税务机关将对个人平价转让股权、个人无息借款、个人境外投资以及利用相关政策实行不合理赠予等避税行为进行纳税调整。[1]

第三节　我国个人所得税课税模式公平价值的缺失

长久以来，我国个人所得税在制度设计方面一直存在短板，从而也影响和限制了其税收公平效应的发挥。税收公平效应主要体现在横向公平和纵向公平两个方面：从横向公平来看，尽管我国在 1994 年对《个人所得税法》进行了完善，但由于当时仍然沿用 1980 年以来的分类所得课税模式，各种所得的纳税标准差异较大。相比之下，资本所得的纳税范围较窄，税收负担不重，同类所得的纳税标准也不一样。此阶段的个人所得税存在课税不普遍、所得分类设计不科学的弊病。实践中的个人所得税并没有较好地体现其调节收入差距的社会公平作用。从纵向公平来看，囿于免征额没有及时做到适时的调整，不能切实反映个人的生存成本，采用"一刀切"的免征额设置方法，并没有周全考虑不同纳税人之间的差异性且部分税收优惠政策在实施过程中存在过度关注税收效率、忽视税收公平的现象，累进税率结构并没有收获缩小贫富差距的预期效果。此外，在当时，我国税务机关征收个人所得税的税收征管能力较低，客观上呈现出纳税人存在偷税漏税的现象，在一定程度上阻碍了个人所得税制度的设计理念和终极目标的实现，侵蚀了个人所得税税收

---

　[1]　我国《个人所得税法》第 8 条规定："有下列情形之一的，税务机关有权按照合理方法进行纳税调整：（一）个人与其关联方之间的业务往来不符合独立交易原则而减少本人或者其关联方应纳税额，且无正当理由；（二）居民个人控制的，或者居民个人和居民企业共同控制的设立在实际税负明显偏低的国家（地区）的企业，无合理经营需要，对应当归属于居民个人的利润不作分配或者减少分配；（三）个人实施其他不具有合理商业目的的安排而获取不当税收利益。税务机关依照前款规定作出纳税调整，需要补征税款的，应当补征税款，并依法加收利息。"

公平的积极效应，违背了个税设计的初衷。我国个人所得税自正式开征以来，在实践中取得了一定的经济效应和社会效应。随着改革开放的顺利进行，我国的经济发展水平得到了稳步提升，居民收入日益增长，但个人所得税却并没有较好地发挥缩小收入差距、缓解贫富分化的功能，甚至还引发了收入分配上的逆向调节，这与我国长期以来实行的分类所得课税模式不无关联。事实上，分类所得课税模式早已不适应市场经济发展的客观要求，存在有违税收公平的缺陷。尽管第七次修正的《个人所得税法》在税制要素层面作出了相应的改良，但仍然存在一些不足之处。鉴于此，在探究原有的分类所得课税模式和现行分类综合所得课税模式公平价值的基础之上考量个人所得税改革的路径问题显得尤为必要。

一、纳税单位公平价值的缺失

纳税单位是负有纳税义务、申报缴纳税款的单位，按照法律上的分类，可以分为纳税自然人和纳税法人。在我国，个人所得税的纳税主体主要以个人为单位。在这种情况下，由于个人取得的收入来源不同，很有可能会造成收入相同的家庭承担不同的税负；另一方面，还可能出现由于家庭负担不同，个人的税负反而被加重的情形，忽略了家庭情况对纳税人实际税负能力的影响。然而，在现实生活中，家庭是最基本的利益共同体，许多家庭的实际支出和消费行为的发生都建立在以家庭为单位的基础上。据此，以个人为单位的方式尽管在征收个人所得税方面有其与生俱来的先天优势，但是面对复杂的家庭情况，其又表现出了极其不合理的一面，即不能客观而真实地反映一个人的负担水平，更不能反映家庭收入的整体状况。对于相同收入的家庭来说，个人所得税的应税所得额大不相同。谈及量能课税原则，必须涉及横向和纵向维度。横向量能课税原则要求纳税人之间的税负分配应当做到公平合理，即纳税能力相同的人必须承担同等的税负。然而，以个人为课税单位则会引发由家庭结构差异导致的征税不公平现象，在实行累进税率时也会加剧这种差异，呈现出夫妻双方总收入相同、收入占比不同的家庭税负也有所区别的现象。

量能课税原则包括横向和纵向两个维度。横向量能课税要求纳税人之间的税负分配应当公平合理，同样纳税能力的人缴纳同等的税负。家庭课税可以实现收入相同而家庭状况不同的纳税人的税负公平，符合横向量能课税原则。以个人为课税单位会遭遇相同所得的不同结构的家庭差别课税的不公平现象，而累进税率则会扩大这种差异，导致夫妻双方总收入相同、收入占比不同的家庭税负不同，即家庭税负因夫妻双方对总收入贡献的比例不同而发生变化，有违税收横向公平要求。纵向量能课税是指纳税能力不同的纳税人缴纳不同的个人所得税，且不得对非净额所得征税。

在第七次修正《个人所得税法》之前，我国实行的是分类所得课税模式，个人所得税基本减除费用标准为 3500 元。但是，从家庭夫妻双方的获得所得收入情况来看，其并没有真正切实地体现税收公平。此处以两个小案例加以说明：A 家庭月收入为 10 000 元，减除 3500 元后，应缴纳的个人所得税为：（10 000-3500）×20%-555=745（元）；B 家庭月收入为 10 000 元，但是由夫妻双方共同获得的（丈夫 5000 元、妻子 5000 元），则减除 3500 元后，夫妻双方应缴纳的个人所得税均为：（5000-3500）×3%=45（元），故 B 家庭需要交纳 45×2=90 元。再比如，A 家庭月收入为 6000 元，由夫妻一方（丈夫）获得，则扣除 3500 元的基本减除费用后，应缴纳的个人所得税为：（6000-3500）×10%-105=145（元）；B 家庭月收入为 6000 元，但是该收入是由夫妻双方共同获得的（丈夫 3000 元、妻子 3000 元），由于夫妻各方都没有超过 3500 元的基本减除费用标准，所以不需要缴纳个人所得税。通过对上述两个小案例的分析，我们不难看出，A 家庭和 B 家庭收入总额相同，但是由于收入来源不同，同为家庭收入，在收入条件相同的情况下，A、B 两个家庭所缴纳的个人所得税相差甚远，呈现出了"同收入不同税"的客观现象，显然有违税收公平原则。造成这种现象的原因在于：当 A、B 两个家庭的收入相同时，收入越集中于少数人、个人收入越高，其所造成的所得税累进程度也就越高。此外，非劳动所得（如利息、股息、红利所得等）代表的也是整个家庭的所得，如果不允许在家庭成员之间均等化，反而会加重纳税人的税收负担，也是一种对家庭成员发生经济关系的否定。

同样的道理，从以 2018 年修正的《个人所得税法》为征税的法律依据来看，国家虽然将个人所得税的将起征点从原来的 3500 元提升至 5000 元。A、B 两个家庭，在不考虑专项附加扣除的前提下，月收入相同。假设 A 家庭的收入只由一方通过劳动获得，且家中还有老人和孩子需要被赡养和抚养；B 家庭的收入来自夫妻双方，且没有老人和孩子的负担。那么如果 A 家庭丈夫的收入为 10 000 元，便要对超过 5000 元的部分征收个人所得税，加之家庭开销比较大，税负较重；B 家庭两个夫妻双方各收入 5000 元，减除 5000 元的费用扣除标准后，无须纳税，且生活成本较低，减除费用扣除 5000 元后，没有任何的税负负担。综上可知，A 家庭的生活负担和税负负担要比 B 家庭重很多。囿于这种客观情况的存在，若修正后的《个人所得税法》仍然以个人为纳税单位计征个人所得税，对于 A 家庭来说是明显不公平的，且有违个人所得税税收调节的基本功能。

2018 年，我国对《个人所得税法》进行了第七次修正，从此次修法的内容来看，其并没有将以"家庭为纳税单位"列入此次修法的内容，这显然是个人所得税税制设计上的缺陷之一。由此看来，我国现行的个人所得税以个人为纳税单位，显然是没有考虑家庭的特殊因素，不能实现个人所得税促进分配公平的预期目标。从理论上讲，选择以"个人"为基本的纳税单位与分类所得课税模式是相匹配的。未来要将"个人"与"综合课税"进行结合，尽管不会动摇分类所得课税模式的基础，但同样也会带来家庭间的税收不公平问题。同样，选择以"家庭"作为纳税单位，"综合课税"便会成为最佳选择，若再以分类所得课税模式来加以实现，则会冲击到量能负担原则，税收公平的基础也会被破坏。而在美国、德国等发达国家，其个人所得税的征收一般是以"家庭"为单位，这样做也是充分考虑了家庭成员的收支情况和负担能力，根据夫妻的收入总和确定家庭的税收负担更有利于税收公平的实现。基于此，我国以"个人"作为纳税单位的分类所得课税模式，是在没有考虑量能课税原则和费用扣除公平性的情况下作出的选择。这种选择难以平衡家庭之间的实际税负能力，有碍个人所得税调节收入分配功能的发挥。除此之外，将个人作为纳税单位也没有较好地体现"高收入者高税负，低收入者低税负"的设计初衷，反而有悖于税收纵向公平原则，不能较好地体现税收的调节功能，造成了贫富差距的悬殊，同时也有违十九大报告所提出的"扩大中等收入群体，增加低收入者收入，调节过高收入"的政治指向。

二、税基公平价值的缺失

税基，也被称为计税标准或计税依据，是征税对象的计量单位和征收标准，是计算应纳税额的依据。在《个人所得税法》第七次修正前，我国实行的是分类所得课税模式。关于个人所得税的税基范围，我国在立法中采取的是正向列举的方法，将个人所得税所得类型划分为 11 类：工资、薪金所得；

个体工商户的生产、经营所得；对企事业单位的承包经营、承租经营所得；劳务报酬所得；稿酬所得；特许权使用费所得；利息、股息、红利所得；财产租赁所得；财产转让所得；偶然所得；经国务院财政部门确定征税的其他所得。《个人所得税法》修正以前，从个税作为财政收入的一个重要组成部分来看，11 类税基似乎比较宽泛。但由于所得信息不对称以及税务机关征管乏力，大量的非劳动所得（即财产转让所得、财产租赁所得）并没有被应征尽征，部分民众甚至认为个人所得税就是一种向工薪阶层征收的税。此次修法之前，也有部分学者认为，囿于个税在税收总收入当中的占比不高，应当慎重考虑减税动议。主张此观点的学者并不是反对个人所得税改革，而是提出应该在"有增有减"的范围内做到结构性减税，同时将减税的中心放置于流转税上，个人所得税作为直接税税种，应当在现有规模保持平衡的基础之上适当提升。这也符合党的十九大报告"逐步提高直接税比重"的要求。

　　分类所得课税模式以个人所得收入来源为征税依据设置相应的税目，同时在《个人所得税法实施条例》中对各类税目的概念加以解释，即成为法律上认定的所得范围的基本结构和框架。但这个基本结构和框架并没有对所得的概念加以诠释，以至于有些所得本应该被列入征税范围，却因为没有法律上的征收依据而被排斥在外，成了可以被利用的法律漏洞。在分类所得课税模式下，由于收入或所得来源不同、性质不同，11 类所得的税负各有不同，甚至还会造成税负的横向不公平现象。在分类所得课税模式下，《个人所得税法》所规定的 11 类所得并不能包含所有形式的所得收入，尤其是国债利息、基金收入、理财产品、外汇交易等。例如，A 纳税人获得理财产品收入 10 000 元，B 纳税人获得利息收入 10 000 元。由于获得的理财产品不属于法定的个人所得税的税基范畴，因此 A 纳税人不用缴纳个人所得税；由于获得的利息属于法定的个人所得税的税基范畴，因此 B 纳税人需要按照 20% 的税率缴纳个人所得税，即 10 000×20%＝2000 元。这显然有悖于税收的横向公平。这种对没有被纳入税基范畴的所得不征收个人所得税的做法十分不科学，无法涵盖个人的全部收入，尤其是在收入渠道日益增多的现实情况下。

　　从税收调节收入分配的视域来看，由于个人所得税调节后的基尼系数（一般被视为判定收入分配的标准之一）有所降低、幅度有限，因此并不能切实做到避免纳税人之间收入差距拉大。同时，收入较高的纳税人规避税负的能力较强，导致部分高收入纳税人实际纳税甚少。相反，依赖稳定工资收入的纳税人却因为单位的代扣代缴每月按时缴纳个人所得税，为国家税收做出贡献。由此可见，个人所得税的调节力度不够和逆向调节是其两大"弊病"。加之工资薪金所得适用的累进税率偏弱，分类所得课税模式的税收公平性先天不足、税率结构设置不科学、税收征管能力被削弱等都进一步放大了个税税基的缺陷。[1]

根据 2018 年修正的《个人所得税法》的规定，个人所得税将采取分类综合所得课税模式。从税基范围来看，从过去的 11 类减为如今的 9 类。虽然对劳动性所得收入实行"小综合"征收方式，但从所得类型来看，综合所得范围较为狭窄，税基范围仍然局限于分类所得课税模式下的所得类型，并没有新的突破与创新。（详见表 4-6）

修正后的《个人所得税法》将工资、薪金所得，劳务报酬所得，稿酬所得，特许权使用费所得列入综合所得，适用 3%～45% 的累进税率，一次性地解决了上述 4 种所得的差别待遇问题。但原有的利息、股息、红利所得，财产租赁所得，财产转让所得和偶然所得并没有被列入综合所得的范畴，虽然在一定程度上具有扩大财政收入的目的，但仍然存在税收不公平、税收政策目的不明确的问题。9 类所得范围是否能涵盖纳税人的全部所得仍然值得商榷。过去采用兜底条款"其他所得"的最大问题就是有违税收法定原则，而今仅仅针对 9 类所得征缴个人所得税，是否也有违税收公平原则，导致税负分配不公？在收入日益多元化的趋势下，由于税基设置的有限性和不完整性日趋明显，无论是分类所得课税模式，还是分类综合所得课税模式，实际上都存在一定的弊端。分类所得课税模式和分类综合所得课税模式都实行源泉扣缴，尽管部分纳税人的个人所得税可以通过其工作单位直接代扣代缴，在一定程度上比较容易掌控，但有的企业的工资、奖金等并不是真实地反映在单位的财务账目上，且与企业的支出混同，更是存在不签订劳动合同或签订不真实的劳动合同、工资不入账等做法。在现实生活中，此种情况时常发生，税务机关难以把握个人所得收入的真实情况。客观而言，囿于应税所得范围不能全部覆盖，加之纳税人收入具有多样化和隐蔽性特点，对于新的所得类型不能及时、有效地进行征收，甚至还出现了以"阴阳合同"逃避个人所得

〔1〕 侯卓："二元目标下的个人所得税法制度演进"，载《华中科技大学学报（社会科学版）》2020 年第 3 期。

税的严重现象。上述种种情形都有可能导致税务机关无法全面、真实地掌握纳税人所得收入的准确情况。这样一来，其最直接的后果就是税源大量流失，税务机关对税源难以实行有效的监控。同样，对于其他纳税人来说，个人所得税也会出现逆向调节，进而使得调节力度大打折扣，无法实现纳税人之间的税收负担公平。事实上，我国以间接税、流转税为主。从我国 2007 年至 2017 年个人所得税占国家税收总收入的比例来看，其比重并不大，平均为 6.64%（详见表 4-7）。这与发达国家的差距较大。以美国为例，2017 年美国个人所得税占联邦财政收入的 47.9%。[1]

表 4-6　我国《个人所得税法》修正前后不同课税模式的税基范围[2]

分类所得课税模式税基范围 （《个人所得税法》修正前）	分类综合所得课税模式税基范围 （《个人所得税法》修正后）
工资、薪金所得，劳务报酬所得，稿酬所得，特许权使用费所得	综合所得（工资、薪金所得，劳务报酬所得，稿酬所得，特许权使用费所得）
个体工商户的生产、经营所得，对企事业单位的承包经营、承租经营所得	经营所得
利息、股息、红利所得	利息、股息、红利所得
财产租赁所得，财产转让所得，偶然所得，经国务院财政部门确定征税的其他所得	财产租赁所得，财产转让所得，偶然所得

表 4-7　我国所得税占全部税收收入比例情况统计（2007 年至 2017 年）[3]

年份	全部税收 （亿元）	企业所得税 （亿元）	个人所得税 （亿元）	企业所得税占全部 税收比例（%）	个人所得税占全部 税收比例（%）
2007	45 622.0	8779.3	3185.6	19.24	6.98
2008	54 223.8	11 175.6	3722.3	20.61	6.86
2009	59 521.6	11 536.8	3949.4	19.38	6.64

---

〔1〕　李超："其他国家个人所得税是怎样的？"，载 https://www.sohu.com/a/251638795_475868，最后访问时间：2018 年 12 月 30 日。

〔2〕　表 4-6 为笔者根据 2011 年和 2018 年修正的《个人所得税法》关于税基范围的规定，归纳自制而成。

〔3〕　表 4-7 为笔者根据国家统计局 2007 年至 2017 年期间的全国税收收入、企业所得税收入、个人所得税收入的数据统计自制而成。

续表

年份	全部税收 （亿元）	企业所得税 （亿元）	个人所得税 （亿元）	企业所得税占全部 税收比例（%）	个人所得税占全部 税收比例（%）
2010	73 210.8	12 843.5	4837.3	17.54	6.61
2011	89 738.4	16 769.6	6054.1	18.69	6.75
2012	100 614.3	19 654.5	5820.3	19.53	5.78
2013	110 530.7	22 427.2	6531.5	20.29	5.91
2014	119 175.3	24 642.2	7376.6	20.68	6.19
2015	124 922.2	27 133.9	8617.3	21.72	6.90
2016	130 360.7	28 851.4	10 089.0	22.13	7.74
2017	144 359.5	32 110.6	11 966.3	22.24	8.29

三、税率公平价值的缺失

税率是税法规定的纳税人的应纳税额与计税依据之间的比例，是法定的计算应纳税额的尺度，体现了国家征税的深度。税率的高低直接关系到国家财政收入的高低，关系到纳税人税收负担的轻重，反映了国家和纳税人之间的经济利益关系。[1] 在《个人所得税法》第七次修正以前，我国个人所得税根据不同性质和类型的所得收入，在不同税基的税率适用方面也大不一样。（详见表4-8）从税率结构来看：一方面，税率级次较多、税率级距较短，工资、薪金所得适用5%~45%的7级累进税率，个体工商户生产经营所得、企事业单位承包承租经营所得适用5%~35%的5级超额累进税率，其他所适用20%的比例税率。另一方面，主要采取累进税率和比例税率，针对工资、薪金所得适用累进税率，针对非劳动所得适用比例税率。从表4-8来看，只有3类所得适用超额累进税率，而其他8类所得适用的都是比例税率。显然，当经济出现波动时，其将难以发挥调节收入分配的功效，只能发生与经济波动同方向、同比例的变动，难以发挥其"自动稳定器"的作用。例如，同样是劳动所得，工资薪金和劳务报酬却适用不同税率，这明显不符合税收的横向公平。而且，目前我国高收入人群大多是非劳动所得，对他们实行比例税率，对收入较少的

---

〔1〕 张富强主编：《税法学》，法律出版社2007年版，第158页。

劳动所得实行累进税率，且工资薪金所得的最高边际税率高达45%，个体工商户生产经营所得，对企事业单位的承包经营、承租经营所得的最高边际税率也高达35%，这就造成了高收入者不纳税或少纳税、中低收入者多纳税的现象。此外，一些高收入者还会通过改变国籍的方式来避税，我国每年都有很多高收入人士通过海外移民、转移财产来避税，客观上也造成了"收入高的人少纳税，收入低的人多纳税"的不公平现象。显然，这与我国《个人所得税法》的立法宗旨和税收公平原则是背道而驰的。从税率结构来看，在分类所得课税模式下，7级税率级次过于复杂，会直接影响个人所得税固有功能的有效发挥。

我国第七次修正的《个人所得税法》尽管在低税率的级距范围上作出了相应的调整，扩大了3%、10%、20%三档低税率的级距金额范围，缩小了25%税率的级距金额范围，但其税率范围仍然与过去的工资薪金所得的3%~45%的超额累进税率相同，30%、35%、45%三档较高税率的级距金额范围则维持不变。可见，此次修法并没有改变税率级次和最高边际税率，仍然实行7级税率级次和45%的最高边际税率。（详见表4-9）显然，我国个人所得税税率结构的设计反映出来的突出问题就是税率结构复杂、税率级次复杂、边际税率过高。客观而言，税率结构设置不合理将会阻碍税收调节功能的有效发挥，从而影响税收公平原则的实现。

表4-8　2011年个人所得税税率表[1]

序号	税目	税率（%）
1	工资、薪金所得	不超过1500元：3%；超过1500元至4500元：10%；超过4500元至9000元：20%；超过9000元至35 000元：25%；超过35 000元至55 000元：30%；超过55 000元至80 000元：35%；超过80 000元：45%
2	个体工商户生产、经营所得；对企事业单位的承包经营、承租经营所得；	不超过5000元：5%；超过5000元至10 000元：10%；超过10 000元至30 000元：20%；超过30 000元至50 000元：30%；超过50 000元：35%
3	劳务报酬所得；	20%（超高部分加成征收）

---

[1]　表4-8为笔者根据2011年《个人所得税法》对税率的规定自制而成。

续表

序号	税目	税率（%）
4	稿酬所得；	20%
5	特许权使用费所得；利息、股息、红利所得；财产租赁所得；财产转让所得；偶然所得	20%
6	经国务院财政部门确定征税的其他所得	

表 4-9　2018 年个人所得税税率表[1]

序号	税目	税率（%）
1	综合所得（工资、薪金所得；劳务报酬所得；稿酬所得；特许权使用费所得）	不超过 36 000 元：3%；超过 36 000 元至 144 000 元：10%；超过 144 000 元至 300 000 元：20%；超过 300 000 元至 420 000 元：25%；超过 420 000 元至 660 000 元：30%；超过 660 000 元至 960 000 元：35%；超过 960 000 元：45%
2	经营所得	不超过 30 000 元：5%；超过 30 000 元至 90 000 元：10%；超过 90 000 元至 300 000 元：20%；超过 300 000 元至 500 000 元：30%；超过 500 000 元：35%
3	利息、股息、红利所得	20%
4	财产租赁所得；财产转让所得；偶然所得	20%

　　从国际上看，过高的边际税率并不符合国际的发展趋势。除极少数国家（德国、日本、法国）个人所得税最高边际税率高至 45% 以外，绝大部分国家的最高边际税率都被控制在 35% 左右。例如，美国的最高边际税率为 33%，加拿大为 29%，俄罗斯为 13%，印度为 35.54%，巴西为 27.5%。[2] 由此可见，将税率设置得过高并不利于国际竞争，反而会增加纳税人的"税痛感"。从美国供给学派经济学家拉弗提出的"拉弗曲线"（详见图 4-1）所描述的税

---

　　[1]　表 4-9 为笔者根据 2018 年第七次修正的《个人所得税法》有关税率的规定自制而成。

　　[2]　"刘剑文会长谈个税法修改"，载 https://mp.weixin.qq.com/s?__biz=MzIwNTk0ODgzNg%3D%3D&idx=1&mid=2247485035&sn=3e07664af6c3dbad88b866d369bb845f，最后访问时间：2018 年 9 月 7 日。

率、税收与税基的三者辩证关系来看：当税率为零时，税收收入自然也为零；当税率上升时，税收收入也会随之增加；当税率增加到一定点时，即税收收入达到抛物线的最高点时（A点），税率为最佳税率（B点），如果再提高税率，反而会造成税收收入的减少。AB连线右侧的区域被称为税收禁区。当税率进入到税收禁区后，税率与税收收入之间的良性循环关系将被打破，税率与税收收入之间会呈现反比关系。正如图4-1所示，提高税率可以增加政府税收收入，但是当税率超过一定限度时，如果一味地继续提高税率反而会导致政府税收收入的减少。因为较高的税率会抑制经济的增长、减少税基，反而会导致税收收入的下降。反之，适当的税率将扩大税基，税收税收收入反而会增加。

简言之，高税率并不意味着国家税收收入的增加，其对于增加政府财政收入的作用是有限的，并不代表实际税收也高。过高的边际税率不仅对经济主体不利，对政府也不利。因为高税率虽然会给政府带来税收收入的增加，但当税率高到一定程度后，反而会抑制经济的增长，降低税收的遵从度，导致税基被削减，造成税收收入的减少。反之，降低税率会扩大税基的范围，有利于增加国家的税收收入。[1]

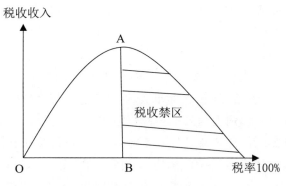

图4-1　拉弗曲线图[2]

―――――――――

〔1〕武晓芬、耿溪谣："我国个人所得税税制模式改革及其完善对策——基于实现税收公平的视角"，载《税务与经济》2019年第1期。

〔2〕图4-1为根据美国供给学派经济学家拉弗提出"拉弗曲线"所描述的税率、税收与税基的三者辩证关系绘制。

从税率结构来看，高税率实际上并没有增加财政收入，反而造成了贫富差距的拉大。高收入者甚至还会在不同收入、不同待遇的情况下，为自己的避税寻找机会，如高收入者很有可能会将税率高的收入申报为税率低的收入，以此来实现少交个人所得税的目的，为自己的避税寻找空间，造成国家税收的严重流失。很明显，在分类所得课税模式下，由于收入或所得来源不同、性质不同，11类所得适用的税率不同，即使是所得收入相同的纳税人，也会出现税负差异较大、有违税收横向公平的情况。与此同时，过高的税率和复杂的税率级次也会抑制人们的劳动积极性，有违宪法"按劳分配、多劳多得"的原则，不利于社会财富的增长和社会经济的发展。较之发达国家"宽税基、低税率、少级次"的税率结构而言，我国当前的税率结构与国际平均水平是不协调的，过高的税率不仅会增加纳税人逃税的动机，增加监管难度，有悖于税收的纵向公平，不能较好地体现收入分配的调节作用，同时也会使得我国在国际税负中处于不利地位，不利于吸引外来投资。

四、费用扣除公平价值的缺失

个人所得税是在个人所得收入减除基本的生计费用和其他必要扣除项目后对其余额进行征收。很明显，个人所得税是一种对纳税人的纯收入进行计征的税。只有在扣除必要的成本和生活费用后，对个人的纯收入进行征税，才能实现税收分配的正义价值，费用扣除设计的主要目的在于保证纳税人及其家庭维持最基本的生活需要。

因此，在计算个人所得税时，我国必须综合考虑各种费用的扣除问题，即哪些项目应该扣除、合理扣除标准是多少。费用扣除的规定决定了个人所得税的税基，也会影响到税制公平和税收负担。

在传统的分类所得课税模式下，我国个人所得税费用扣除采取的是定额扣除和定率扣除（详见表4-10），基本减除费用标准为3500元，在扣除单位代扣代缴的"三险一金"的基础之上，其扣除标准不管纳税人的实际费用负担是多少，一般均"一视同仁"。这种做法看似清晰、操作简便，但却缺乏弹性，且没有较好地契合物价波动、经济发展变化等动态因素的影响，也没有周全考虑我国各地区之间客观存在的经济发展的差异问题。故此，难以及时反映出社会经济的发展变化。当出现通货膨胀时，纳税人的名义货币收入看似上升了，但由于物价水平上涨，反而会导致纳税人的消费能力降低、购买水平下降，纳税人的实际货币收入不但没有增加反而会变相减少，但实际上又要求纳税人按照较高的税率来缴纳个人所得税，这样做的直接后果就是纳税人的税收负担加重。相反，当发生通货紧缩时，纳税人的名义货币收入不变、物价下降、购买水平上升，反而会使得纳税人的实际货币增加，这样一来，纳税人的税负不但没有增加，反而减轻了，即费用扣除标准是一个静态的概念，还是一个动态的概念的问题？假定它是一个静态概念，则不能有效、及时地反映社会经济的发展变化；假定它是一个动态概念，则亟须结合物价、汇率变动等多种因素来考量，而非仅仅是一个固定不变的费用扣除标准。分类所得课税模式没有将纳税人赡养家庭人口数、家庭结构、健康状况等因素考虑在内。假设 A 纳税人和 B 纳税人取得收入的数量和性质完全相同，家庭情况却大相径庭。纳税人 A 是家中唯一的劳动力，需要供养家中的其他三个人；纳税人 B 与妻子共同抚养一个小孩。显然，按照分类所得费用扣除标准，纳税人 B 的纳税能力比纳税人 A 的纳税能力要强很多。但在现实生活中，这种情况的争议也比较大。单身子女、已婚子女、独生子女、非独生子女是否享受同等扣除优惠？上述问题都是《个人所得税法》亟待进一步解决的问题。

表 4-10　分类所得课税模式下我国个人所得税费用扣除标准〔1〕

所得类型	费用扣除标准
工资、薪金所得	扣除 3500 元/月
个体工商户的生产、经营所得	扣除成本、费用和损失
对企业事业单位的承包经营、承租经营所得	扣除必要费用
劳务报酬所得；稿酬所得；特许权使用费所得；财产租赁所得	少于 4000 元，扣除 800 元；多于 4000 元，扣除收入的 20%
财产转让所得	扣除财产原值和合理费用
利息、股息、红利所得；偶然所得；经国务院财政部门确定征税的其他所得	无扣除

　　我国个人所得税费用扣除标准没有充分考虑纳税人的实际负担能力，收入相同的纳税人会因为家庭成员收入来源不同而具备不同的纳税能力。收入

---

〔1〕　表 4-10 是笔者根据 2011 年《个人所得税法》有关费用扣除的规定自制。

相同的纳税人，家庭情况不同，基于是否单身、是否离异、是否有老小等综合因素的影响，其纳税能力自然也各有差异。对于家中有子女和老人需要供养的纳税人，与单身的纳税人相比较，其经济负担明显较重。因为其不仅要负担个人的生活需要，还要负担家庭成员的生活需要。如果要求其都缴纳相同的个人所得税，明显是一种缺乏弹性的费用扣除标准，无法体现量能课税的征税宗旨。（详见表 4-11）

表 4-11　个人申报制的个人和家庭税收负担比较[1]

家庭	成员	月收入（元）	适用税率（%）	税额计算（元）	家庭税负（元）
A 家庭	A 先生	6000	10	（6000-3500）×10%-105=145	290
	A 太太	6000	10	（6000-3500）×10%-105=145	
B 家庭	B 先生	8000	10	（8000-3500）×10%-105=345	395
	B 太太	4000	10	（4000-3500）×10%=50	
C 家庭	C 先生	10 000	20	（10 000-3500）×20%-555=745	745
	C 太太	2000	0	0	
D 家庭	D 先生	12 000	20	（12 000-3500）×20%-555=1145	1145
	D 太太	0	0	0	

从表 4-11 中我们可以得知，尽管 4 组家庭的总体收入一样，均为 12 000 元，但是由于各个家庭收入的结构和来源不大一样，各个家庭所承担的税收负担大不相同。与此同时，该表反映出了一个较为明显的现象：夫妻双方的收入差距越大，其家庭承担的税负便越重。显而易见，以个人为纳税主体，不仅不能够较好地调节家庭之间的税收差距问题。相反，还会使家庭收入差距扩大。比如表 4-11 的 A 家庭和 D 家庭的税负差距便非常大。一言以蔽之，在费用扣除方面，我国个人所得税在分类所得课税模式下的不合理之处主要表现为：首先，收入来源多的个人扣除额较大，收入来源少的个人扣除额较小，这明显有悖于量能课税原则；其次，单一的费用扣除标准难以适应各类型纳税人的不同收入情况，不区分纳税人的婚姻状况、家庭结构、供养人数

---

〔1〕　表 4-11 是笔者根据我国 2011 年《个人所得税法》有关税率规定举例计算而得。

一律实行定额或定率扣除，缺乏选择性，反而会加重纳税人的实际税负，不符合"负担能力大的纳税人多缴税、负担能力小的人少缴税"的原则；最后，费用扣除标准不能客观地反映纳税人在教育、住房、医疗、养老等方面的支出情况，最终会导致纳税人的税收负担差异较大。由此可见，由于不能较好地体现税负公平原则和量能课税原则，改革传统的分类课税模式显得尤为必要。

2018 年以前，我国个人所得税一直沿用分类所得课税模式，因而个人所得税一般采用个人申报制度。但这种个人所得税征收模式并不能较好地体现量能课税原则，即使两个纳税人的收入一样，由于纳税人的收入来源和结构的不同，在适用的费用扣除标准方面往往也存在较大的差异。因而，纳税人之间也会出现收入所得金额一样，但缴纳的个人所得税却截然不同的现象。导致这种现象发生的主要原因在于部分费用扣除是定额扣除，而非随形就势，并没有充分考虑经济发生通货膨胀或是通货紧缩时的客观现实，随之而来的问题就是会在客观上造成纳税人之间的不公平。同样的道理，在仅存在工资、薪金所得的情况下，收入相同的家庭由于家庭成员收入差距和收入结构不同，其缴纳的个人所得税的差距很大，造成两个家庭的税负不公。分类所得课税模式最大的不足之处就在于无法调节家庭成员之间的税收公平，而调节家庭之间的公平与调节个人收入的公平具有同等重要的现实意义。因为一个纳税人的生活水平和税收负担能力并不完全取决于其收入状况，更多地与其家庭情况存在密切关系。

表 4-12　个人所得税专项附加扣除政策[1]

序号	专项附加扣除类型	扣除金额（元）
1	子女教育	每个子女每月扣除 1000 元
2	继续教育	学历（学位）继续教育每月扣除 400 元 职业资格继续教育每年 3600 元
3	大病医疗	超过 15 000 元的部分，每年在 80 000 元限额内据实扣除
4	住房贷款利息	每月扣除 1000 元

[1]　表 4-12 为笔者根据 2018 年我国颁布的《个人所得税专项附加扣除暂行办法》的具体内容归纳制作而成。

续表

序号	专项附加扣除类型	扣除金额（元）
5	住房租金	每月扣除 1500 元、1100 元或 800 元
6	赡养老人	独生子女赡养老人扣除 2000 元，非独生子女赡养老人每人扣除不超过 1000 元。

2018 年 8 月 31 日，我国完成了对《个人所得税法》的第七次修正，将个人所得税课税模式改为分类与综合相结合的课税模式，提高了基本费用减除标准（从 3500 元提高至 5000 元），增加了 6 项专项附加扣除。（详见表 4-12）从内容上来看，此次修法在一定程度上切实减轻了纳税人的税收负担，尤其是基本费用扣除提高到了 5000 元，着实减轻了中低收入人群的税收负担。此次《个人所得税法》修正切实给纳税人带来了红利，大大减轻了纳税人的税负担。为说明个人所得税立法改革对纳税人税收负担的影响，笔者试举一例：刘某在 2018 年 1 月和 2019 年 1 月通过劳动所得，获得的工资均为 10 000 元。在扣除"三险一金"后（假定养老保险 8%、医疗保险 2%、失业保险 0.5% 和住房公积金 12%），因刘某劳动收入发生在不同年份，又恰逢《个人所得税法》修正前后，因而缴纳的个人所得税的差异较大：

（1）《个人所得税法》修正前 2018 年刘某个税缴纳：

$$[10\,000-10\,000\times(8\%+2\%+0.5\%+12\%)-3500]\times10\%-105=320（元）$$

刘某税收负担率：$320\div10\,000=3.2\%$

（2）《个人所得税法》修正后 2019 年刘某个税缴纳：

$$[10\,000-10\,000\times(8\%+2\%+0.5\%+12\%)-5000]\times3\%=82.5（元）$$

刘某税收负担率：$82.5\div10\,000=0.825\%$

从上述案例中我们可以看出，此次修法大大减轻了纳税人的税收负担，让纳税人切实感受到了个人所得税改革的红利，充分贯彻了税收公平原则。

2018 年《个人所得税法》将成本以及基本费用扣除、专项附加扣除及其扣除项目等纳入立法。成本支出与收入获得密切相关，应当在所得的分类中加以体现。稿酬、劳动报酬、特许使用费收入额等属于成本扣除，工资薪金所得无须再进行成本扣除。纳税人综合所得费用扣除为 6 万元是建立在各项净所得综合基础上的，满足了个人基本需求和抚养义务的扣除总额。现行《个人所得税法》没有规定受抚养人扣除制度。这样做主要是考虑到分类所得课税模式下的工资和薪金扣除数额的规定，理论上受抚养人应从综合所得中扣除，但基于家庭支出的考虑，在原有的课税模式下，工资、薪金所得范围内的免征数额考虑到了生活成本费用和家庭抚养开支。当然，纳税人缴纳的保险金和公积金理应也包含在扣除范围之内。显然，在分类所得课税模式下，工资、薪金所得扣除实际上肩负着综合所得扣除的使命。同时，此次修法提出的6项专项附加扣除项目——子女教育、继续教育、大病医疗、住房贷款利息、住房租金和赡养老人——都应当被视为个人特许扣除。由此可见，所得基础不同直接关系到不同扣除项目，成本扣除与具体所得分类相关联，个人基本扣除对应个人综合净所得，受抚养人扣除和个人特许扣除的所得本质上是建立在家庭所得的基础上的，各类扣除项目体现了税收公平原则的不断延伸。[1]

尽管让纳税人感受到了更多的"获得感"和"幸福感"，但此次修法在费用扣除设计上仍存在诸多不足之处。

（1）个人所得税基本费用扣除标准没有反映出地区之间的差异。由于地域辽阔、地区之间发展不平衡、经济发展水平参差不齐，我国各地区之间发展程度差别较大。因此，个人所得税的基本费用扣除标准也应该有所差别，而不应是一味地实行"一刀切"。继续采取"一刀切"的做法显然是不符合税收客观实际的，更不能体现税收公平原则。从改革的期望值来看，个人所得税基本费用扣除标准虽然从原来的3500元提升至5000元，但显然不能满足广大民众对个人所得税改革的心理预期。在个人所得税基本费用扣除标准和专项附加扣除方面，由于还处于分类综合所得课税模式适用的探索期，尽管国家也出台了相关的暂行办法来推动此次课税模式的改革，但从规定的具体内容来看，还有提高和完善的空间。

（2）费用扣除单位设置不合理。长久以来，我国一直沿用以个人为纳税单位的分类所得课税模式。《个人所得税专项附加扣除暂行办法》（以下简称《暂行办法》）关于赡养老人的专项附加扣除的规定仍然以个人作为纳税单位，而这一设置与现实生活中的家庭情况却不完全一致。依据《暂行办法》和《老年人权益保障法》第14条之规定，纳税人想要获得赡养老人的扣除，

---

〔1〕　周晗燕："我国《个人所得税法》家庭课税的考量和路径分析"，载《商业研究》2021年第2期。

只能是针对自己的父母、祖父母、外祖父母等赡养支出的费用。然而，在实际生活中，夫妻双方在结婚后都需要共同赡养双方的父母。但对于夫妻双方只能依靠一方的所得收入，而另一方因为特殊原因（生病、全职带小孩等）没有参加工作，也没有任何收入的家庭来说，如果仍然以纳税人个人作为扣除单位，显然有违税收公平原则，不能切实达到专项附加扣除制度的设立目的。

（3）赡养老人专项附加扣除标准设置不合理。首先，依照《暂行办法》的规定，独生子女申请赡养老人的专项附加扣除每月是 2000 元；非独生子女赡养老人的专项附加扣除每人每月不超过 1000 元，非独生子女之间可以协商分摊赡养老人的专项费用扣除额。这种设计在现实生活中并不符合子女赡养老人的复杂情况，因此不能充分发挥制度设计的预期效果。因为在实际生活中，以扣除 2000 元作为每月赡养老人标准额度，并不能完全涵盖和维持老人基本生活的必要费用，从赡养老人专项附加扣除制度的设计目标来看，其扣除的范围应当包括法定的赡养义务人为老人基本生活支出的必要费用。《暂行办法》所规定的 2000 元的费用扣除标准很明显只是考虑了被赡养老人基本的日常开支，而未考虑《老年人权益保障法》规定的赡养老人所包含的经济供养费用，生病老人的护理费、医疗费、日常照料费、住房等相关费用。客观而言，尽管赡养老人专项附加扣除制度的设计理念在一定程度上减轻了子女作为纳税人的税收负担，但该制度的预期目标却无法被全然实现。从另一方面来看，赡养老人的费用支出会因受到经济/生活水平，被赡养老人的年龄、身体情况、被赡养的方式、居住的地区和条件等多种因素的影响而不断发生变化。因此，在不同情况下，子女作为纳税人所要支付的赡养老人的必要费用也存在差异。与此同时，当前我国赡养老人的方式一般分为自主养老、同住养老、机构养老，这三种养老方式所需要的赡养老人的必要开支各不相同。如果一味地按照《暂行办法》所规定的 2000 元的标准扣除，并不能全然地扣除掉赡养老人所需要的赡养费用，达到"净所得"的标准，最终也会导致基于家庭、地域、纳税人客观情况不一致而出现税收不公平的现象。由此可见，《暂行办法》规定的赡养老人扣除标准并不科学，也有违量能课税的原则。

其次，非独生子女作为赡养老人的纳税人的专项附加扣除分摊额度存在单一、不灵活的缺陷。依据《暂行办法》的规定，非独生子女纳税人（兄弟姐妹之间）之间可以按照他们的约定或被赡养老人的指定方式来分摊个人所得税赡养老人专项附加扣除额度，同时还需要满足两个限制：一是在分摊额度上，每人每月不超过 1000 元；二是具体的分摊方式和额度在一个纳税年度内不能进行改变。基于不同家庭情况，该规定很难实现个人所得税的公平与正义。据了解，部分老年人在经济允许的条件下，更愿意通过自主或者同住的方式来安度晚年。这种安度晚年的方式不同于机构养老，它需要子女给予更多的陪伴时间和照顾精力。在一般情况下，子女赡养老人所花费的时间和精力不同，这种不同也更加明显地体现在同住养老模式下，即同住子女赡养老人所要花费的时间和精力要远远胜过非同住子女，尤其是被赡养人选择与同一子女居住时，这种差异会被进一步扩大。该子女要同时照顾两个老人，分摊扣除额度却规定不能超过 1000 元的限定，这对于与被赡养人的同住子女或者平时照顾最多的子女来说显失公平。此外，《暂行办法》所规定的扣除额分摊标准并没有考虑在没有分摊约定或者缺少被赡养人指定的情况下，或者子女之间在约定不合理、指定不合适的情况下，非独生子女之间应当如何分摊赡养老人的专项附加扣除额度。在非独生子女费用扣除范围的设置方面，专项附加扣除的确定方式较为简单，如果被赡养人的人数不同，但又按照《暂行办法》适用同一个扣除标准，实际上并不能充分体现个税的公平原则和量能课税原则。在这种情况下，不仅没有减轻纳税人的税收负担，反而会加重纳税人的实际负担。因为每一类扣除的费用标准都会受到家庭结构、纳税人负担能力、经济条件等因素的影响，并不是所有的纳税人都适用 6 项专项附加扣除。

（4）子女教育专项附加扣除标准设计单一。首先，《暂行办法》针对子女教育专项附加扣除的条件、时间、报送办法、留存备查资料等都作出了相关规定。但在实际的征纳过程中，客观存在的问题还有待商榷。例如，每个子女每个月 1000 元的标准显得过于单一。其主要原因是没有切实考虑不同学历的实际教育阶段的支出差异，如学前教育、高中教育和高等教育的支出就远远高于九年义务教育。在人均学杂费方面，普通高等教育要比九年义务教育高出很多。对于家庭而言，教育阶段不同，子女的教育支出费用也不同，如果只按照子女数量定额扣除教育支出费用，根本无法满足专项附加扣除公平合理、利于民生的基本要求。其次，高等教育子女教育支出存在一定的地区差异性。由于经济发展程度不同，我国各地区的家庭收入、家庭消费、教育支出等都有所不同，城乡的教育支出也有所区别。一般而言，义务教育和高中教育阶段与高等教育阶段不同。高等教育阶段存在大量生源跨省市流动的情况，如在广州就读高等院校和在贵州就读高等院校的教育支出费用迥然不同。因此，在高等教育阶段一味地执行无差别的子女教育扣除标准有悖于个税的公平原则。

（5）住房贷款利息专项附加扣除与各地首套住房认定政策衔接不一致。住房贷款利息专项附加扣除实行的是全国统一标准，即每月1000元，未能体现地区差异，这样的定额扣除模式甚至具有累退性。依据《暂行办法》的规定，该扣除红利必须被用在首套住房贷款（即购买住房享受首套住房贷款利率的住房贷款）的利息上。依此规定，住房贷款利息专项附加扣除与否与住房是否享受首套住房贷款利率有着密切的联系。2010年5月，住房和城乡建设部、中国人民银行、中国银行业监督管理委员会联合发布《关于规范商业性个人住房贷款中第二套住房认定标准的通知》，明确了"同一购房家庭""既认房又认贷"的二套房认定标准。换句话说，如果个人曾经购买房产或在全国范围内的银行有贷款记录的话，再次购房时就只能享受第二套购房待遇，即以高于第一套购房的利息来进行贷款，不再享受第一套购房的贷款利息。后来，为了支持居民家庭合理的住房消费，2014年9月，中国人民银行和中国银行业监督管理委员会又联合出台了《关于进一步做好住房金融服务工作的通知》，开始实施"认贷不认房"的政策，即在首套房屋的贷款已经被还清的情况下，如果再次购买第二套房，则可以享受首套房贷款利率。目前，我国各地的房地产市场发展不平衡，因此东西部地区、北上广地区执行的贷款认定标准也有所差异：北上广深等一线城市实行"既认房又认贷"的政策；而成都、重庆、昆明、合肥等大多数城市则实行"认贷不认房"的政策，即纳税人只要之前没有享受过住房贷款利息扣除，按照首套住房贷款利率购买第二套住房仍可以享受住房贷款利息扣除。在此背景下，囿于各个地方关于是否能享受首套住房贷款的认定标准存在差异，能够享受住房贷款利息专项附加扣除的纳税人的范围也不相同。这样一来，极有可能损害税收执法的公平性。例如，按照成都市的扣除标准，已经还清首套住房贷款的纳税人如果再次购买第二套住房，仍然可以享受首套住房贷款利息扣除，但如果是在上海的话，则不能享受同样的待遇。易言之，正是因为首套房贷款利率认定标准存在地域的差异，纳税人在不同地区才不能享受同一种资格标准。这种情况的存在明显不契合税收公平原则。

（6）住房租金专项附加扣除没有充分体现地区差异性。我国人口多、地域广，各地经济发展水平和消费水平不一致，在房地产市场的迅速发展下，各地房价的差距越来越大，各地的住房租金扣除是最能体现各地差异的判定标准。根据《暂行办法》的规定，住房租金扣除标准按照城市规模每月扣除额度分为 800 元、1000 元和 1500 元三个档次。但这种划分方法会造成实际中的住房租金差异性较大。例如，北上广地区同属于 1500 元房屋租金的扣除档次，但在不同城市，在相同的住房条件下租金的差异却很大。这样就会造成个人所得税改革的红利在各地体现出来的效果不同。基于此，现行每月 800 元、1000 元、1500 元的住房租金扣除并没有较好地体现出各地的差异性，其直接的效果就是不能充分发挥住房租金扣除规定的预期价值。

正如前文所述，6 项专项附加扣除规定同样会带来纳税人之间税负不公的问题，尤其是会变相削弱纵向公平效应。提高标准费用扣除额、引入专项附加扣除制度在一定程度上改变了不同收入阶层之间的分布情况，但随之而来的是会在一定程度上削弱个人所得税的再分配效应。首先，能否享受新标准费用扣除 5000 元和 6 项专项附加扣除所带来的红利，主要是基于个人收入水平的高低。事实上，个人收入较低者根本无法扣除，或者无法足额扣除新法所允许扣除的费用，当然就无法充分享受此次个人所得税课税模式改革带来的减税红利。相反，个人收入较高者则有条件足额享受此次改革带来的红利。由此可以判定，分类综合所得课税模式改变了税负在低收入和高收入者群体之间的分布情况，由此带来的问题是，在降低平均税率的基础上进一步削弱了个人所得税的公平效应。其次，6 项专项附加扣除均为定额扣除，扣除额与纳税人的收入高低无关，适用条件也比较粗犷，在一定程度上改变了税负在人群中的分布，但高收入者的税负并没有因此而提高。最后，个人所得税基本费用扣除标准从 3500 元提高至 5000 元、引入 6 项专项附加扣除造成大量纳税人所适用的税率级次跌落，但基于高收入者所适用的边际税率较高，给其带来的减税收益反而更大。由此可见，在专项附加扣除的规定上，其虽然会在横向公平上发挥一定的积极作用，但其在纵向公平上具有一定的狭隘性和局限性，6 项专项附加扣除规定是否还有提升和完善的空间是我们未来进行个人所得税税制改革时不可忽视的重要问题。

五、征管方式公平价值的缺失

税收征管方式是在税收征管过程中，税务机关依据不同税种的特点、征纳双方的具体条件而确定的计算征收税款的方法和形式。我国当前个人所得税的税收征管方式主要是以代扣代缴为主，以个人申报为辅。除年所得在12万元以上，从中国境内2处或2处以上取得工资、薪金所得，从中国境外取得所得，取得应纳税所得没有扣缴义务人等几种特殊情况需要纳税人自行申报以外，对于一般的纳税人而言，均是由其收入的发放单位为其代缴。与此同时，我国《个人所得税法》明确规定，只有扣缴义务人有扣缴义务，如果扣缴义务单位没有履行其代扣代缴义务，从法律后果来看，也要承担相应的法律责任。然而，在实际工作中，部分扣缴义务人具有双重身份（雇主和扣缴义务人），与纳税人（单位员工）之间存在所谓的利益关系。为了鼓励员工为单位创造更多效益，扣缴义务人由于责任心不强、法治观念淡薄或是迫于压力，可能会不充分落实税法，敷衍了事、随意扣缴，甚至为纳税人主动逃税、避税，导致阴阳合同的出现，更无代扣代缴记录，造成我国税务机关无法从根本上掌控纳税人的真实所得收入信息，为纳税人偷税、避税制造了可乘之机。此外，由代扣代缴义务人代为履行纳税义务会使得纳税人主动申报纳税、主动学习税法相关知识的积极性变得薄弱，增强自身纳税意识和学习税收知识的自觉性也会大大降低，反而不利于纳税人主动履行自身的纳税义务。

从总体上来看，我国个人所得税的征收管理效率并不高，税款流失较为严重。其中最重要的原因之一就是税收征管体系不健全，缺乏联网共享机制，税收申报、审核、扣缴制度不健全，财产登记制度不完善；征管信息不对称，征管手段相对落后，甚至出现了监控盲区。尽管现在有大数据的支持，但是由于缺乏规范性和系统性，税务部门的工作效率仍不容乐观，缺乏一套完善的信息系统，大量工作仍依靠税收部门的人力操作，不仅增加了税收成本，也不利于对税源的监管。银行、工商、企业、社保部门与税务机关在配合和信息共享方面没有搭建起信息共享平台，联动机制欠缺，因而也使得税务部门无法掌握纳税人的个人收入状况和财产状况，造成税源大量流失。我国目前采用源泉扣缴、代扣代缴的税收征管方式，虽然早在2006年就制定了《个人所得税自行纳税申报办法》以规范自行申报纳税行为，且规定了五种需要自行申报的情形，但在具体的实践中，自行申报缺乏有效的监督机制，主动申报的效果不容乐观，高收入者自行申报纳税制度仍然不健全。在现实中，部分单位或企业为了保全和维护与员工的关系，会不主动履行代扣代缴义务。有的单位甚至还会向员工发放较少的工资，并以发放购物卡、健身卡、实物的形式，通过变相收入或隐性收入逃避代扣代缴。尽管我国税务机关对未积极履行代扣代缴义务的单位有处罚权，但对代扣代缴的处罚力度不够使得税收违法成本降低，反而会促使代扣代缴单位以身试法，这对于那些积极履行代扣代缴的单位和纳税人来说是不公平的。

六、税收优惠公平价值的缺失

税收优惠是国家给予纳税人减少征税或免于征税的特殊政策，体现了国家对纳税人生存权的基本保障，同时也反映了税收公平的基本要求。税收优惠的目的在于鼓励和扶持国家政策，具有较强的针对性和目的性，体现了税法的原则性和灵活性的结合。从量能课税原则来看，税收优惠主要涉及对税收负担能力的衡量。当前，在我国的个人所得税法体系中，涉及减免税优惠政策的规定较多，种类繁杂、分布散乱、区域性优惠较多。除《个人所得税法》以外，涉及税收减免的还有70多份不同级别的法律法规，税收减免大多涉及工资、薪金、补贴、奖金、股票、红利、利息、偶然所得等。这些免税规定或优惠政策有些是基于税收公平原则，对生活困难的弱势群体给予一定的关注和照顾，有些则是为了提高效率、促进经济发展而对特殊行业的照顾。然而，事实上，很多税收优惠政策不但没有切实实现普遍征收、课税公平，反而加以区别对待。财政部、国家税务总局《关于个人所得税若干政策问题的通知》（财税字［1994］020号）、国家税务总局《关于外籍个人取得有关补贴征免个人所得税执行问题的通知》（国税发［1997］54号）和财政部、国家税务总局《关于外籍个人取得港澳地区住房等补贴征免个人所得税的通知》（财税［2004］29号）都明确规定外籍人员可以在住房补贴、伙食补贴、洗衣费、搬迁费、出差补贴、探亲费、语言培养费、子女教育费补贴、利息、股息、红利所得方面享有特殊的免税待遇。对于我国的居民来说，同样是付出劳动获得的所得收入，采取内外有别的政策显然是不符合税收公平原则的。这些优惠政策不仅有损税法的统一性和规范性，还会让一些不法分子有了避税的可能。此外，还会增加税收征管的难度，违反了普遍征收、平等征税的原则，对经济能力相同的纳税人课以不一样的税负会造成个人所得税逆向调节的不良结果。此外，《个人所得税法》第 4 条规定省级人民政府、国务院部委和中国人民解放军军以上单位以及外国组织、国际组织颁发给获奖者的奖金享受免税优惠，而省部军级以下单位颁发的奖金却不能享受同等待遇。这种规定既不符合国际惯例，也不符合情理。这种立法规定显然是与个人所得税所提倡的税收的横向公平背道而驰的。

　　除此之外，税收优惠实效性不强也是我国个人所得税的一项缺陷。在税收优惠政策落实的过程中，各地区不同的经济社会发展情况以及不同的制度安排会阻碍优惠政策目标的实现。例如，我国现行《个人所得税法》第 6 条规定个人将其所得对公益事业捐赠的部分，按照国务院有关规定可以从应纳税所得中加以扣除。但在实际操作中，获得公益性捐赠税前扣除资格的单位并不多，反而造成大量的个人公益性捐赠享受不了税收优惠。这样一来便在无形中加重了个人的税收负担，限制了慈善事业的稳定发展。

个人所得税课税模式的国际比较

　　素有"罗宾汉税"之称的个人所得税始于英国，随后美、德、法等国家纷纷效仿。然而，个人所得税的发展过程却是跌宕起伏、屡兴屡废。直至 19 世纪末 20 世纪初，个人所得税才逐步实现了"临时税—固定税，辅助税—主体税"的转变。[1]个人所得税课税模式也经历了分类所得课税模式—综合所得课税模式—分类综合所得课税模式的演变过程。从个人所得税在世界范围内的发展历程来看，前后历经了 220 年的时间，且个人所得税从产生之初就与各国国情密不可分。随着经济全球化的发展，各国经济相互依赖的程度不断加深，这对各国的税收制度也提出了更高的要求。"他山之石，可以攻玉"，个人所得税制改革研究需要对不同国家的课税模式进行深入探讨。基于此，对国外的不同课税模式进行归纳与分析，探究其在实践运行中的特征与变化显得尤为必要，在一定程度上为我国个人所得税课税模式的改革提供经验和有益指导。

第一节　国外个人所得税课税模式的发展历程

　　纵观历史，个人所得税的产生与发展离不开经济、政治、战争等综合因素。1799 年，英国基于战争的需要，首次开征个人所得税。这个时期是个人所得税的萌芽期和起源期，实行分类所得课税模式，按照单一的比例税率课征个人所得税。随后，在英国的影响下，美国、德国、法国、日本等国也纷纷效仿，分类所得课税模式在各国被迅速推广。进入 20 世纪以后，个人所得

---

〔1〕 许建国主编：《中国个人所得税改革研究》，中国财政经济出版社 2016 年版，第 4 页。

税得到了空前的发展，其税制在立法上也日渐完备。个人所得税从一国的临时税种发展成为一国的固定税种，且在财政收入中的比重和作用日渐提升。与此同时，个人所得税课税模式开始分化为分类所得课税模式、综合所得课税模式和分类综合所得课税模式。总体来看，个人所得税从开征至今，其课税模式经历了两次大规模的转型。

一、个人所得税课税模式的第一次转型

20 世纪 30 年代至 60 年代是个人所得税课税模式从分类所得课税模式向综合所得课税模式的转型时期。英国是最早实行分类所得课税模式的国家，由于英国在 19 世纪具有一定的影响力，分类所得课税模式很快就被欧美等国家推广开来，尤其是在欧洲大陆。从历史上看，实行纯粹的分类所得课税模式的国家主要有中国、苏丹、也门、黎巴嫩等国家。当时的分类所得课税模式是将个人收入按照一定的标准进行划分，对不同类别的个人收入按照比例税率分别进行课税。在这个阶段，基于对税收公平分配的需要而采用分类所得课税模式。诚然，分类所得课税模式本身也具有一定的先天优势，即分类所得课税模式按照源泉课征，能够有效地控制税源，征收较为简便，有利于保障财政收入。在第二次世界大战之后，随着美国经济的异军突起，人们的收入差距不断扩大。因而，国内要求收入公平分配的呼声不断高涨。鉴于此，美国经济学家亨利·西蒙斯提出了综合所得课税模式，即个人在一年中所有来源、所有形式的收入都必须归入综合所得的税基，并在此税基上进行法定扣除和减免，再适用累进税率来征收个人得税，这就是所谓的个人所得税综合征收模式。随着美国科学技术的进步、征管水平和征管手段的逐步提高，综合所得课税模式也越发成熟。20 世纪 60 年代至 70 年代，美国的税收政策顾问在世界范围内积极推广综合所得课税模式理念，对个人所得税从分类所得课税模式向综合所得课税模式的转变起到了积极的促进作用。[1]这种征收模式不以个人所得分类为前提，而是将个人的全年所得收入作为应纳税所得额的基础，再扣除法定宽免额或扣除额所得的净额，然后再按照统一的税率进行计征。综合所得课税模式在一定程度上实现了税负公平，而且对其他国

〔1〕 高培勇主编：《个人所得税：迈出走向"综合与分类相结合"的脚步》，中国财政经济出版社 2011 年版，第 50~51 页。

家也产生了深远影响。在第二次世界大战以后，欧洲大陆（如英国、法国、意大利、比利时、西班牙等）国家先后放弃了原有的分类所得课税模式，转而实行综合所得课税模式。一时间，综合所得课税模式在欧洲大陆盛行。随后，巴西、秘鲁、委内瑞拉等国家也纷纷效仿，实行综合所得课税模式。与此同时，在19世纪70年代以后，非洲一些国家（如南非、摩洛哥、乍得），囿于本身曾是欧洲国家的殖民地，因此课税模式也受到其宗主国的影响，转向综合所得课税模式。[1] 由此可见，在这一特殊时期，个人所得税课税模式由分类所得课税模式向综合所得课税模式的转型在当时也得到了一定程度的普及，并在推进课税模式转型方面发挥了至关重要的作用。

二、个人所得税课税模式的第二次转型

20世纪80年代，发达国家相继展开了大规模的税制改革，其中最为重要的改革就是个人所得税的改革。在这一时期，个人所得税课税模式的改革方向是"扩宽税基、降低税率、减少税率档次、简化税制"，主要目标是实现税收公平与税收效率。因此，在这一阶段，个人所得税的课税模式也作出了相应的调整，出现了个人所得税课税模式从综合所得课税模式向二元所得课税模式或分类综合所得课税模式的转变。在个人所得税课税模式的调整过程中，各国经济的复苏与发展为个人所得税的减税与改革提供了坚实的基础。在这一时期，经济全球化的进程加快，对资本、技术、人才等方面的要求较高，这也是区别对待不同税基在流动变化中的最好体现。在此背景下，分类所得课税模式因可以区分纳税人不同性质的收入来源，针对各种所得收入的流动性程度而被区别对待。[2] 近二十年来，受北欧四国（挪威、芬兰、瑞典、丹麦）的影响，传统的税制框架下又出现了二元课税模式，它将个人或家庭不同所得分为劳动所得和资本所得两部分，依据独立的税基，按照不同的累进税率（劳动所得）和比例税率（资本所得）分别进行课征和计算。即一方面主要是出于对资本所得的吸引，考虑效率优先；另一方面，主要是出于对劳动所得实行累进税率，兼顾分配公平。随着二元课税模式的发展，其影响也

---

〔1〕　刘纯林：《个人所得税法变革专题研究》，世界图书出版公司2015年版，第269~270页。

〔2〕　高培勇主编：《个人所得税：迈出走向"综合与分类相结合"的脚步》，中国财政经济出版社2011年版，第51页。

波及欧洲，尽管北美一些国家仍坚持采用综合所得课税模式，但在其税制中同样也引入了分类的因素，即对资本所得实行一定的税收优惠。因而，二元课税模式也成了发展中国家向往的改革方向。从 78 个国家选择的个人所得税课税模式类型来看，其中 5 个国家选择了分类所得课税模式，占国家总数的 6.4%；62 个国家选择了综合所得课税模式，占国家总数的 79%；11 个国家选择了分类综合所得课税模式，占国家总数的 14.6%。[1] 从世界范围来看，历史上曾经实行过分类所得课税模式的国家（诸如英国、美国、德国、法国、意大利等）都逐渐转向实行综合所得课税模式或分类综合所得课税模式。从世界上大多数国家的税制模式来看，除了美国实行完全的综合所得课税模式以外，纯粹的分类所得课税模式和纯粹的综合所得课税模式并不多见，大多数均以一种课税模式为主导，同时兼具另一种课税模式的特征，即综合与分类相结合的课税模式（混合模式）。以日本、英国、加拿大为例，在税制安排上不仅有分类所得课税模式的特征，也有综合所得课税模式的因素。

由此可见，"分类所得课税模式—综合所得课税模式—分类综合所得课税模式"是个人所得税课税模式发展的大致趋势。分类所得课税模式从出现到发展，其征税范围也实现了从小到大的逐步扩展过程，即"临时税—个别税—固定税—大众税"。从税率的角度来看，比例税率也逐步演进为累进税率。1799 年，个人所得税始于英国，战争引发的财政需要为分类所得课税模式提供了契机。当时，社会经济的发展使得个人所得税还处于小税种阶段，政府在社会经济和收入分配的干预和调节上还未成为所得税发展的直接推动力，为分类所得课税模式存在的合理性奠定了前提和基础。但伴随着经济的纵深发展，个人所得税已发展成为国际社会中具有经济内在调节器作用的税种，且负有增加财政收入、调节税收分配、缩小贫富差距、促进社会稳定的任务。个人所得税逐步蜕变为社会的固定税、大众税，尤其是在资本主义国家进入垄断阶段后，随着经济问题和社会问题的交织，政府干预和调节功能的出现，个人所得税课税模式必然会从分类所得课税模式逐步向综合所得课税模式、分类综合所得课税模式转型。与此同时，随着国与国之间的频繁交往，在经济全球化的背景下，资本、科技、人员等要素的国际流动性与日俱增，为防

---

〔1〕 徐晔、袁莉莉、徐战平：《中国个人所得税制度》，复旦大学出版社 2010 年版，第 239~240 页。

止偷税漏税和维护国家主权，个人所得税课税模式选择的国际化趋势也在逐步显现，有关个人所得税的计算、税收优惠和税收抵免等方面的规制也在逐步趋于国际化。面对激烈的国际竞争环境，我国势必要顺应国际的发展趋势，重新审视我国个人所得税课税模式的改革问题，这也是推动和完善个人所得税税制改革、促进社会收入分配公平正义的必然选择。

第二节　国外个人所得税不同课税模式的特色

从国外个人所得税的有关研究来看，发达国家在个人所得税课税模式方面作出了许多有益的探索。国外个人所得税课税模式经历了"分类所得课税模式—综合所得课税模式—分类综合所得课税模式"的发展历程。在个人所得税开征的早期，大多数国家采用的均是分类所得课税模式。第一次世界大战后，各国普遍采用综合所得课税模式。20世纪80年代中期，各国相继掀起了"扩大税基，降低税率、规范优惠"的税制改革浪潮，分类综合所得课税模式得到了部分国家的青睐。当前，从世界范围来看，选择综合所得课税模式的国家较多，选择分类所得课税模式的国家越来越少。（详见表5-1）鉴于此，为了更好地理解和掌握各国个人所得税课税模式的选择问题，我们有必要将三种课税模式中具有代表性的国家进行比较与分析，借此把握典型性国家课税模式的发展趋势和特点。

表 5-1　世界范围内部分国家个人所得税课税模式的选择类型[1]

国家	税制类型	国家	税制类型
美国	综合所得税制	中国	分类所得税制
法国	综合所得税制	苏丹	分类所得税制
德国	综合所得税制	也门	分类所得税制
俄罗斯	综合所得税制	黎巴嫩	分类所得税制
加拿大	综合所得税制	日本	分类综合所得税制

---

〔1〕　表5-1内容来源于夏琛舸：《所得税的历史分析和比较研究》，东北财经大学出版社2003年版，第148~150页。

续表

国家	税制类型	国家	税制类型
爱尔兰	综合所得税制	英国	分类综合所得税制
意大利	综合所得税制	荷兰	分类综合所得税制

一、分类所得课税模式的特色

从国际税收实践来看，在相当长的时间内，个人所得税课税模式相对比较稳定。1799 年，英国为抵抗拿破仑的侵略，出于战争的需要，首次开征个人所得税，将个人所得分为四类，并规定由纳税人自行申报纳税。这个时期是个人所得税实行分类所得课税模式的萌芽期和起源期。这是历史上第一次使用"分类"一词来划分个人的收入所得。事实上，在个人所得税开征的早期，各国采用的都是分类所得课税模式。分类所得课税模式是将纳税人的不同所得收入按照性质进行区分，对不同性质的所得适用不同税率的课税模式。分类所得课税模式是一种十分简便易行的做法，其具有税率低、扣除额宽、征收范围窄、计算简便、便于征管等特点。当前，世界上实行分类所得课税模式的国家并不多见，以下笔者将就黎巴嫩和也门两个国家的课税模式的特点展开分析。

（一）黎巴嫩课税模式的特色

黎巴嫩共和国位于亚洲西南部，地中海东岸，北部和东部毗邻叙利亚，南部与以色列接壤，西濒地中海。黎巴嫩是一个独立统一和主权完整的国家，是议会民主共和国，具有阿拉伯属性，实行自由贸易政策。黎巴嫩实行市场经济，金融自由化程度高。根据世界银行的数据，黎巴嫩 2017 年的人均 GDP 为 8257.29 美元，消费者平均价格指数为 113.58。2017 年黎巴嫩国内生产总值为 518 亿美元，同比增长 1.5%。根据黎巴嫩的法律，由议会行使黎巴嫩的税收立法权，黎巴嫩税法主要包括《所得税法》《增值税法》《关税法》《税收程序法》《不动产税法》等。除税法外，黎巴嫩还颁布了一系列具体的税收法案和税收法规。黎巴嫩将税种划分为国家税和地方税，国家税由税务管理机关征收，地方税由地方政府自行征收。根据黎巴嫩法律规定，地方法律需要经过议会通过。黎巴嫩中央政府有权对境内居民以及非居民征收各种直接税和间接税；地方政府也可依法征收市政税。其中，直接税包括所得税、遗产税、财产税等；间接税包括增值税、印花税、消费税、市政税、关税等。
黎巴嫩财政部主管黎巴嫩的税收征收与管理工作，并设置税收管理机构负责
税收征收和管理工作。1944 年，在法国委任统治结束后，黎巴嫩制定了《所
得税法》，[1]它取代了在奥斯曼帝国统治下生效的旧税，并以此为新独立国家
维护主权的一种方式。1944 年《所得税法》经过多次修改，并于 1959 年进行
了深入改革。1959 年《所得税法》仍然是黎巴嫩现行税收制度的基础。1959
年将所得税被视为一种有计划的、累进的个人所得税，分别对不同的收入来
源进行课征。根据《所得税法》的规定，将所得来源主要分为三类：①对工
业、商业和非商业活动的利润征税；②对工资和薪金征税；③对包括利息和
股息在内的动产收入征税。显然，黎巴嫩的个人所得税采取的是分类所得课
税模式。在个人所得税的税率方面，在 1944 颁布《所得税法》时，依据商业
和工业企业的利润所得的税率有所区别，税率范围分别为 4% ~ 15% 和 4% ~
12%。在 1959 年税收制度改革后，商业和工业企业的利润所得的税率有所提
高，税率范围分别为 6% ~ 44% 和 5% ~ 39%。1985 年，国家再一次统一了税
率，将个人所得税的税率范围限制在 6% ~ 50%。1994 年后，黎巴嫩处于重建
家园时期，个人所得税税率再次增加到 2% ~ 21% 的范围。此外，1959 年，个人
所得税的最高边际税率被提高到 28%。在 1985 年增加到 32% 之后，重建期间又
减少到 10%，1999 年又增加到 20%。[2]当时，20%的最高边际税率属于个人所
得税税率较低的。作为实行分类所得课税模式的典型代表国家，对黎巴嫩个人
所得税在纳税主体、纳税对象、税率结构、费用扣除、税收抵免、税收征缴等
方面的深入研究具有一定的现实意义。

1. 纳税主体分为居民和非居民

黎巴嫩的纳税主体分为居民纳税人和非居民纳税人两类。黎巴嫩居民纳
税人是以其在黎巴嫩的全部收入所得缴纳个人所得税，全部收入所得包括雇
佣所得、经营所得、投资所得、资本利得等。居民纳税人的国外来源收入不
缴纳个人所得税，但流动资本所得除外。非居民纳税人就其来源于黎巴嫩的
收入所得缴纳个人所得税。个人所得税以年为纳税期限。但黎巴嫩的法律对

〔1〕 "Facundo Alvaredo: Top Incomes and Personal Taxation in Lebanon, an Exploration of Individual
Tax Records 2005 ~ 2012"，载 http://piketty. pse. ens. fr/files，最后访问时间：2018 年 12 月 27 日。

〔2〕 "Facundo Alvaredo: Top Incomes and Personal Taxation in Lebanon, an Exploration of Individual
Tax Records 2005 ~ 2012"，载 http://piketty. pse. ens. fr/files，最后访问时间：2018 年 12 月 27 日。

非居民纳税人的概念没有作出具体界定，原则上，如果一个纳税人不满足黎巴嫩税收居民纳税人的定义，便会被视为黎巴嫩的非居民纳税人。[1]

2. 依据分类所得进行计征

黎巴嫩居民纳税人以其在黎巴嫩全部收入缴纳个人所得税，并根据个人的年度净收入计算缴纳个人所得税。每种类型的净收入均等于总收入减去为获取或保证收益而发生的必要支出和扣除项目，并依据各种类型收入的具体税率规定缴纳个人所得税。黎巴嫩的《所得税法》将居民个人的收入所得分为以下四类，并以此作为征收个人所得税的法定依据。[2]

（1）雇佣所得。雇佣所得一般是指因雇主雇佣从事业务活动而取得的工资薪金等劳动性收入，并适用累进税率对其征收个人所得税。因雇佣关系获得的劳动所得涉及所有类型的劳动收入。具体而言，包括工资和薪金、奖金、补偿、津贴、补助金、福利等。

（2）经营所得。个人从事工业、商业或提供服务所获得的净利润所得收入，需要缴纳个人所得税，处置固定资产的收益也被视为个人所得税的课征对象。

（3）投资所得。投资所得是指纳税人从事各种投资活动而获得的所得收入。投资所得包括股息、利息和特许权使用费。其中，个人收到的股息适用10%的预提所得税，利息适用10%的最终预提所得税。所谓预提所得税就是雇主在支付劳动报酬给劳动者之前，代替劳动者预先扣缴的所得税。严格地说，它不是一种税种，而是一种代扣代缴的方式。居民纳税人获得的特许权使用费按照经营所得的税率来课征个人所得税。

（4）资本利得。基于房屋、机器设备、债券、股票、商标权、专利权等资本性项目的投资或转让而获得的所得收入需要被征收个人所得税。资本利得包括动产和不动产的投资或转让所得收入，适用10%的预提所得税，且不动产的所有资本收益都要征税个人所得税。

非居民纳税人就其来源于黎巴嫩的收入缴纳个人所得税。对于非居民来说，黎巴嫩的《所得税法》规定非居民所获得的雇佣所得、经营所得、投资

---

〔1〕 "中国居民赴黎巴嫩投资税收指南"，载 http://www.chinatax.gov.cn/n810219/n810744/n1671176/n1671206/c3418800/part/34 18817，最后访问时间：2018 年 12 月 9 日。

〔2〕 "中国居民赴黎巴嫩投资税收指南"，载 http://www.chinatax.gov.cn/n810219/n810744/n1671176/n1671206/c3418800/part/34 18817，最后访问时间：2018 年 12 月 9 日。

所得、资本所得等收入都需要缴纳个人所得税。

（1）雇佣所得。非居民在黎巴嫩从事业务活动因雇主雇佣或因养老基金而取得的所得收入适用累进税率征收工资薪金所得税。非居民雇佣所得税款将以最终预提税的方式来征收。居民的养老基金允许扣除个人所得税，而非居民的养老基金必须缴纳个人所得税，这是非居民与居民缴纳个人所得税最大的不同。

（2）经营所得。非居民纳税人就其在黎巴嫩所从事的工商业商品销售或提供的服务获得的净收入所得需要被征收个人所得税。销售商品的有效预提税率为 2.25%，提供服务的有效预提税率为 7.5%。

（3）投资所得。非居民个人获得的投资所得按不同税率适用预提所得税，包括股息、利息、特许使用费、服务费等。其中，股息适用 10% 的税率，在特定情况下可以按 5% 缴税；利息适用 10% 的税率，在特定情况下可以按 5% 缴税；特许权使用费适用 7.5% 的税率；服务费所得适用 7.5% 的税率。

（4）资本利得。非居民纳税人取得的来自黎巴嫩境内因动产、不动产、无形资产的投资或转让所获得的收入所得，被视为来源于黎巴嫩的资本所得，需要被征收个人所得税。与居民纳税人的税务处理方式相同，资本利得适用 10% 的预提所得税。

3. 采用比例税率和累进税率

早在 1944 年颁布《所得税法》时，黎巴嫩的个人所得税就采用分类所得课税模式，即不同的所得因性质、来源不同，所适用的税率也有所不同。1985 年国家再一次统一了税率，将个人所得税的税率范围限制在 6%~50%。1994 年后，黎巴嫩处于重建家园时期，个人所得税税率范围重新调整，限制在 2%~21%。此后，1959 年黎巴嫩个人所得税的最高边际税率被提高至 28%，1985 年又提高至 32%，重建期间又下降到 10%，1999 年又提高至 20%。[1]事实上，黎巴嫩个人的不同所得适用不同税率，这是分类所得课税模式最大的特点之一。黎巴嫩经营所得和雇佣所得的税率在税率级次和税率结构方面都存在较大差异。经营所得适用的是 5 级累进税率，雇佣所得适用的是 6 级累

---

[1]　"Facundo Alvaredo: Top Incomes and Personal Taxation in Lebanon, an Exploration of Individual Tax Records 2015~2012"，载 http://piketty.pse.ens.fr/files，最后访问时间：2018 年 12 月 27 日。

个人所得税课税模式改革研究

进税率。在股息、利息、特许使用费方面则适用10%的比例税率。

（1）经营所得。经营所得税率适用超额累进税率，税率级次为5级，每一级次的具体税率分别为：4%、7%、12%、16%、21%。（详见表5-2）

表5-2 经营所得所得税率表[1]

应税所得（黎巴嫩镑）	税率（%）
不超过900万	4
900万~2400万	7
2400万~5400万	12
5400万~1.04亿	16
超过1.04亿	21

（2）雇佣所得。雇佣所得税率适用超额累进税率，具体税率为：2%、4%、7%、11%、15%、20%。（详见表5-3）这一点与我国类似，不过，黎巴嫩的雇佣所得税率比我国的边际税率要低很多。

表5-3 雇佣所得所得税率表[2]

应税所得（黎巴嫩镑）	税率（%）
不超过600万	2
600万~1500万	4
1500万~3000万	7
3000万~6000万	11
6000万~1.2亿	15
超过1.2亿	20

（3）流动资本所得。股息和利息分别计算缴纳预提所得税，税率均为10%。

---

〔1〕 表5-2所列数据来源于"中国居民赴黎巴嫩投资税收指南"，载 http://www.chinatax.gov.cn/n810219/n810744/n1671176/n1671206/c3418800/part/3418817，最后访问时间：2018年12月9日。

〔2〕 表5-3所列数据来源于"中国居民赴黎巴嫩投资税收指南"，载 http://www.chinatax.gov.cn/n810219/n810744/n1671176/n1671206/c3418800/part/3418817，最后访问时间：2018年12月9日。

（4）资本利得。资本利得适用 10% 的预提所得税，不从事经营活动的个人取得的资本利得则免征个人所得税。

（5）特许权使用费。特许权使用费的所得税税率为 10%。此外，特许权使用费所得的预提所得税税率与雇佣所得累进税率相同。（详见表 5-4）

表 5-4　预提所得所得税率表〔1〕

应税所得（单位：黎巴嫩镑）	税 率（%）
不超过 600 万	2
600 万~1500 万	4
1500 万~3000 万	7
3000 万~6000 万	11
6000 万~1.2 亿	15
超过 1.2 亿	20

4. 适用定额扣除和定率扣除

费用扣除是国家给予纳税人的一种变相税收优惠，是一种惠及民生的做法。在黎巴嫩，个人所得税的应税所得可以根据以下情形享受特殊的费用扣除：

（1）符合现行法律法规规定的退休计划代扣代缴金额；

（2）工作时间或代理过程中发生的费用报销、交通费和差旅费、现金补贴、餐费补贴、置装费和所有员工发生并以费用报销形式取得的补贴；

（3）在黎巴嫩有纳税义务的飞行员和机组成员根据实际飞行时间取得的收入的 50%；

（4）奖学金、生育补贴、雇主支付的符合规定条件和金额的员工婚姻补贴、员工家属死亡津贴等。

5. 适当给予税收抵免

根据黎巴嫩《所得税法》的规定，各类所得都被规定了不被征收个人所得税的情形，纳税人可以进行税收抵免。

----

〔1〕　表 5-4 所列数据来源于"中国居民赴黎巴嫩投资税收指南"，载 http://www.chinatax.gov.cn/n810219/n810744/n1671176/n1671206/c3418800/part/3418817，最后访问时间：2018 年 12 月 9 日。

（1）个人所得。个人所得收入抵免情形主要包括：个人所得收入达到750万黎巴嫩镑；配偶失业的已婚个人收入达到1000万黎巴嫩镑；受扶养子女免税额：家中有18岁以下的子女（在继续读书深造的情况下年龄可提升至25岁），每人50万黎巴嫩镑；未婚、丧偶或离异的女儿，每人50万黎巴嫩镑；父母均工作时，子女免税额给予减半，每个家庭可获得的最高免税额为5位合法子女的免税额，纳税人的配偶有收入来源时，夫妻二人均可获得个人免税额，但只有父亲可以获得受扶养子女免税额。上述免税额适用于经营所得和雇佣所得，如果同时取得这两类收入，个人只能获得经营所得的免税额。雇员的配偶有工作或雇员离婚时，免税额减少至250万黎巴嫩镑。日工按日工资或收入所得可以享受每天25 000黎巴嫩镑的免税额。离岸公司雇佣的外国高管的工资的70%为应税所得，按照雇佣所得税率缴纳个人所得税，税率范围为2%~20%，剩余30%的工资被视为"代理免税额"免征个人所得税。

（2）经营所得。个人从事农业和手工业的所得收入免征所得税。

（3）雇佣所得。牧师主持宗教仪式的补贴；他国外交使臣及领事馆职员的工资和补贴，前提是他国对黎巴嫩同样执行此免税政策；盟军的武装部队人员的工资和补贴；公务员及公共利益公司、公共或私人机构的员工根据退休法规收到的伤残抚恤金；工作中遭受意外伤害的员工收到的一次性补偿和临时津贴；农业劳动者的工资；私人住宅的国内佣人的工资；医院、孤儿院及精神病院和其他医疗及急救组织的护士及工作人员的工资；根据黎巴嫩现行法律收到的失业补偿金；根据法律要求支付的家庭津贴；阿拉伯资本金融联盟的外籍员工的工资。

（4）流动资本所得。控股公司和离岸公司分配的股息免征所得税。

6. 采取代扣代缴和自主申报制度

黎巴嫩个人所得税的征收方式采取代扣代缴和自主申报制度。代扣代缴主要由负有法定责任的雇主或单位进行。自主申报则是从事经营活动的纳税人和按权责发生核算利润的纳税人需在确认收入次年的5月31日之前进行个人所得税的纳税申报。黎巴嫩没有对配偶联合征税的规定，但尚未独立儿童要与家庭联合征税。个人的工资和奖金由雇主代扣代缴个人所得税。税款缴纳从事经营活动的个人取得的收入按年缴纳个人所得税。黎巴嫩个人所得税的纳税人可以向税务机关咨询相关税务规定。[1]

（二）也门课税模式的特色

也门共和国位于亚洲西南部，阿拉伯半岛南端，北与沙特阿拉伯王国接壤，南濒阿拉伯海和亚丁湾，东邻阿曼苏丹国，西临红海，扼曼德海峡，具有重要的战略地位。也门早期受到英国的侵略，被迫分为南也门和北也门。19 世纪 70 年代，英国不断进行殖民地扩张，南也门也沦为了英国的殖民地，受到英国的殖民统治。1922 年，英国在南也门（亚丁）殖民统治时期第一次征收所得税，并颁布《印度所得税法》，在亚丁殖民地同时适用。直至 1990 年，南也门和北也门合并为也门共和国。1937 年，亚丁殖民政府又制定了《所得税法》，取代了 1922 年的《印度所得税法》。此次颁布的《所得税法》被誉为修订意义最为全面的一部法律，并成了 1951 年、1961 年修订《所得税法》的基础。北也门在 1962 年并没有建立税收体系，直至 1967 年才正式开始征收工资薪金所得税，并颁布了第一部征收工资薪金所得的税收法案——第 1 号法案。随后，在 1968 年和 1974 年，该法案经过两次修订，直至 1990 年北也门和南也门统一合并为也门共和国。也门共和国政府是国家的最高执行机构和行政机关，由总统任命的总理组成内阁。议会是立法机关，负责制定财政预决算和经济社会发展大纲等国家大政方针。1990 年也门统一后，也门议会通过了三项新的税法，赋予了国家一个统一的新税收结构。1991 年也门颁布新的《所得税法》，将工资、薪金和租金收入的最低边际税率规定为 3%，最高边际税率规定为 16%（非居民最高税率为 22%）。根据 1991 年也门《所得税法》的规定，纳税人根据其收入来源的不同而被课征个人所得税，不同来源的税收不进行汇总，实行的是分类所得课税模式。随着经济的迅速发展，受到通货膨胀的影响，到 1994 年底，所得税基本上已成为一种比例税。1995 年，也门政府开始对经济、财政和行政进行改革。在 1995 年至 1999 年期间作了几次修正，初步对税收制度作了一些改进。然而，为了使整个税法现代化，更全面的改革正在进行。1999 年至 2002 年期间，也门政府再次对《所得税法》作出修改，将最高工资和薪金税率从原来的 16% 提高到 20%，进一步明确了税务机关和纳税人的关系。这些修正案以 36 000 里亚尔以上的个人收

---

〔1〕 "中国居民赴黎巴嫩投资税收指南"，载 http://www.chinatax.gov.cn/n810219/n810744/n1671176/n1671206/c3418800/part/3418817，最后访问时间：2018 年 12 月 9 日。

入（包括独资）累进税率结构取代了以前的相关规定。其累进税率为：居民适用税率为 10%、15%、20%、20%、20%、20%；非居民适用税率为 10%、15%、20%、25%、30%、35%。[1] 与此同时，将外国收入纳入税基，简化折旧时间表，并明确了罚则制度。当局政府意识到，进一步调整所得税法是可取的，以实现对不同来源收入的一致处理，并限制豁免。因此，政府对个人所得税进行了更全面的改革。将公司税和个人税合并，限制避税，将农业来源收入和租金收入作为经常收入计征个人所得税，简化折旧时间表，简化程序以及设计有效刑罚制度。2005 年，也门政府进一步出台经济改革措施，力求调整经济结构、改善投资环境、减轻政府财政负担，取得了一定成效，使经济运行基本平稳，主要经济指标良好。美国 CIA 网站公布的数据显示：2015 年也门财政收入为 29.33 亿美元，同比减少 71.4%，支出为 59.25 亿美元，同比减少 58.7%，财政赤字为 29.92 亿美元，占 GDP 的 8.6%，税收和其他收入占 GDP 的 8.4%。[2] 也门的税收制度原则上采用属地征税原则，依据属地征税制度，非本国居民的外国人或外国企业在也门境内所获得的收入应计入所得税的征管范围，具体的征税原则由该外国人所从事的工作或外国企业的经营范围以及工作年限和经营时间等因素来决定。也门本国居民或企业在境外获得的收入原则上不计入征税范围。也门现行的税法体系主要包括 2010 年颁布的第 17 号法律《所得税法》，其也对个人所得税的各税制要素作出了相应的规定。

1. 纳税主体分为居民和非居民

也门将个人所得税的纳税主体分为居民纳税人和非居民纳税人。居民纳税人是指在一个纳税年度，个人在也门有永久住所，或在也门停留时间不少于 183 天，抑或是在国外工作的也门国民有来自也门的收入的。反之，不符合上述条件的人即为非居民纳税人。依据也门《所得税法》的规定，对居民纳税人和非居民纳税人都要征收个人所得税。也门《所得税法》规定的个人所得税的纳税主体包括四类人：①也门居民一年内在也门被雇佣 4 个月以上的；

〔1〕 Saleh Gubran, Mohammed Ali, "Tax Computation: a Comparative Study of Income Tax System in Yemen and India", 载 http://shodhganga.inflibnet.ac.in:8080/jspui/handle/10603/148434，最后访问时间：2018 年 12 月 10 日。

〔2〕 "中国居民赴也门投资税收指南"，载 http://www.chinatax.gov.cn/n810219/n810744/n1671176/n1671206/c3317911/part/3317 928，最后访问时间：2018 年 10 月 30 日。

②也门政府派出的驻外人员；③在也门被雇佣的阿拉伯国家居民；④非阿拉伯国家居民在也门被雇佣 4 个月以上的。[1]

2. 依据分类所得进行计征

也门采取分类所得课税模式计征个人所得税，即按照不同所得来源实行不同税率进行分类计征。但是，居民纳税人和非居民纳税人缴纳的个人所得税范畴也有所区别。大体来看，也门个人所得税将纳税对象主要分为以下几种：

（1）薪金收入。工资薪金所得是指所有因工作而支付给员工或工人的报酬，无论是否基于劳动合同、以什么名目、方法或原因所支付的工资薪金都要缴纳个人所得税。具体包括：纳税人或雇员因在也门共和国境内完成的服务而接受的来源于国外的报酬；支付给董事长及董事会成员的，不同于公共部门股东的薪金、奖金及津贴；支付给董事长、董事会成员及资本公司管理者们的薪金、奖金等。

（2）商业收入。也门居民从事商业经营活动而获得的收入也属于个人所得税的征纳对象。非居民个人在也门的经营活动获得的收入或其所在公司的收入来源于也门，其也需要缴纳个人所得税。

（3）投资收入。居民和非居民个人对于其来源于也门的股息、利息、特许权使用费以及其他投资收入须扣缴预提税。可适用的预提税率分别为：股息为 0，利息、特许使用费和其他投资收入税率为 10%。

（4）资产所得。居民和非居民个人取得的处置居民企业股权的所得适用 20% 的税率，但非居民个人处置位于也门的不动产获得的所得不需要纳税。

3. 采用比例税率和累进税率

1990 年统一以后，也门政府统一了税收结构，于 1991 年颁布了新的《所得税法》，将工资、薪金和租金收入的最低边际税率规定为 3%，最高边际税率规定为 16%（非居民最高税率为 22%）。在 1999 年至 2002 年期间，也门政府又对《所得税法》作出进一步修改，将最高工资和薪金的税率由原来的 16% 提高到 20%，并规定 36 000 里亚尔以上的个人所得收入实行累进税率征收个人所得税，居民收入所得和非居民收入所得的累进税率不同，居民适用的累进税率为 10%、15%、20%、20%、20%、20%，非居民适用的累进税率

---

[1] "也门关于企业税收的规定"，载 http://aden. mofcom. gov. cn/article/ddfg/200811/20081 - 105865159. shtml，最后访问时间：2018 年 12 月 1 日。

为 10%、15%、20%、25%、30%、35%。（详见表 5-5 和表 5-6）[1] 也门个人所得税的税率结构跟我国类似，实行累进税率结构。当前，也门政府根据《所得税法》的规定将居民纳税人和非居民纳税人的个人所得税的税率统一规定为：10%、15%、20%、25%、30%、35%。[2]

表 5-5 也门个人所得税税率表[3]

金额（里亚尔）	所得税率（%）
36 000 以下	0
36 000~84 000	10
84 000~264 000	15
264 000~444 000	20
444 000~624 000	25
624 000~804 000	30
804 000 以上	35

表 5-6 也门投资收入预提税税率[4]

支付类型	税率（%）
股息	0
利息	10
特许使用费	10
管理及咨询费	10

4. 适用定额扣除和定率扣除

一般而言，纳税人的月薪可享受基本费用扣除，其基本费用扣除标准是

---

〔1〕 Saleh Gubran, Mohammed Ali, "Tax Computation: a Comparative Study of Income TaxSystem in Yemen and India", 载 http://shodhganga. inflibnet. ac. in: 8080/jspui/handle/10603/148434，最后访问时间：2018 年 12 月 10 日。

〔2〕 数据来源于 "中国居民赴也门投资税收指南"，载 http://www. chinatax. gov. cn/n810219/n810744/n1671176/ part，最后访问时间：2018 年 10 月 30 日。

〔3〕 表 5-5 数据来源于 "也门关于企业税收的规定"，载 http://aden. mofcom. gov. cn/article/ddfg/200811/20081105865159. shtml，最后访问时间：2018 年 12 月 1 日。

〔4〕 表 5-6 数据来源于 "也门关于企业税收的规定"，载 http://aden. mofcom. gov. cn/article/ddfg/200811/20081105865159. shtml，最后访问时间：2018 年 12 月 1 日。

10 000 里亚尔，职工的社会保险的工资总额的 6% 也可以被扣除，且减免额最高不超过 65 000 里亚尔。

5. 适当给予税收抵免

也门《所得税法》将部分所得收入纳入税收抵免的范畴，实际上，这也是变相地给予纳税人一定的税收优惠，以减轻纳税人的税收负担。抵免范围包括：

（1）在与也门共和国存在互惠互利关系的情况下，代表外国的大使及领事的所得收入、外交及领事团成员及外籍职工的所得收入。

（2）非也门个人根据一般国际法所建立的国际组织中的公务所获收入，以及基于与也门政府所达成协议的政府性或非政府性组织中的非也门员工的所得收入，或对也门的救援活动产生的所得。

（3）根据已生效的相关规章制度，因工受伤所得薪酬，包括因工受伤导致死亡结果后，付给员工或其受赡养者的终身津贴。

（4）退休金及解聘津贴。

（5）基于相关当局发行的医疗报告中批准的，因工作负担、医疗补贴及救助而获得的薪酬或补贴；员工基于执行规章中的标准和原则在不同领域获取的日工资。

（6）法律规定的其他可以免于缴纳所得税的情况，包括非营利性的人道主义团体、学校和职业学院、国债利息、个人的储蓄利息等。

6. 采取源泉扣缴和自行申报制度

也门个人所得税在缴纳税款时，实行源泉扣缴制度，即由雇佣单位负责为雇员代扣代缴。每个纳税人必须分开纳税，不允许联合申报。劳动报酬的支付以月为单位，税额需由雇主在给纳税人支付时以月为单位扣除，要求雇主从其员工的所得收入中扣减规定的应缴税额，并在每月前 10 日内申报上月应缴税。对于来源于境外的收入，雇员个人自行申报并纳税，如果未按时申报纳税，每延迟 1 个月将处以应税金额的 2% 的罚款。

二、综合所得课税模式的特色

从世界历史的发展与变迁来看，早期各国个人所得税都采取分类所得课税模式。但进入 20 世纪 70 年代以后，许多国家陆续开征个人所得税，这一阶段正是分类所得课税模式悄然向综合所得课税模式转变的重要时期。综合所得课税模式将每个人的不同来源所得综合在一起形成所得总额，然后减除税收扣除额和各项政策减免额，以其余额为应纳所得额，再按适用税率进行课征。综合所得课税模式征税范围较广、税基宽泛，有益于国家财政收入的筹集。此外，综合所得课税模式适用累进税率，能较好地反映纳税人的综合税负能力，促进税收公平的实现。从世界范围来看，采取综合所得课税模式的国家以美国和德国最为典型。

（一）美国课税模式的特色

美国在南北战争时期为了筹集军费需要，于1862年通过了《个人所得税法》。依据该税法，收入在600美元到10 000美元的个人需按照3%的税率缴纳个人所得税，收入在10 000美元以上的按照5%的税率缴纳个人所得税，且税率结构具有累进性。南北战争后，个人所得税税率一度提高到了10%，但在1872年，《个人所得税法》被废止。1913年美国对宪法进行修正，即"国会有权对任何来源的收入征收所得税，无须在各州按比例加以分配，也无须考虑任何人口普查或人口统计"。宪法修正后，个人所得税的征收得到了较好的保护。在这一时期，征收个人所得税被法律所确立，突破了宪法的障碍，个人所得税制度在美国开始实行。在第一次世界大战期间，基于筹备军费的需要，美国议会于1916年通过法案，将个人所得税基础税率从1%提升到2%，最高税率从7%增长到15%。之后的两年里，美国政府为恢复经济，连续两年提升个人所得税的税率，使得美国进入了空前的经济恢复期，呈现出一片经济繁荣的景象。随后，美国在第二次世界大战期间为筹措战争军费，再一次扩展了个人所得税的税基，使得绝大部分人都要向联邦政府缴纳个人所得税。[1]从历史来看，美国有关个人所得税的征收从最开始的筹措战争经费需求，到20世纪50年代至90年代，几次修订税收法案，以适应当时经济发展和财政特殊需求，期间历经了周期性的联邦所得税、需求性减税的联邦所得税、无为的联邦所得税、供给性减税的联邦所得税、收入中性的联邦所得税、新平衡联邦所得税时期。在此阶段，美国先后出台了《1964年税收法案》《1981年经济复兴税法》《1986年税收改革法案》《1997年纳税人救助法》等多部有关调整个人所得税的法律。直到21世纪初，美国联邦所得税得到了新的发展，第二次世界大战后，美国又进入了一个新的经济增长期。此时，美国政府采取提高所得税的扣除标准、缩小税基、增加税收抵免等多项

---

〔1〕 胡怡建等编著：《个人所得税税制国际比较》，中国税务出版社2017年版，第91~97页。

减税政策。但另一方面，对富裕家庭和高收入者开始征税，从而充分发挥个人所得税的税收调节功能。在一定程度上，此举不仅保护了中小阶级和贫困家庭的利益，也促进了美国经济的不断进步。从美国税收征收的主体来看，依据征收级别，美国实行联邦、州、地方三级征税模式，即联邦税以个人所得税、社会保障税为主，公司所得税、消费税、遗产和赠予税、关税为辅；州税以销售和使用税为主，所得税为辅；地方税以财产税为主。其所得税包括个人所得税和公司所得税，且个人所得税是联邦税收的主要来源，约占联邦税收的 65%，而企业承担的税负仅占 35%。[1]很显然，征收个人所得税的重任落在了联邦政府身上。事实上，各州也有个人所得税的相关规定，但与联邦个人所得税相比较而言，其所占分量却是微不足道的，而且其应纳税额的计算依据与联邦个人所得税的计算依据相同。概言之，此处所涉及的个人所得税主要是围绕联邦个人所得税来深入探讨的。联邦个人所得税又以采取综合所得课税模式为特色，美国个人所得税实行的是综合所得课税模式，即在计算个人所得税时采取的是将个人总收入减去符合法律规定的费用扣除和免征额度后，再按照累进税率进行征缴。要深入了解美国综合所得课税模式，有必要从联邦个人所得税的税制要素入手谈谈美国个人所得税的特色。

1. 纳税主体分为公民、居民和非居民

美国个人所得税的纳税主体分为美国公民、居民与非居民。美国公民是指出生地在美国的个人以及加入美国国籍的人；美国居民是指在美国公民以外，但根据美国移民法的规定享有法律所认可的永久居住权的人；非居民则是既不符合美国公民，也不符合美国居民身份的人。一般而言，美国居民的判断标准主要依据两个方面：①是否拥有绿卡；②在美国领土上的停留时间超过 31 天，且当年、上一年以及前年在美国领土上停留的时间加起来超过 183 天。显然，纳税人的身份不同，个人所得税法的适用也有所不同。美国公民与居民将其来源于美国境内的所得和美国境外的所得作为个人所得税的应纳所得额（课税对象）。在申报缴纳个人所得税时，美国公民和居民可以选择以个人身份单独申报，也可以选择以家庭为单位进行联合申报。从申报单位来看，可以分为单身个人申报、夫妻联合申报、夫妻分别申报、户主申报、

---

〔1〕　江鸿、贺俊："制造业高税负根源：税收法治化程度不足、税外收费过多"，载 http://www. chinaccm. com/26/20161229/260301_ 3870170. shtml，最后访问时间：2018 年 11 月 15 日。

丧偶者申报。而非居民仅将其在美国居住期间来源于美国境内的所得作为其应纳所得额（课税对象），且非居民申报个人所得税只能以个人身份单独申报。除此以外，还有一些特殊的主体也被视为个人所得税的纳税主体。例如，死者的配偶、执行人、遗产或地产管理人、法定代表人、不满 19 周岁的儿童或不满 24 周岁的全职学生、无独立生活能力者等。上述这些纳税主体在特殊情况下也符合美国个人所得税的纳税主体身份。[1]

2. 依据综合所得进行计征

根据美国税法的规定，美国公民与居民将其源于美国境内的所得和美国境外的所得以及在美国以外的其他国家没有征税而美国规定需要被征税的所得作为个人所得税的课税对象。而非居民仅将其在美国居住期间来源于美国境内的所得收入作为其课税对象。无论是居民的所得还是非居民的所得，具体包括工资、薪金、利息、股票、股息、租金、特许使用费等，涵盖各项不被计入免税范围的收入，包括金钱、实物、财产、服务等。个人所得税的所得来源大致可被分为四种：

（1）劳务所得，即劳务报酬和经营收入。劳务报酬主要包括：佣金、酬金、附加福利以及类似于工资薪金的其他收入。经营收入主要是纳税人通过自己拥有且经营的产业而获得的所得收入。

（2）非劳务所得，包括利息、股息、租金、资本利得、合伙企业净收入、农场收入。

（3）转移所得，包括奖品、奖金、失业补偿、社会保险福利、离婚诉讼期间生活费、分居赡养费、退休金、养老金等。

（4）推定所得，包括低于市场利率的贷款、他人负担的费用、低价购买。

3. 采用超额累进税率

美国个人所得税税率结构实行的是综合所得税制下的超额累进税率（差额累进制），这一点与其他实行综合所得税制的国家的做法是一致的。实行超额累进税率能较好地体现税收公平原则，更符合量能课税原则的基本要求。从个人所得税制发展的历史来看，美国先后经历了几次税制改革，税率结构也屡次发生变化。从整体来看，税率呈现出逐步下降的趋势。这一点与其他发达国家较为类似。美国最早开征个人所得税是在 1913 年，其最低边际税率

---

〔1〕 胡怡建等编著：《个人所得税税制国际比较》，中国税务出版社 2017 年版，第 97~98 页。

和最高边际税率分别为 1% 和 7%。1918 年，由于在第一次世界大战期间，美国联邦政府的职能加强，基于增加国防开支的需要，个人所得税的最低边际税率和最高边际税率分别被提高到 6% 和 77%。之后，1930 年，个人所得税的最低边际税率和最高边际税率又分别回落至 1.1% 和 25%。直到第二次世界大战结束，美国个人所得税最低边际税率和最高边际税率又上升为 23% 和 94%。到了 20 世纪 80 年代，最低边际税率和最高边际税率又下降为 15% 和 70%。之后，个人所得税税率经过数次调整，税率级次和最高边际税率再一次被下调。联邦个人所得税一直秉承 "降低税率、简化税制、扩大税基、加强征管" 的思路来进行改革。1995 年，美国个人所得税的税率级次分为 5 档，分别为 15%、28%、31%、36%、39%。2001 年后，布什政府又进行了税率调整，税率档次普遍下调 1 个百分点，即 15%、27%、30%、35%、38%。2006年，美国联邦政府再一次下调个人所得税税率，税率普遍降低 3 个百分点，即 12%、24%、27%、32%、35%。2013 年后，为避免 "财政悬崖" 现象的出现，增加了一档最高边际税率——39.6%。2017 年，美国个人所得税税率级次为 7 档，分别为：10%、15%、25%、28%、33%、35%、39.6%。（详见表 5-7、表 5-8，表 5-9 和表 5-10）[1]2018 年，特朗普政府执政后，主张实行美国 31 年以来的减幅最大的税改方案，即将个人所得税税率级次从 7 档减为 4 档，即 12%、25%、35%、39.6%，低端税率可能会降低至 3%~4%。[2]

表 5-7　单身人士个人所得税税率（2017 年）[3]

应纳税所得额		税率（%）
多于（美元）	不超过（美元）	
0	9325	10
9325	37 950	15
37 950	91 900	25

　〔1〕 "Internal Revenue Service of Department of the Treasury, 2017：Publication 17, Your Federal Income Tax"，载 https://www.irs.gov/pub/irs-pdf/p17.pdf，最后访问时间：2018 年 11 月 16 日。

　〔2〕 "特朗普税改当前，详细对比中国和美国个税之后"，载 https://www.sohu.com/a/208960562_99995714，最后访问时间：2018 年 11 月 16 日。

　〔3〕 表 5-7 数据资料来源："特朗普税改当前，详细对比中国和美国个税之后"，载 https://www.sohu.com/a/208960562_99995714，最后访问时间：2018 年 11 月 16 日。

应纳税所得额		税率（%）
多于（美元）	不超过（美元）	
91 900	191 650	28
191 650	416 700	33
416 700	418 400	35
418 400	……	39.60

表5-8　夫妻合并申报或符合条件的丧偶者个人所得税税率表（2017年）〔1〕

应纳税所得额		税率（%）
多于（美元）	不超过（美元）	
0	18 650	10
18 650	75 900	15
75 900	153 100	25
153 100	233 350	28
233 350	416 700	33
416 700	470 700	35
470 700	……	39.6

表5-9　夫妻分别申报个人所得税税率（2017年）〔2〕

应纳税所得额		税率（%）
多于（美元）	不超过（美元）	
0	9325	10
9325	37 950	15

〔1〕 表5-8数据资料来源："Internal Revenue Service of Department of the Treasury, 2017：Publication 17, Your Federal Income Tax"，载 https：//www. irs. gov/pub/irs-pdf/p17. pdf.，最后访问时间：2018年11月16日。

〔2〕 表5-9数据资料来源："Internal Revenue Service of Department of the Treasury, 2017：Publication 17, Your Federal Income Tax"，载 https：//www. irs. gov/pub/irs-pdf/p17. pdf.，最后访问时间：2018年11月16日。

应纳税所得额		税率（%）
多于（美元）	不超过（美元）	
37 950	76 550	25
76 550	116 675	28
116 675	208 350	33
208 350	235 350	35
235 350	……	39.6

表5-10 户主申报个人所得税税率（2017年）[1]

应纳税所得额		税率（%）
多于（美元）	不超过（美元）	
0	13 350	10
13 350	50 800	15
50 800	131 200	25
131 200	212 500	28
212 500	416 700	33
416 700	444 550	35
444 550	……	39.6

4. 适用多种费用扣除

美国个人所得税实行的是综合所得课税模式，因而在计算个人所得税时采取的是将个人总收入减去符合法律规定的费用扣除和免征额度后再按照累进税率进行征缴，即"应纳税所得额＝总收入－标准扣除或分项扣除－免征额"。在费用扣除方面主要分为标准扣除和分项扣除，所谓标准扣除需要在总收入的基础之上进行标准抵扣，标准抵扣每年会依据通货膨胀的情况进行适时调整。一般来说，标准抵扣的费用根据个人身份和具体情况不同而有所差

---

〔1〕 表5-10数据资料来源："Internal Revenue Service of Department of the Treasury, 2017: Publication 17, Your Federal Income Tax"，载 https://www.irs.gov/pub/irs-pdf/p17.pdf，最后访问时间：2018年11月16日。

异。有关个人抵扣标准，以 2017 年为例，大多数人和 1953 年 1 月 2 日以前出生的人或盲人，抵扣标准并不一样。如果是盲人或是 65 岁以上的个人，其标准扣除费用则会更高一些。（详见表 5-11 和表 5-12）

表 5-11　适用大多数人的个人抵扣标准（2017 年）[1]

申报人身份	抵扣标准（美元）
单身或夫妻分别申报	6350
夫妻合并或符合条件的丧偶者	12 700
户主	9350

表 5-12　适用 1953 年以前出生的人或是盲人的个人抵扣标准（2017 年）[2]

本人	出生日期早于 1953 年 1 月 2 日□		是否盲人□
本人的配偶	出生日期早于 1953 年 1 月 2 日□		是否盲人□
根据上面选择多少□			
申报人身份	选择多少方框□		抵扣标准（美元）
单身	1		7900
	2		9450
夫妻合并申报或符合条件的丧偶者	1		13 950
	2		15 200
	3		16 450
	4		17 700
夫妻分别申报	1		7600
	2		8850
	3		10 100
	4		11 350

---

〔1〕 表 5-11 数据资料来源："Internal Revenue Service of Department of the Treasury, 2017：Publication 17, Your Federal Income Tax"，载 https://www.irs.gov/pub/irs-pdf/p17.pdf，最后访问时间：2018 年 11 月 6 日。

〔2〕 表 5-12 数据资料来源："Internal Revenue Service of Department of the Treasury, 2017：Publication 17, Your Federal Income Tax"，载 https://www.irs.gov/pub/irs-pdf/p17.pdf，最后访问时间：2018 年 11 月 6 日。

申报人身份	选择多少方框□	抵扣标准（美元）
户主申报	1	10 900
	2	12 450

　　分项扣除是另一种抵扣的项目，具体包括个人灾难性损失扣除，医疗费用扣除，慈善捐赠扣除，房屋抵押贷款利息扣除，州税、地方税扣除等。纳税人只能在标准扣除和分项扣除之间选择一种。分项扣除中的个人灾难性损失，一般是指火灾、飓风、暴风雨、沉船等不可预见或突发性灾难事件的损失。灾难性损失的扣除额度必须严格遵守相应的扣除规则，即能抵扣的个人灾难损失调整所得额 10% 以上部分，且每一次灾难性损失必须超过 100 美元。换句话说，灾难性损失在 100 美元以内的不得予以扣除。如果有保险或其他方面的补偿，则不计算在灾难损失额中；如果补偿额大于损失，多余部分应该被视为资本利得，且损失金额大小应根据损失前后的市场价格来进行判断。在医疗费用扣除方面，纳税人可以就税前扣除本人或为其配偶、抚养人、近亲属等支付的高于其调整所得额 10% 部分的医疗费用，如果纳税人年龄超过65 岁，这一比例还可以降低为 7.5%。在慈善捐赠扣除方面，原则上允许从个人的调整所得额中给予扣除。但与此同时，也对其进行了严格的限制，即在本年度不能超过纳税人调整所得额的 50% 且剩余部分随后 5 年内结转扣除的限制。在房屋抵押贷款利息方面，根据立法的规定，个人的贷款利息原则上只有纳税人在商业或投资领域所产生的利息可以被允许扣除，纳税人 2套住房以内的房屋按揭贷款利息可以给予扣除。此外，教育贷款利息也可以给予扣除，包括本人、配偶、有抚养关系的人的高等教育贷款利息，但最大扣除金额不能超过 2500 美元。在州税和地方税扣除方面，根据美国税法的规定，纳税人缴纳给州政府和地方政府的个人所得税和财产税可以在分项扣除中全额扣除，在国外缴纳的所得税和财产税也可以在分项扣除中给予扣除，这样做的最大好处是有效地避免对纳税人的个人所得重复征税。（详见表5-13）[1]

---

〔1〕　胡怡建等编著：《个人所得税税制国际比较》，中国税务出版社 2017 年版，第 110～114 页。

表 5-13　美国个人所得税税前抵扣的纳税额一览表〔1〕

税费类型	可抵扣的税费范围
所得税	州与地方所得税款
	在国外缴纳的所得税款
其他税费	个体户缴纳的可计入费用的税款
	由于产生租金收入或特许权使用费所缴纳的税款
	职业税
	自雇税税款 50%
个人财产税	州与地方的个人财产税
房地产税	州与地方的房地产税
	在国外缴纳的房地产税
	租户承担的部分由合作建房公司支付的房地产税

5. 税收抵免范围宽泛

在美国，在计算出个人应纳税额之后，再扣除税收抵免才是纳税人最终应缴纳的税额。个人所得税 =（总收入-标准扣除或分项扣除-免征额）×税率。个人所得税可以按照不同身份申报不同的免征额，免征额随着时间的变化而变化。实际上，免征额是在一定程度上给不同身份的纳税人以变相的税收优惠，体现国家对特殊群体的倾斜性保护。（详见表 5-14）

表 5-14　美国个人所得税按身份申报免征额统计表〔2〕

申报主体	年龄	免征额（单位：美元）
单身	65 岁以下	10 350
	65 岁和 65 岁以上（夫妻二人）	11 900

〔1〕 表 5-13 数据资料来源："Internal Revenue Service of Department of the Treasury, 2017：Publication 17，Your Federal Income Tax"，载 https://www.irs.gov/pub/irs-pdf/p17.pdf，最后访问时间：2018 年 11 月 6 日。

〔2〕 表 5-14 数据资料来源："Internal Revenue Service of Department of the Treasury：2016 Introduction and Changes in Law"，载 https://www.irs.gov/statistics/soi-tax-stats-individual-income-tax-returns-publication-1304-complete-report#IndRates，最后访问时间：2018 年 11 月 6 日。

申报主体	年龄	免征额（单位：美元）
夫妻联合申报	65 岁以下（夫妻二人）	20 700
	65 岁和 65 岁以上（夫妻一人）	21 950
	65 岁和 65 岁以上（夫妻二人）	23 200
夫妻分别申报	没有具体要求	4050
户主	65 岁以下	13 350
	65 岁和 65 岁以上	14 900
丧偶，有孩子或老人需要抚养或赡养	65 岁以下	16 650
	65 岁和 65 岁以上	17 900

税收抵免在美国被分为两类：一类是可返还的税收抵免，一类是不可返还的税收抵免。在两类税收抵免中，可返还的税收抵免是指当税收抵免大于应纳税额时，将多余部分作为退税返还给纳税人。可返还的税收抵免包括儿童税收抵免、勤劳所得税收抵免、预提税款税收抵免、教育类税收抵免和投资税抵免。不可返还的税收抵免是指纳税税收抵免的数额有限制，不能超过纳税人的应纳税额。不可返还的税收抵免包括儿童及被抚养人抵免、老人及残疾人税收抵免、教育类税收抵免、住房抵押贷款抵免、退休储蓄计划税收抵免、外国税收抵免、商业税收抵免和收养费用税收抵免。具体而言，可返还税收抵免和不可返还税收抵免的差异比较大。

在可返还税收抵免中，各种税收抵免各不相同：①儿童税收抵免。根据美国税法的规定，每个符合要求的儿童均可以使申报人获得 1000 美元的税收抵免。而且，可返还的是超额的儿童税收抵免和劳动收入税收抵免×15%，选取二者中数额较小的。②勤劳所得税收抵免是针对中低收入者和夫妻进行补贴，尤其是补贴有孩子或有多个孩子的。劳动所得低于一定金额时，部分税负可以适用勤劳所得税收抵免。孩子越多，补贴越大。③预提税款税收抵免是雇主从纳税人的工资中帮其代扣代缴联邦个人所得税后，由国家将剩余部分返还给雇主。④教育类税收抵免是适用于高等教育学前 4 年的学杂费和教材费用，即超出部分的 40% 可以返还，低于 2000 美元的可以抵免全部费用，超过 2000 美元的可以抵免额为 2000 美元加上超出部分的 25%，但 2017 年最多教育类税收抵免不能超过 2500 美元。

对于不可返还的税收抵免来说，情况也相对复杂：①儿童及被扶养人抵免适用于需要抚养 13 岁以下的儿童和有伤残的配偶，其费用包括照顾被抚养的雇员费、托儿费等，可以抵免税收的一般为符合条件费用的 20%~35%。②老人及残疾人税收抵免，此项税收抵免主要适用于 65 岁以上或永久性残疾而退休的纳税人，抵免金额为符合条件的 15%。③教育类税收抵免适用于本科、专业或职业技能的学杂费，可以抵免的金额为符合条件费用的 20%。④退休储蓄计划抵免是指纳税人起码要达到 18 周岁，如果纳税人的调整所得大于 30 500 美元，则无法获得该项抵免。⑤外国税收抵免是本年度中超出部分向前追溯 1 年，向后递延 10 年，可以适用税收抵免。⑥一般商业抵免是政府为给予雇主和低收入者以激励而设置的抵免。没有抵免的额度可以追溯一年，向后递延 20 年。⑦收养费用税收抵免主要是用于收养手续费的税收抵免。[1]适当的税收抵免可以降低纳税人的税收负担，减轻纳税人的税负感。当然，这种抵免也不是没有限制的，以 2018 年为例，在缴纳个人所得税时，也有一定的最高优惠额的限制。（详表 5-15）由此可见，美国个人所得税的税收抵免制度十分完善，从抵免范围来看，可以被抵免的项目比较宽泛，以最大限度地体现税收公平原则和量能课税原则，同时也反映出税法更具人性化。

表 5-15　2018 年税务年度最高优惠额 [2]

子女情况	最高优惠额度（美元）
3 名或 3 名以上合格子女	6444
2 名合格子女	5728
1 名合格子女	3468
无合格子女	520

6. 采取预扣预缴和自行申报制度

在美国，个人所得税实行的是预扣税款和自行申报相结合的双向申报制

---

〔1〕 胡怡建等编著：《个人所得税税制国际比较》，中国税务出版社 2017 年版，第 116~117 页。

〔2〕 表 5-15 数据资料来源："Internal Revenue Service of Department of the Treasury：2018 EITC Income Limit Maximum Credit Amounts Tax Law Updates"，载 https://www.irs.gov/credits-deductions/individuals/earned-income-tax-credit/eitc-income-limits-maximum-credit-amounts.，最后访问时间：2018 年 11 月 6 日。

度。一方面，雇主对雇员发放的工资薪金等进行代扣代缴，税款预扣；另一方面纳税人依据法律规定有义务对自己的全年所得收入进行自行申报，即自营职业者和取得其他所得的纳税人按照季度预缴估计的税款。自营职业者和不适用代扣代缴的经营所得、利息所得、股息所得、资产销售利得等所得的纳税人必须按照季度缴纳他们所估计的税额。在美国，每个纳税人都有一个唯一的经济身份证号，且终生不变，当纳税人发生交易行为时，交易双方都要向税务局提交个人的经济身份证号。税务机关与银行等相关部门进行通力合作，对纳税人的收入所得信息进行监控，并通过计算机管理系统进行监控。纳税人一般在纳税年度的第 4 个月、第 6 个月和第 9 个月的第 15 天和次年第 1 个月的第 15 天之前预缴税款。在纳税年度终了时，纳税人再根据预扣税款、年终结算进行汇算清缴，雇主预扣缴纳的税款和自行预缴的税款可以从全年应缴纳的税款中予以扣除，实行多退少补。纳税人根据预扣税款、年终结算、多退少补的方式缴纳个人所得税。由于预扣制度的存在，年终汇算清缴后很多纳税人都会遇到被税务机关退税或留作下期抵缴的情况。此外，由于存在税收抵免制度，通过税收抵免还可以少缴税款，甚至是将预缴预扣的税款取回，这样做也是很巧妙地将纳税人申报纳税和对纳税人有利的事宜相联系，可以减少很多纳税人自行申报纳税的抵触情绪，从而有利于降低税务机关的征纳成本。[1]纳税人根据自己的不同身份、不同申报方式填写不同的申请表。由于申请表较多，各种纳税主体在申请之前都要详细了解申报项目和不同的申报表。纳税人在申报个人所得税时，既可以选择传统的邮寄申报，也可以选择电子申报、电话申报、网络申报等方式，纳税申报截止时间是每年的 4 月 15 日，并按季度填写申报表。在规定日期前不能完成纳税申报的纳税人可以申请延期申报，延期申请必须在规定的申报日期前作出，只有这样纳税人才可以获得一般为 4 个月的延期，但延期申报只是延长申报的期限，而非延长缴纳税款的期限。[2]如果纳税人不按期申报，还会受到相应的惩处。每年约 10% 的纳税人被税务机关进行抽查审计，一旦发现纳税人存在偷税漏税行为，即便是偷税漏税的金额较少，也仍然会被惩处得倾家荡产，同时还要将其偷税漏税行为公之于众，使其声名狼藉，甚至还会影响其贷款、就业、

---

〔1〕　刘纯林：《个人所得税法变革专题研究》，世界图书出版公司 2015 年版，第 415~416 页。
〔2〕　蔡秀云：《个人所得税制国际比较研究》，中国财政经济出版社 2002 年版，第 209~211 页。

升职、考评等事宜。面对如此严重的法律制裁，很多纳税人考虑到违法成本，均会对偷税漏税行为望而却步。

（二）德国课税模式的特色

所得税早在 10 世纪就已成为德国各州税收体系的重要组成部分，是德国的主体税种之一。在第一次普法战争中，普鲁士开始征收所得税。当时将所得税分为地租、劳动力的工资和资本的利息，且三种所得税均由纳税人自行申报，但后来遭到地主贵族的强烈反对而被迫停征。直到 1871 年，德意志帝国建立，普鲁士州最先废止阶级税，转而开征所得税，此时才正式建立个人所得税制度。1891 年德意志帝国又颁布了新的所得税法，将纳税人从法律上分为自然人和法人，其中自然人的所得被分为四种类型：资本所得、土地财产所得、工商盈利所得和劳动所得。与此同时，按照综合所得实行累进制征收。此后，德国开始正式征收真正意义上的个人所得税。中世纪以后，由于德国实行联邦制，其联邦政府的职能有限，财政收入主要来源于间接税，而地方各州的财政收入主要依靠所得税。1918 年德国政体由帝制改为共和制，联邦政府权力开始集中，为支付大量的一战期间的战争赔款和公债利息，1920 年德国联邦政府对所得税制进行改革，将原属于地方各州的个人所得税划归联邦政府。自此以后，个人所得税成了联邦政府的重要税种之一。此次税制改革的核心就是将个人所得税的课税模式从原来的分类所得课税模式改为综合所得课税模式，并依据所得额不同规定不同税率，即实行超额累进税率，并第一次在立法中规定了个人所得税的免征额内容。[1]德国于 1976 年出台了《税收通则》，补充立法规定。20 世纪 90 年代，德国实现全面统一，为恢复经济发展、缓解国内财政困难，德国进行了一系列所得税制改革。其中，改革的主要内容就是降低所得税税率、提高所得税起征点、激发人们工作的积极性，从而为恢复德国经济发展做出贡献。与此同时，也颁布了相关法律，例如于 1997 年颁布了《个人所得税法》。2001 年至 2005 年，德国实行税收体制改革，其改革的核心任务是减轻个人所得税税负。在此期间，个人所得税的税率逐步下调。2008 年至 2012 年，德国联邦政府又进行了几次税制改革，其中个人所得税被列为几次改革中的重中之重，其内容主要包括税率调整、税收优惠、费用扣除等方面。

---

〔1〕 曾康华：《当代西方税收理论与税制改革研究》，中国税务出版社 2011 年版，第 343~344 页。

1. 纳税主体分为居民和非居民

依据德国《个人所得税法》的规定，德国的纳税主体（纳税义务人）主要遵循属人原则和属地原则。德国纳税义务人分为居民与非居民，凡是有应纳税收入来源的人都应当负有缴纳个人所得税的义务。划分居民与非居民的依据在于纳税义务人的实际居留情况。德国居民是其在德国境内有住所或在德国境内习惯性居住的人，或者在一个公历年度以内在德国境内连续停留 6 个月以上的个人，都应当承担纳税义务，且德国居民有义务就其从全世界取得的来源收入在德国缴纳个人所得税。在德国没有住房或公寓，或者没有习惯性住所的人被称为德国非居民，但其对来源于德国境内的所得也负有缴纳个人所得税的义务。

2. 依据综合所得进行计征

个人所得税的课税对象是个人每年取得的所得收入，包括工资薪金所得、经营所得、资本所得、财产出租所得、退休金所得以及其他所得收入。依据德国《个人所得税法》的规定，个人所得税的课税对象被分为七种：农林业所得、工商经营所得、独立劳动所得、非独立劳动所得、资产所得、租赁所得以及其他所得。这一点跟我国类似，采取了"正向列举"的方式，将个人所得税课税范围列明于立法之中。同时，根据德国《个人所得税法》的规定，[1] 居民和非居民都要缴纳个人所得税，其中居民需要缴纳的所得收入包括以下几种：①雇佣劳动所得；②农林业所得；③中小型工商企业经营所得；④独立个体劳动所得；⑤租赁财产所得；⑥投资收益所得；⑦其他所得收入。非居民需要缴纳的所得收入包括：①国内农林业所得；②通过德国境内的常设机构或永久性代表机构取得的经营所得；③非居民如果持有居民公司 25% 以上的股份，其销售股份所得取得的收益；④非居民在德国境内日工作或使用的独立个人劳务所得；⑤在德国境内提供或使用的雇佣所得；⑥在德国居民公司支付的股息所得；⑦在德国借款者支付的抵押贷款和债券利息；⑧租赁所得；⑨其他所得。由此可见，德国的居民和非居民在缴纳个人所得税时，其税基范围较为广泛，税目种类繁多。[2]

---

〔1〕 赵辉、朱轶凡："德国税法体系探秘之所得税体系"，载《经济视角》2007 年第 8 期，第 64~65 页。

〔2〕 胡怡建等编著：《个人所得税税制国际比较》，中国税务出版社 2017 年版，第 74~76 页。

3. 采用超额累进税率

19 世纪末，累进税率受到部分国家的青睐，当时的税率结构有两种模式：一种是德国式；另一种是英国式。德国式就是典型的接近现代所得税的累进结构，英国式是标准税和附加税相结合。在第一次世界大战期间，累进税率级次较多，累进程度提高。在第二次世界大战期间，个人所得税的累进程度空前高涨，甚至出现了 70%、80%、90% 这样的最高边际税率。第二次世界大战以后，税率累进程度有所降低，尤其是 20 世纪 80 年代后期，税率级次普遍减少，累进程度大幅度降低。20 世纪 90 年代以来，各国税率水平基本没有发生太大的变化。1925 年，德国对个人所得税进行税制改革，并将原来的分类所得税制模式改革为综合所得税制模式。与此同时，还确定按照不同所得额来划分不同的税率，并实行超额累进税率。从 1986 年到 1987 年，德国个人所得税的累进税率范围在 22%～56%。1988 年到 1999 年，德国个人所得税的累进税率范围维持在 19%～53%。2000 年以后，德国联邦政府每年都会进行适当的调整。2000 年至 2003 年，最高边际税率从 51% 下降至 47%，最低边际税率从 22.9% 下降至 17%。2003 年至 2005 年期间，最高边际税率被降到了 43%。2010 年起，德国个人所得税税率范围被控制在 14%～45%，最低边际税率降到了有史以来的最低标准。2010 年以后，个人所得税税率范围维持在 14%～45%。以 2018 年为例，德国个人所得税税率因个人身份不同，在适用税率结构方面大不相同。（详见表 5-16 和表 5-17）此外，个人所得税应纳税额需加征 5.5% 的团结附加税。[1] 居民出售股份或债券的资本利得、股息及利息预提税的税率均为 25%，外加 5.5% 的团结附加税。团结附加税也是德国税率的一大特色。

从德国个人所得税税率我们可以看出，除了最低边际税率和最高边际税率外，纳税人的税收负担呈现出"缓慢增长"趋势，而非"突飞猛进"地拉开差距。对于中低收入人群来说，税收负担增长得比较缓慢，更容易接受、更贴近民生，趋向税收公平，可以切实体会到合理设置税率带来的益处。

---

〔1〕 德国团结附加税又称被为统一附加税，其设立时主要被用于东部德国的重建，因此一般都被理解为是一种由两德统一带来的税种。团结附加税从 1991 年起开始征收，在 1993 年和 1994 年停收 2 年之后，于 1995 年再次征收，其征税对象是个人和公司，其税基是同期个人和公司应缴纳的所得税税额，税率为 5.5%。

表 5-16　德国单身纳税人个人所得税税率表（2017 年）〔1〕

级数	年应纳所得额（单位：欧元）	税率（%）
1	不超过 8354	0
2	8354~13 469	14~24
3	13 469~52 881	24~42
4	52 881~250 730	42~45
5	超过 250 730	45

表 5-17　德国已婚纳税人个人所得税税率表（2017 年）〔2〕

级数	年应纳所得额（单位：欧元）	税率（%）
1	不超过 16 708	0
2	16 708~26 939	14~24
3	26 939~105 763	24~42
4	105 763~501 460	42~45
5	超过 501 460	45

4. 适用多种费用扣除

德国的费用扣除制度比较完善。纳税人可以根据 2014 年最新的税改措施来实施税前扣除和取得所得收入相关的费用支出项目，包括居民和非居民的税前扣除和费用支出。项目扣除项目主要包括固定额度扣除、专项扣除、津贴补贴扣除、非常费用扣除等。依据德国税法的规定，固定扣除额度一律为 102 欧元。专项扣除项目包括雇员的社会保险费用、捐赠、子女抚养费、赡养费、教会费、教育费用等。津贴补贴扣除包括基本津贴、子女补贴、单亲家庭补贴、老年津贴等。非常费用扣除包括残疾人费用、自然灾害损失等。具体而言，居民税前扣除项目较多，依据德国 2014 年的税改最新措施，居民税前扣除项目包括以下几个方面：

（1）经营性费用。包括雇主从事经营活动的贷款利息、人工费用、设备费用、材料费用；雇员为取得收入而发生的必要的交通费用、捐款、专业会

---

〔1〕　表 5-16 数据为笔者对 Wikipedia 中的 Taxation in Germany 资料整理而成。

〔2〕　表 5-17 数据为笔者对 Wikipedia 中的 Taxation in Germany 资料整理而成。

费等。商务性费用的最低扣除限额每年只允许扣除 1044 欧元，若实际达不到此标准的也按照 1044 欧元予以扣除。

（2）社会保障税。社会保障税在税改后被允许扣除。

（3）保险费用。老人养老金计划最高额扣除 2 万欧元，夫妻联合申报可以扣除 4 万欧元。纳税人在医疗、失业、伤残、意外保险等方面的扣除每年不得超过 2800 欧元。

（4）捐赠费用。一般来说，在德国向公益、救济、宗教团体实施捐赠可以获得税前扣除，但必须符合一定的条件：一是捐赠必须是自愿、无偿的；二是捐赠必须取得符合规定格式要求的收据；三是捐赠额度不超过总收入所得的 20% 被允许扣除。此外，受赠方可以是公共机构，也可以是私人部门。同时，还规定当年未能扣除的捐赠可以结转到下一个纳税年度予以扣除。对政党捐赠的扣除最高不能超过 1650 欧元。

（5）当夫妻双方离婚时，其中一方获得的生活费可以被扣除，但最高扣除不能超过 13 805 欧元，而另一方必须缴纳支付费用部分的税收。

（6）进修培训费。纳税人第一次参加与职业相关的课程、短期培训、会议、报告、夜校等都可以被视为职业期间的进修或培训。这种进修培训也可以进行费用扣除，其中包括进修或培训期间产生的交通费、餐饮费、考试费、书籍购置费等，但是最高额扣除不能超过 4000 欧元。

（7）教会税。纳税人因参加教会而支付的教会税可以被扣除。

（8）基本生活津贴。德国每一个纳税人每年可以扣除基本生活津贴 8354 欧元，夫妻联合申报可以扣除 16 708 欧元。

（9）抚养子女费用。如果纳税人是已婚人士，并需要抚养一个孩子，一个孩子可以扣除 2184 欧元。看护、养育、教育费用 1320 欧元。如果夫妻双方合并申报可以双倍进行扣除。德国夫妻合并申报纳税要比分别申报纳税的税负要少一些，合并申报，夫妻共同填写一张纳税申请表，合并计算双方的应纳税所得额，再依据总的应纳税所得额的一半计征，最后将应纳税额再乘以 2，即为夫妻共同实际需要承担的应纳税额。但是，如果是单亲家庭抚养一个以上孩子，则可以额外扣除 1308 欧元。[1]

---

〔1〕 国家税务总局税收科学研究所、国际税务司编：《2007~2009 年国外税收考察报告集》，中国税务出版社 2011 年版，第 78~79 页。

综上，德国居民的税前扣除项目种类繁多，更多地体现了人性化，充分体现了量能课税原则。除此以外，居民纳税人还可以以费用的形式进行报销，根据实际用途可被分为扣除项目和不可扣除项目，但是纳税人和家庭成员的个人消费项目一般不能扣除，国家对不可扣除项目征收个人所得税。依据德国所得税法的规定，个人所得税年亏损如果达到一定数额，可以向之后的年度进行结转。对于非居民而言，只有与经营费用和与经营费用有关的费用才可以被扣除。如果两部分所得都必须通过直接核定纳税，而不是预扣缴纳，则一类所得造成的亏损可以用另一类的利润弥补，在计算应纳税额时，应使用普通税率，且应纳税额不得少于所得的 25%。

5. 税收减免范围宽泛

按照德国现行法律的规定，纳税人的所得可以享受部分税收减免。这不仅是对纳税人纳税负担的减轻，也是德国个人所得税税收优惠的体现。其中，个人所得税的免税对象包括：①各类保险赔偿金；②各类社会分配资金；③法定养老保险一次性支付金；④各类科学和人文科学的奖学金。同时还规定对节假日、周六、周日的加班工资给予免税。此外，还规定了定额减免税的范畴：①非自由职业的所得收入；②农林业所得收入；③资本所得收入；④变卖所得收入。

不仅如此，德国立法还规定了十类减税所得的范围。具体包括：①医疗保险和护理保险费用；②社会义工代替兵役收入；③基金组织的资助费用；④法定的国家支付费用；⑤伙食补贴、国家支付的旅行和搬家费用；⑥法定的国家支付孩子教育费；⑦工作服装费用；⑧工作中没有法律争议的小费收入；⑨公务员的退休金；⑩购买、建造房屋的国家补贴。当然，在允许减税的同时，也规定了一些不可减免的范围：①与私人相关的经营费用；②单位、企业汽车用于私人；③私人食品；④私房用于办公或工作场所；⑤以客房、狩猎、垂钓服务于自由时间作为成本的；⑥礼品每年超过 40 欧元。除此以外，在德国处置私人财产取得的收入是免税的，但以下情况除外：出售持有少于 10 年的不动产所得；出售持有不超过 12 个月的证券，且其收益之和在一个纳税年度达到或超过 625 欧元。[1]

在税收抵免方面，德国立法规定，德国居民从没有与德国签署税收协定

〔1〕　胡怡建等编著：《个人所得税税制国际比较》，中国税务出版社 2017 年版，第 79~80 页。

的国家取得的所得收入应该缴纳个人所得税。但是，如果在国外已经缴纳国外个人所得税，可以抵免在德国应当缴纳的税额。来源于不同国家的所得和已经缴纳的税款应该分别确定外国税收抵免，而且抵免额不得超过该类所得在德国的应纳税额，且在税种设置方面，国外税种要与德国相类似才可以进行抵免。德国已经同许多国家签署了避免双重征税的税收协定，即所得税协定的受益者就可以以某种所得享有免缴德国个人所得税的权利。但在德国保留将此类所得计入德国应税所得，以确定本国应税所得的适用税率的权利（累进免税法）。德国与许多国家签订的税收协定大多规定：如果在1年内所得的接受人在签订协定的国家停留时间没有超过183天，则纳税人在该国取得的劳务所得只在居住国纳税。如果雇主是其他国家的居民或雇主在德国以外的国家居住，雇员为其工作的所得不适用上述规则。按照与此类情况相关的税收协定的规定，根据与国外雇主签订的雇佣合同而在境外取得的所得，可以免缴德国所得税，但必须符合累进课税的规定。在这种情况下，雇佣包括国外工作日的雇员，分别给付报酬的安排，可以降低整体税收负担。另外，德国股息需要缴纳预提税，已经缴纳的预提税可以抵免纳税人当年的所得税税额。在某些情况下，如果超过了当年税额，可以作为退税处理。[1]

6. 采取源泉扣缴和自行申报制度

德国是实行综合所得税制的国家，在个人所得税方面采取自行申报和源泉扣缴相结合的税收征管制度。在征收方法上，德国个人所得税的纳税年度为历年制每年的5月31日之前，既可以采用夫妻合并申报纳税，也可以选择个人单独申报纳税。纳税人在每年的3月、6月、9月、12月的10日之前预缴所得税，年终汇算清缴。每个纳税人都有一个唯一的税号和税卡，每年都要如实填写纳税申报表，真实地反映纳税人一年的所有收入，在每年5月31日之前个人需要填报个人所得税申请表，由税务局进行审核，1个月之后，税务局会给纳税人寄发所得税结算通知书。此外，德国对工薪收入和利息收入采取源泉扣缴方式，依据德国《个人所得税法》的规定，工资收入的税收从税卡中提取，德国工薪所得税卡是记录雇员工薪收入情况的凭证，也是年终申报个人所得税的附件。税卡是由基层政府主管制作和签发的，有工资收入的雇员每年都可以从财税局领到一张工资税卡，税卡根据家庭情况分为6个

〔1〕 解学智主编：《国外税制概览：个人所得税》，中国财政经济出版社2003年版，第132~133页。

等级。德国的税卡制度，从而有效降低了税务机关的征税成本。[1]

三、分类综合所得课税模式的特色

分类综合所得课税模式先按照纳税人的各项所得来源进行分类课征，实行源泉扣缴，再综合纳税人全年所得总额，若达到一定数额，再实行累进税率课征综合所得税。分类综合所得课税模式最大的特点在于它结合了分类所得课税模式和综合所得课税模式的优点，扬长避短：一方面实行了源泉扣缴，其征税对象、扣除项目与综合所得税制模式大致相同，具有宽税基的特点，能有效地预防收入来源渠道较多的纳税人偷税漏税。另一方面，分类综合所得课税模式实行汇总扣除，彰显税收公平，它不仅能够有效地体现税收公平原则和量能课税原则，更有利于提升纳税主体主动纳税的积极性。

（一）英国课税模式的特色

英国是世界上最早开征所得税的国家，现代所得税制度的雏形建立于 1799 年。可以说，英国个人所得税的发展历程也是世界个人所得税课税模式发展趋势的缩影。18 世纪 50 年代至 60 年代，英国和法国之间爆发了大规模战争，为筹备战争经费和确立世界殖民霸权地位，英国政府在经济上也付出了惨痛代价，随后，英国在北美独立战争中也欠下巨额债务。18 世纪末 19 世纪初，英国总债务高达 8.2 亿英镑。显然，偿还巨额债务成了 18 世纪英国政府的重中之重。巨额的债务压力使得英国政府不得不增加新型的税收。于是，1789 年，英国政府创立了一种名为"三部合成捐"的税，这种税以个人的所得为征税对象，且将所得分为三种：①对仆役、马车、马匹所有者课税；②对拥有钟表贵重物品者课税；③对房屋、土地财产的所有者课税。以纳税人在一个年度所缴纳的货物税税额为计算依据，并实行各种宽免额和扣除规定。总收入在 60 英镑以下的免税；总收入在 60 英镑以上的，实行差别税率，由纳税人自行申报，这就是征收所得税的雏形。当时，征收所得税主要针对高收入人士，同时也规定了各种减免措施，但后来也遭到了高收入人群的强烈抵制。因而，在所得税开征的早期，其效果并不理想，所得税在开征第一年仅征收到 600 万英镑，比起预期的 1000 万英镑差距甚远。1799 年，英国政府将"三部合成捐"正式改为"所得税"。19 世纪，所得税为英国政府的财政

---

[1]　刘纯林：《个人所得税法变革专题研究》，世界图书出版公司 2015 年版，第 427~429 页。

收入奠定了一定的经济基础，但在战争期间也被列为临时税的范畴，因为存在征税方法的诸多不足之处，1803 年，英法战争爆发，英国又开征了个人所得税。这一次，英国正式将个人所得税分为五类来征收：①因土地和建筑物的所得；②购买政府有价证券或外国政府有价证券所得利息；③经营利润、自由职业所得；④工资薪金、退休金、抚恤金、社会福利保障金等收入；⑤股东从英国居民公司取得的股息收入。[1] 从历史上来看，英国不仅是最早征收个人所得税的国家，还是第一个实行分类所得课税模式的国家。这一模式的创设不仅在当时对其他国家产生了重要的影响，至今也还影响着部分国家。同时，英国采取累进税率征收个人所得税，也为个人所得税开创了历史先河。但后来英国的个人所得税征收可谓是命途多舛、起伏跌宕。战争结束后，受到高收入人群的强烈反对，个人所得税一度被迫停征，直到 1842 年，英国才开始复征个人所得税，并实行低税率。为了保证个人所得税开征的延续性，英国还规定如果对征收个人所得税有异议，可以提出法律上的诉讼请求。1847 年，个人所得税成了英国的固定税种。19 世纪下半叶，由于个人所得税实行较低税率，英国政府开始出现财政赤字，进而开始提高个人所得税的征收税率。20 世纪，英国政府开始对个人所得税进行改革，引入了个人收入扣除制，并于 1909 年征收超额税，1929 年又将超额税改为附加税，即对一定数额的所得征收同一比例的普通所得税，对超过一定数额的所得税征收累进税。此后，英国个人所得税制从原来的分类所得课税模式转向分类与综合所得相结合的课税模式，即对纳税人一年的各项所得收入先课以一定比例的分类所得税，实行源泉征收和预定征收，然后再按照综合纳税人的全年各项所得额确定是否达到了一定的课税额度标准，再统一按照累进税率课以综合所得税，并对预缴税款给予扣除。这是意义重大、影响深远的一次改革，也是所得税制史上的一次重大突破。20 世纪开始，第一次世界大战爆发，英国个人所得税税率大幅度提升；到了第二次世界大战期间，受战争和通货膨胀的影响，个人所得的征收税额逐步提高，其税率一度高达 99% 以上，直到 20 世纪五六十年代才有所下降。1944 年，英国个人所得税开始引进源泉制扣缴，个人所得税的征缴方式变得更加简便易行。与此同时，政府的国库也得到了相应

---

〔1〕 蔡秀云：《个人所得税制国际比较研究》，中国财政经济出版社 2002 年版，第 94~95 页。

的增加。[1]20 世纪 70 年代以后，英国所得税税率开始下降。实际上，从 1976 年开始，个人所得税最高边际税率已经下降到了 43%。1997 年，约翰·梅杰首相将个人所得税的最低边际税率和最高边际税率降到了 15% 和 39.6%。2010 年，英国政府又开始将纳税义务人收入超过 15 万英镑的按照 50% 征收个人所得税。2012 年，个人所得税税率降至 45%，于 2013 年正式生效并实施至今。总而言之，从英国个人所得税的发展史来看，英国的个人所得税经历了 18 世纪至 19 世纪的萌芽时期、20 世纪的调整时期和 21 世纪的新发展时期。

1. 纳税主体分为居民和非居民

英国个人所得税的纳税人分为居民和非居民。居民与非居民的划分标准与纳税人在英国的一个纳税年度（每年的 4 月 6 日到次年的 4 月 5 日）、居住在英国的天数、与英国的联系等有着必然的关系。判断是否为英国居民或非居民，相对其他国家而言，较为复杂。要成为英国居民，需要符合以下条件：①在一个纳税年度内在英国居住的天数不少于 183 天的个人；②只在英国拥有住所的人；③纳税年度内在英国的全职工作者。满足三个条件中的一种，将被视为英国居民。反之，如果以上条件都不能满足，则按照他们在英国居住的天数以及英国的联系作为判断其是否为英国居民的标准。与英国的联系一般分为五种：①有家人是英国居民；②在英国有住所，且在一个纳税年度内至少留宿一个晚上；③在英国有工作；④过去两个纳税年度中的 1 年或者 2 年内在英国的居住天数超过 90 天；⑤在过去三个纳税年度中的一年及以上定居英国的个人需要依据上述四种联系加上额外的联系（一个纳税年度内居住在英国的天数与其他任何国家的居住天数相同或更多）。

英国个人所得税法还规定了非居民的条件：①在一个纳税年度内在英国居住的天数少于 16 天，并且在过去 3 个纳税年度中的 1 年及以上定居英国的个人；②在 1 个纳税年度内在英国居住的天数少于 46 天，并且在过去 3 个纳税年度没有纳税记录的个人；③在一个纳税年度内在英国居住的天数少于 90 天的全职海外工作者。以上三种条件符合其一即可视为非居民。[2]

除此以外，上述居民和非居民中的纳税人并不包括苏格兰地区的纳税义务人，苏格兰地区纳税义务人有其特殊的条件：①是苏格兰议员；②与苏格

---

〔1〕　曾康华：《当代西方税收理论与税制改革研究》，中国税务出版社 2011 年版，第 338~340 页。
〔2〕　财政部税收制度国际比较课题组编：《英国税制》，中国财经出版社 2000 年版，第 100~105 页。

兰有密切联系（拥有苏格兰住所或不止拥有一个住所，但在纳税年度内在苏格兰的住所内居住时间不少于其在英国其他地方的住所）；③以上两个条件都不满足时，可以通过停留天数来进行确定，即 1 年中在苏格兰停留的天数不少于在英国其他地方停留的天数。三种条件只需要满足其一即可视为苏格兰纳税义务人。由此可见，居住地点显然是判断一个人是否是苏格兰纳税义务人的关键所在。

2. 依据分类所得和综合所得进行计征

依据英国税法，凡是英国的居民，其来源于国内外的全部所得缴纳个人所得税，而不论是否汇入英国；凡是英国非居民，仅就来源于英国境内的所得缴纳个人所得税。英国个人所得税的课税对象按照分类表的方式进行列举，以前有六个分类，但后来 B 表被废止了，现在只有五类所得：A 源于英国国内土地和建筑物收入；C 政府债券利息；D 经营所得、自由职业所得、不实行源泉扣缴的利息、外国有价证券利息、外国财产所得、其他所得；E 工资薪金所得；F 来自英国公司的股息。由此可见，英国个人所得税课税对象，基本传承了 1803 年所得划分的类型。在具体税目方面，以下各项所得，在英国被视为应该征税个人所得税的对象：①受雇所得；②个体经营所得；③国家补贴；④养老金；⑤存款和养老金债券的利息；⑥租金收入；⑦公司福利；⑧信托收入；⑨公司股份的股息。[1]所得种类看似繁多，但实际上，在计算应纳税所得额时，英国是根据两类所得进行计税的：一类是一般所得（劳动所得和部分非劳动所得）；另一类是资本所得（包括利息、股息、红利等）。在对所得加以分类的基础上，就部分所得引入综合计算的方法，即纳税人的储蓄利息、股息、红利等所得汇总后，再扣除基本免征额的余额被视为综合所得。

3. 采用比例税率和累进税率

1978 年至 2003 年期间，英国的个人所得税朝着"减少税级、降低税率、简化税制"的方向进行改革。期间，个人所得税税率的发展趋势是累进级次大幅减少、边际税率大幅下降。在此期间，个人所得税的税率级次从 11 级降低为 2 级，后来又恢复为 3 级，税率发展趋势一直呈现下降态势。从 1977 年到 1979 年，个人所得税税率从 10 个税率级次减少为 6 个税率级次，最高边际税率由 83% 降低至 60%。1988 年所得税率进一步减少为 25% 和 40% 两级，最

---

〔1〕 胡怡建等编著：《个人所得税税制国际比较》，中国税务出版社 2017 年版，第 19-26 页。

高边际税率降幅较大。1992 年，英国政府再次调整个人所得税的税率结构，增加了一档附加税税率，最低税率从 25% 减低至 10%，此后很长的一段时间内，英国个人所得税税率级次一直保持在 3 个档次。从大体上看，英国个人所得税税率结构可以分为三个重要时期：①1978 年至 1988 年，持续减税期；②1988 年至 1992 年，简化税率结构期；③1992 年至今，三级税率结构期。[1]进入 21 世纪后，英国个人所得税税率结构维持在低税率 10%、标准税率 22%、高税率 40% 的 3 级超额累进格局。这种简化的 3 级累进税率格局一直持续了十余年，约有 90% 的英国纳税人适用 10%～22% 的较低税率和基本税率来缴纳个人所得税。2005 年，英国个人所得税法规定，储蓄收入适用的税率为 10%、20%、40%，股息收入适用的税率为 10% 和 32.5%。其他所得税率为 10%、22%、40%。从国际上来看，这一税率水平相对较低，事实上，英国纳税人所得面临的纳税环境是一个相对中性的税收环境，这种税收环境有利于在同等税负条件下寻求自身发展。近几年来，英国个人所得税税率发展态势为"累进级数大幅减少，边际税率大幅下调"。减少累进级数、降低边际税率可以充分体现"宽税基，低税率"的原则，同时也简化了征收环节的程序，降低税收征收成本，有利于税收征管。从 2011 年至 2012 年，个人所得税率为 20%、40%、50%，利息所得税率为 10%、20%、40%、50%，股息所得税率为 10%、32.5%、42.%，信托收入税率为 40%。[2]2018 年，一般所得收入税率为 20%、40%、45%（详见表 5-18），11 850 英镑以下，免交个人所得税；11 851 英镑至 46 350 英镑，税率为 20%；46 351 英镑至 150 000 英镑，税率为 40%；150 000 英镑以上的税率为 45%；股息所得收入税率为 7.5%、32.5%、38.1%。（详见表 5-19）

表 5-18　英国个人所得税税率表（2018 年）[3]

所得收入（英镑）	税率（%）
11 850 以下	0

[1] 李波等：《我国个人所得税改革与国际比较》，中国财政经济出版社 2011 年版，第 96~97 页。
[2] 刘纯林：《个人所得税法变革专题研究》，世界图书出版公司 2015 年版，第 322~323 页。
[3] 表 5-18 数据来源于英国财政部官网：https://www.gov.uk/tax-on-dividends，最后访问时间：2018 年 10 月 30 日。

续表

所得收入（英镑）	税率（%）
11 851~46 350	20
46 351~150 000	40
150 000 以上	45

表 5-19　英国股息所得税税率表（2018 年）〔1〕

所得收入（英镑）	税率（%）
11 850 以下	0
11 851~46 350	7.5
46 351~150 000	32.5
150 000 以上	38.1

4. 费用扣除项目较多

英国个人所得税的税前扣除主要包括费用扣除和免税额两部分。所谓费用扣除是指从总收入中扣除纯粹的为经营目的而发生的费用。免税额又被称为生计扣除，是指允许从总所得中扣除用于本人生计及赡养家庭等方面的那部分支出，其主要目的在于维持和保障纳税人的基本生活需要，包括个人基础扣除、老年人扣除、子女税收抵免、工薪家庭税收抵免、独身尚居抵免等项目。在 2010 年至 2011 年期间，英国个人所得税免税额为 6475 英镑，即年收入在免税额以下者免征个人所得税。老年人扣除是指年龄为 65 周岁的纳税人在基础扣除之外的再行扣除。子女税收抵免是针对有未满 16 周岁的孩子的家庭，可以实行子女税收抵免，每年抵免 5290 英镑。从 2002 年 4 月开始，凡是有新生儿出生的家庭，年抵免额为 10 490 英镑。设置子女税收抵免是考虑已婚和未婚人士税收负担的公平性问题。工薪家庭税收抵免是指有子女的工薪家庭只要有一个成年人每周工作 16 小时以上，即可享受工薪家庭税收抵免，但每个家庭一周的基本抵免额度为 59 英镑，拥有不同年龄孩子的家庭享受不同的抵免额度。个人扣除项目是英国在计算个人所得税时允许扣除的最

---

〔1〕 表 5-19 数据来源于英国财政部官网：https://www.gov.uk/tax-on-dividends，最后访问时间：2018 年 10 月 30 日。

大项目,且该项扣除也在不断增长。[1]英国税前扣除项目较为简洁,尤其是在生计扣除方面,充分考虑纳税人的年龄、婚姻、身体、家庭等多种因素的影响,更加合理。这样恰恰能促进纳税人对个人所得税缴纳的遵从,有利于体现税收公平和人文关怀。

5. 税收减免范围较广

在英国,大多数人都能享受到一定额度的税收减免。换句话说,纳税人在纳税前就可以享受到减税额或免税额。如果符合相应的税收减免条件,根据具体情况,纳税额还会进行减征或免征。从另一个角度来看,这也是税收立法减轻纳税人税收负担、给予纳税人一定程度的税收优惠的充分体现。一般来说,英国个人所得税的减免主要包括以下几个方面:

(1)免征优惠。英国个人所得税的免征优惠主要包括免税收入(个人储蓄账户收入、国民储蓄存单收入,其中,个人储蓄账户收入分为三种:部分现金、部分股票、现金和股票混合);国家补贴;有奖债券、国家彩票所得和首次4250英镑及其以下的租金收入。以上四种收入均可以享受英国个人所得税的免税优惠。

(2)减征优惠。英国个人所得税的减征优惠主要包括儿童福利的减征优惠和可扣除利息。儿童福利一般指的是给予父母抚养一个儿童的一种补贴,通常是支付给孩子的母亲,且不缴纳个人所得税,属于免征所得税。但是,纳税人在收到孩子的儿童福利后,其调整后的净收入在1个纳税年度高于5万英镑,那就需要缴纳个人所得税。此项规定针对那些更高收入人士,如果纳税人调整后的净收入超过6万英镑,其纳税额等同于其收到的儿童福利补贴额。如果纳税人调整后的净收入在5万英镑至6万英镑,其纳税额为5万英镑的部分,每超过100英镑其应纳税额增加1英镑。如果两个纳税人调整后的净收入均超过5万英镑,相比之下,由拥有更高调整净收入的配偶来承担纳税责任。儿童福利补贴税收需要纳税人自己通过专门的官方系统进行缴纳,并且需要纳税人登记相应的税收返还的信息。从操作层面来看,这种儿童福利补贴,耗时耗力,事实上,选择儿童福利补贴的人并不算多,为了避免麻烦,很多纳税人不愿意接受儿童福利补贴。

可扣除利息是指那些可以从总收入中扣除的利息。一般来说,纳税人在

---

[1] 刘萍:"浅论中英两国个人所得税法主要构成要素的比较",载《时代金融》2013年第6期。

纳税年度内有下列情形之一的，可以在该纳税年度内申请减免支付贷款利息税额：①用于购买工厂或机械的贷款是合伙使用的。从获得贷款的纳税年底起3年的利息允许扣除，如果是一部分作为私人使用，则支付的贷款利息要进行分摊。②用于购买工厂或机械的贷款可以增加就业。从获得贷款的纳税年底起3年的利息允许扣除。如果是一部分作为私人使用，则支付的贷款利息要进行分摊。③用于购买员工控制公司权益的贷款利息。公司必须是员工持有至少50%的股份的有股票权的英国非上市公司。④投资合伙企业的贷款利息。投资可能是购买合伙企业中的股份，也可能是对合伙企业的出资或对合伙企业的贷款。纳税人必须有一个为合伙人，另一个是有限责任合伙人，当他不再是合伙人的时候，贷款利息是不被允许扣除的。⑤投资合伙企业的贷款利息。投资可能是股票或贷款的形式。同时，纳税人必须花更多时间为合作企业工作。[1]

6. 采取源泉扣缴和自行申报制定

英国个人所得税实行的是混合征收模式，即对个人所得税采取源泉扣缴和自行申报两种方法。源泉扣缴主要是针对工资、薪金、利息等所得的征税。实行源泉扣缴主要有两种形式：一是对工资、薪金所得的从源扣缴，即所得税预扣法；二是对利息支付的从源扣缴。源泉扣缴一般是由雇主从雇员的工资、薪金所得中预先代扣代缴所得税金的一种征税方式。这种方法不需要填写纳税申报表，简便易行、征收成本较低，能有效防止偷税漏税，由工资、薪金的发放单位和利息的支付单位来负责进行代扣代缴。查实征收主要是针对其他各项所得的征税。自行申报主要是针对纳税人的其他所得的征税。纳税人的其他所得可以通过上网查询申报表或是通过税务机构的咨询人员的专业指导进行纳税申报，且自行申报还要通知税务部门，税务部门在收到通知后寄给纳税人纳税申报表，没有进行申报纳税的纳税人还会受到相应的处罚。[2]

(二) 日本课税模式的特色

日本个人所得税建立于19世纪下半叶，当时日本正值明治维新时期，社会经济发展处于变革时代。在经济迅速发展的态势下，日本的税收制度也不再像过去那样过分依赖土地税收。因此，在19世纪下半叶，日本陆续开征以

---

〔1〕 陈炜："英国个人所得税征收模式的实践经验与启示"，载《涉外税务》2013年第1期。
〔2〕 刘纯林：《个人所得税法变革专题研究》，世界图书出版公司2015年版，第421~422页。

商品和消费为征税对象的税收。在商品和消费领域开征税收，难免对产业产生不同的影响。当时日本的税收收入主要集中在地租税和酒税等以农业产业为主的领域，对正在崛起的工商业税收征收较少。而新型工业和商业的兴起，使这些部门集聚了大量高收入者。所以，为平衡产业发展，日本于 1887 年开征了个人所得税，也是当时世界上较早开征个人所得税的国家，这在日本税制建设上具有划时代的意义。日本早期征收个人所得税主要是针对高收入者，起征点是 300 日元，其税率为 1%～3%，且当时整个日本只有 12 万人达到了缴纳个人所得税的标准。当时个人所得税的起征点比较高，而税率却很低，以至于 1887 年个人所得税的征收仅仅只占日本中央税收收入的 0.8%。[1]

到了 19 世纪末，日本迅速崛起成为强大的资本主义国家，并对外进行扩张。在客观上，日本需要有强劲的税收作为其扩张的基础。正是在这种情况下，1899 年日本对个人所得税进行了一次全面的改革，这次改革的主要措施是实行分类所得征税制度和扩大征税范围，并将所得税分为个人所得税、法人所得税和资本利息所得税，实行比例税率和累进税率。之后，日本个人所得税的收入得到逐步提升。

进入 20 世纪以后，日本在军国主义战略的驱使下，为筹措军费，于 1910 年再次对个人所得税制进行改革。这次改革的指导思想是增强个人所得税的收入功能，提高个人所得税的税率。1920 年，日本又将分类所得税税制模式改为综合所得税制模式，并进一步提高个人所得税税率。1944 年，在第二次世界大战结束前，日本个人所得税的最高边际税率高达 74%。第二次世界大战的惨败给日本经济带来了混乱，日本财政一度到了崩溃边缘。此时的日本一方面面临税收锐减，另一方面需要应对巨额公债。日本政府为了挽回经济，再一次对个人所得税进行改革，将分类所得税和综合所得税合二为一，改征分类综合所得税。对申报纳税人采取源泉征收制度，并增加对勤劳所得按照扣除 20% 再进行征收，这一扣除制度被一直沿用至今。1951 年后，日本对所得税进行了再次减税，提高了各种所得的扣除标准，税率范围改为 15%～65%，并适用 11 级累进税率。1959 年至 1989 年，日本进入经济高速增长期，综合国力不断提高。1989 年，日本进行了最大规模的税制改革，以"公平、中性、简化"为基本理念，以"所得、消费、资产"均衡为税收体系的宗旨。因而，个

---

〔1〕　财政部税收制度国际比较课题组编：《日本税制》，中国财政经济出版社 2000 年版，第 40 页。

人所得税作为日本政府的重要税收来源，被再一次调整，个人所得税最低税率和最高税率由原来的 10.5% 和 70% 下调至 10% 和 50%。此外，税率级距也从原来的 15 级降至 5 级。[1] 与此同时，还设立了配偶专项扣除，提高基本生活扣除和抚养扣除，大幅度下调所得税的税率，以此来减轻工薪阶层的税收负担。

20 世纪 90 年代，日本在泡沫经济的影响下，经济开始走下坡路，为应对日趋严峻的经济形势，日本国会通过了《1994 年个人所得税特别减税临时措施法》。该法规定，工薪所得者和经营业主可以在按 20% 的税额扣除和 200 万日元的定额扣除中选择比较多的金额扣除。该法提高了个人所得税的起征点，将基本生活扣除额、配偶扣除额和抚养扣除额从 35 万日元提高到 38 万日元。其中，个人居民基本生活扣除额、配偶扣除额从 31 万日元提高到 33 万日元，抚养扣除额从 36 万日元提高到 38 万日元。在泡沫经济的背景下，日本政府不得不采取个人所得税的减税措施。在这一阶段，日本个人所得税减税额达到 5.5 万亿日元。1994 年，日本税制改革通过减轻个人所得税负担，提高消费税税率的形式加以实现。1997 年至 1999 年，日本对个人所得税又作了大幅度的调整，个人所得税的最高边际税率从 50% 降为 37%，5 级累进税率改为 4 级累进税率，降低居民税率，使个人所得税和居民税合计最高税率为 50%。实施"定率减税"计划，提高不满 16 周岁子女的抚养扣除标准和 16 周岁至 23 周岁子女特定抚养的扣除标准，居民税也相应提高了扣除标准。

2000 年至 2015 年，日本进一步完善个人所得税，设置了有关婚育、赡养方面的扣除项目，实行分类综合所得课税模式，将税制进行简化，扩大税基，以此来增加税收收入。[2] 在实际操作过程中，日本实行的分类综合所得课税模式是将工资、薪金、津贴、利息等所得按照一定比例分类课征，由单位进行代扣代缴，然后再按照纳税人综合全年的各项所得额的多少来判断是否超过扣除项目总额。如果超过，则需要在申报期内缴纳个人所得税。

1. 纳税主体分为居民和非居民

日本个人所得税的纳税主体一般分为居民和非居民。居民是指在日本国内拥有住所且居住期满 1 年的个人。非居民是指在日本国内没有住所且居住时间不满 1 年的个人。在日本，居民和非居民的纳税义务有所差别。对于居

---

〔1〕 曾康华：《当代西方税收理论与税制改革研究》，中国税务出版社 2011 年版，第 336~337 页。

〔2〕 胡怡建等编著：《个人所得税税制国际比较》，中国税务出版社 2017 年版，第 283~289 页。

民而言，居民对于来源于全世界的所得收入都负有缴纳个人所得税的义务。对于非居民而言，其只对来源于日本国内的所得收入负有缴纳个人所得税的义务。此外，居民还包括非永久居民，非永久居民是指居住期间在5年以下的无意在日本永久居住的个人。非永久居民仅就来源于日本国内的所得收入和在日本支付或汇往日本的非国内所得收入负有缴纳个人所得税的义务。在日本的海外移居者在最初的5年通常被视为非永久居民，因工作派遣到日本居住不满1年，则视为非居民；永久居民必须在日本居住满5年。[1]

2. 依据分类所得和综合所得进行计征

根据日本税法的规定，居民纳税人和非居民的所得收入按照分类综合所得课税模式来缴纳个人所得税。永久居民纳税人就其全世界所得缴纳个人所得税，非居民纳税人仅就其日本来源所得纳税，非永久居民需要就其日本来源所得加上日本支付的或汇至日本的非日本来源所得部分纳税。在现实中，个人所得税的来源渠道较多，由于各种所得的成本、劳动付出不同，日本将纳税人的所得范围分为10类，先分别进行计征，再对全部所得进行综合计征。实质上就是典型的分类与综合所得相结合的课税模式，即针对不同类型的所得，实行源泉分类课税和综合课税相结合的方式。如在工资薪金所得、营业所得方面实行综合课税，在利息所得等特殊所得方面实行源泉分离课税，小额股息所得则在源泉分类课税和综合课税方式中可以进行选择。

从日本个人所得税课税对象的分类来看，具体而言，个人所得税的所得范围包括：①利息所得（存款利息、国债利息等）；②股息所得（股票、入股分红、证券投资信托收益）；③经营所得（从事工商业、农业、渔业所得）；④不动产所得（租赁土地、房屋所得）；⑤工薪所得（工资、薪金收入所得）；⑥退休所得（退休津贴、养老金收入）；⑦山林所得（出售拥有5年以上所有权的山林，或山林的树木、活树所得属于营业所得或一次性所得）；⑧转让所得（转让土地和房产的产权或使用权所得收入）；⑨偶然所得（中奖、保险金返还等）；⑩杂项所得（不属于上述九类所得范畴，如稿酬、非营业贷款利息等）。除此以外，日本所得税还规定了非课税所得和免税所得。非课税所得是指不经过特殊申报或申请就可以被免税的所得。这主要是基于对社会政策、实报实销项目、防止双重征税、纳税人能力负担等多方面因素的考虑。

---

〔1〕　资料来源日本国税厅网：https://www.nta.go.jp，最后访问时间：2018年11月5日。

免税所得是指实际上属于课税所得但基于对产业的社会政策考虑，经申报批准可免税的所得。[1]

3. 采用比例税和累进税率

自日本于 1887 年开征个人所得税以来，最初起征点是 300 日元，其税率为 1%～3%。1899 年，日本对个人所得税进行了一次全面的改革，这次改革的主要措施是实行分类所得征税制度和扩大征税范围，并将所得税分为个人所得税、法人所得税和资本利息所得税，实行比例税率和累进税率。1951 年，日本对所得税进行了再次减税，提高了各种所得的扣除标准，税率范围改为 15%～65%，并实行 11 级累进税率。1959 年至 1989 年，日本进入经济高速增长期，综合国力不断提高。1984 年，个人所得税的税率范围为 10.5%～70%。1986 年个人所得税税率有所降低，税率范围为 10%～50%，税率级次也减少为 12 级。[2]1989 年，日本进行了最大规模的税制改革，以"公平、中性、简化"为基本理念，以"所得、消费、资产"均衡为税收体系的宗旨。因而，个人所得税作为日本政府的重要税收来源，被再一次调整，个人所得税税率简化为 10%、20%、30%、40%、50%。个人所得税最低税率和最高税率由原来的 10.5% 和 70% 下调至 10% 和 50%，此外，税率级次也从原来的 15 级税率级次降至 5 级税率级次。1994 年，日本进行税制改革，并通过减轻个人所得税负担、提高个人消费税税率的形式实现。1997 年至 1999 年，日本对个人所得税又作了大幅度调整，税率调整为 10%、20%、30%、37%。个人所得税最高税率从 50% 降为 37%，5 级累进税率改为 4 级累进税率，降低居民税率，使个人所得税和居民税合计最高税率为 50%。2007 年至 2019 年，个人所得税税率范围维持在 5%～45%，税率级次调整为 7 级：5%、10%、20%、23%、33%、40%、45%。（详见表 5-20）

表 5-20　日本个人所得税税率表（2019 年）[3]

级数	应纳税所得（万日元）	税率（%）	速算扣除数（日元）
1	少于 195 的部分	5	0

〔1〕 胡怡建等编著：《个人所得税税制国际比较》，中国税务出版社 2017 年版，第 290~291 页。

〔2〕 曾康华：《当代西方税收理论与税制改革研究》，中国税务出版社 2011 年版，第 292 页。

〔3〕 表 5-20 数据来源于日本国税厅网：https://www.nta.go.jp，最后访问时间：2018 年 11 月 5 日。

级数	应纳税所得（万日元）	税率（%）	速算扣除数（日元）
2	超过 195~330 的部分	10	97 500
3	超过 330~695 的部分	20	427 500
4	超过 695~900 的部分	23	636 000
5	超过 900~1800 的部分	33	1 536 000
6	超过 1800~4000 的部分	40	2 796 000
7	超过 4000 的部分	45	4 796 000

4. 费用扣除项目较多

日本个人所得税是根据个人取得收入的多少，并考虑个人婚姻、家庭构成等情况，使得纳税人承担的税负尽可能体现税收公平。日本个人所得税法在原则上将 10 种所得减除各自的必要开支后相加，从总所得金额中扣除掉退休、山林所得等个人扣除项目和家庭扣除项目，对余额适用超额累进税率，计算应纳税额。应纳所得额中的扣除是针对各种所得的分别扣除。日本永久居民纳税人和非永久居民纳税人满足下列各项扣除条件的可给予相应的扣除，但是非居民则不享受下列任何一项扣除。具体而言，包括以下几个方面的扣除：①基本生活扣除；②配偶扣除；③抚养扣除；④医疗费扣除；⑤社会保险费扣除；⑥人寿保险费扣除（详见表 5-21 和表 5-22）；⑦损害保险费扣除（详见表 5-23 和表 5-24）；⑧捐赠扣除；⑨配偶专项扣除；⑩残疾人扣除；⑪老年扣除；⑫鳏寡扣除；⑬16 周岁至 22 周岁的抚养子女扣除；⑭互助款扣除；⑮各种损失扣除。

表 5-21　个人所得税人寿保险费扣除[1]

保险费金额（万日元）	扣除标准（万日元）
2.5	全额扣除
2.5~5	保费×1/2+1.25
5~10	保费×1/4+2.5
10 以上	5

---

　　[1]　表 5-21 数据来源于胡怡建等编著：《个人所得税税制国际比较》，中国税务出版社 2017 年版，第 300~301 页。

表 5-22　个人居民税人寿保险费扣除[1]

保险费金额（万日元）	扣除标准（万日元）
1.5	全额扣除
1.5~4	保费×1/2+0.75
4~7	保费×1/4+1.75
7 以上	3.5

表 5-23　长期损害保险合同损害赔偿费扣除[2]

保险费金额（万日元）	扣除标准（万日元）
1 以下	全额扣除
1~2	保费×1/2+5000 日元
2 以上	1.5

表 5-24　短期损害保险合同损害赔偿费扣除[3]

保险费金额（日元）	扣除标准（日元）
2000 以下	全额扣除
2000~4000	保费×1/2+1000 日元
4000 以上	3000

5. 税收减免范围较广

税收减免是根据日本个人所得税法的规定，对特定的税目进行税收的减征和免征，是一种特殊的税收优惠，税收减免属于税收列支项目。免征和减征范围不同，具体优惠情况如下：

（1）免征范围。某些邮政、银行储蓄存款利息；抚恤金、养老金；交通补助；推算所得；制定利息；转让所得，政府奖金或奖品都属于不被征收个

---

[1]　表 5-22 数据来源于胡怡建等编著：《个人所得税税制国际比较》，中国税务出版社 2017 年版，第 300~301 页。

[2]　表 5-23 数据来源于胡怡建等编著：《个人所得税税制国际比较》，中国税务出版社 2017 年版，第 300~301 页。

[3]　表 5-24 数据来源于胡怡建等编著：《个人所得税税制国际比较》，中国税务出版社 2017 年版，第 300~301 页。

人所得税的范畴。

（2）抵免范围。日本个人所得税抵免范围主要包括四类：股息抵免、外国税抵免、购置住宅特别税额抵免和其他税额抵免。股息抵免依据的是日本所得税法分红前法人所缴纳的法人税，而法人税被认为是个人所得税的预先纳税。因而，为避免纳税人的双重征税，在计征个人股息所得时，应当给予扣除。当纳税人的综合课税所得总额为1000万日元以下时，依据实际股息所得的10%进行计算；当纳税人的综合课税所得总额超过1000万日元，股息所得以外的部分不足1000万日元时，对综合所得总额1000万日元以内的股息部分按照10%计算，其余股息所得按照5%计算；如果股息所得以外的综合课税所得已经超过1000万日元，则股息所得一律按照5%计算扣除额。外国税收抵免是指纳税人在日本以外的国家获取的所得收入，因在当地要依法缴纳个人所得税，为避免国家间的双重课税，对纳税人在国外已经缴纳过的个人所得税的部分进行扣除。购置住宅特别税额抵免，即居民购置全新或自家用的半新住宅而借贷10年期以上的长期住宅贷款时，最开始的6年里每年扣除借贷本金余额的一定比例金额。（详见表5-25）其他税额抵免是按照日本政府的税收优惠政策，对从事营业的个人，参照法人，对其因从事营业发展所需要的必要开支（如研究开发费、特定设备购置费、原材料进口费等）从其缴纳的个人所得税金额中给予税额扣除。

表5-25　购置住宅特别扣除[1]

时间	扣除额
前3年	贷款本金余额1万日元以下的部分×2%
前3年	贷款本金余额1万日元至2万日元部分×1%
前3年	贷款本金余额2万日元至3万日元部分×0.5%
3万日元以上部分不纳入扣除范围，每年最高扣除35万日元	
后3年	贷款本金余额2万日元以下的部分×1%
后3年	贷款本金余额2万日元至3万日元的部分×0.5%
每年最高扣除额25万日元	

---

[1] 表5-25数据来源于日本国税厅网：https://www.nta.go.jp，最后访问时间：2018年11月5日。

6. 采取源泉扣缴和自行申报制度

日本是世界上较早开征个人所得税的国家之一，其个人所得税在税款征缴方面采取的是源泉扣缴和自行申报的征收方法。与此同时，为了鼓励诚实纳税人诚实纳税，日本还建立了"白色申报"和"蓝色申报"制度。所谓源泉扣缴是指以年为纳税单位，依据所得的来源性质不同进行源泉征收。纳税人一年的各项所得收入先课以一定比例的分类所得税进行源泉征收和预定征收，然后再按照综合纳税人的全年各项所得额，如果达到一定的课税额度标准，再统一按照累进税率课以综合所得税，并对预缴税款给予扣除。这种方式一般针对工资所得和利息所得，红利所得和转让股票所得可以选择源泉扣缴，但在计算综合所得时要予以扣除，以避免重复计征。综合所得部分和应纳税款则实行纳税人自行申报。自行申报主要采取两种报表制度：一种是蓝色报表，一种是白色报表。白色报表是普通申报，蓝色报表是账簿健全的申报。被税务机关认可的、能正确计税的纳税人可以申请蓝色报表，并享受较多的税收优惠，这也是政府给予纳税人的一种税收激励措施。蓝色报表针对所得主要来自不动产、森林等的纳税人，且纳税人需在 3 月 15 日之前提出申请，由税务部分批准才可以进行申报。相反，白色报表主要适用于会计制度不健全的一般纳税人，且不能享受税收优惠。相比较起来，蓝色报表相比于白色报表可以享受更多的税收优惠政策。区别蓝色报表和白色报表有利于提高纳税人的税收意识，鼓励纳税人诚实经营，积极主动纳税。在税收优惠上给予特殊的待遇，可以节省税收征管成本，提高征管效率和纳税人的税收遵从度，起到事半功倍的效果。[1]

第三节　国外个人所得税不同课税模式的启示

从世界范围来看，大部分国家的个人所得税都经历了分类课税模式—综合课税模式—分类综合所得课税模式的转型过程。各国在开征个人所得税的早期都采取分类所得课税模式，但随着个人所得税制的发展与进步、经济条件和政治体制的改革与变化，各国个人所得税课税模式也在悄然改变。从整体来看，实行分类所得课税模式的国家在逐渐减少，而实行综合所得课税模

〔1〕　刘纯林：《个人所得税法变革专题研究》，世界图书出版公司 2015 年版，第 424~426 页。

式的国家却在逐渐增多。究其发生变化的原因，无外乎与各国客观的经济环境、政治体制和历史因素相关联。从整体来看，各国课税模式呈现出"扩大税基范围、减少税率档次、降低边际税率"的发展态势。

一、分类所得课税模式的启示

分类所得课税模式主要依据所得收入性质不同，适用不同税率课征个人所得税。其最大的优势在于根据纳税人不同类型的所得收入实行不同税率计征个人所得税，更具针对性和差异性。这样做有利于税务机关进行征收与管理，简便、易操作，可以提高征税效率，降低税收征收成本。从实行分类所得课税模式的国家来看，其个人所得税在纳税主体、纳税对象、税率结构、费用扣除、税收抵免、税收征缴等方面都存在许多相似之处。

（一）纳税主体分为居民和非居民

在纳税主体方面，实行分类所得课税模式的国家，一般分为居民纳税人和非居民纳税人。具体而言，居民纳税人应就其在本国全部收入缴纳个人所得税，收入包括雇佣所得、经营所得、投资所得、资本利得等。国外来源的收入不缴纳个人所得税，流动资本所得除外。非居民纳税人就其来源于本国的收入缴纳个人所得税。此外，将住所、停留时间是否为 183 天作为划分居民与非居民的重要因素。

（二）依据分类所得进行课税

在纳税对象方面，分类所得课税模式根据所得的性质、来源不同区别对待，大致分为工资薪金所得、经营所得、投资所得、资本所得、特许使用费、偶然所得等。各种所得收入按照比例税率或累进税率来进行课征。从纳税对象来看，其征纳范围十分有限。

（三）采用比例税率和累进税率

从个人所得税的税率结构来看，分类所得课税模式主要采用比例税率和累进税率两种形式。各类不同性质的所得收入，采取区别对待的方式，其适用的税率各不相同。雇佣所得、经营所得一般适用累进税率，而其他所得收入则适用较低的比例税率。在税率级次方面，多为 5 级至 6 级，最高边际税率较低。在这一点上，我国个人所得税最高边际税率为 45%，相对较高。相比较而言，国外个人所得税的税率结构设置得较为科学、合理，更符合纳税人的实际纳税能力，切实减轻了纳税人的税收负担，降低了纳税人的税负感。

（四）费用扣除项目有限

实行分类所得课税模式，个人所得税的费用扣除项目主要包括退休金、交通费和差旅费、特殊补贴和津贴、奖学金等。由此可见，其费用扣除的范围并不宽泛，较之综合所得课税模式和分类综合所得课税模式的费用扣除范围，其可扣除的项目相对较窄。

（五）税收抵免范围较窄

在个人所得税的税收抵免方面，实行分类所得课税模式的国家会根据不同情况加以区分。根据所得来源的不同和纳税人身份或自身情况的不同决定是否给予税收抵免，这充分印证了分类所得课税模式实行有差别的税收优惠政策。但总体看来，税收抵免范围较窄。

（六）采取源泉扣缴和自行申报制度

在分类所得课税模式下，个人所得税的税收征缴实行的是源泉扣缴和个人申报制度。雇主或雇佣单位负责对员工所得收入的代扣代缴工作，以月为单位进行个人所得税的计算和扣除。此外，采取个人主动申报纳税方式，若发生申报迟延现象，纳税人还会受到一定的惩处。

二、综合所得课税模式的启示

综合所得课税模式是将个人全年性质不同、来源不同的所得收入进行汇总，并将法定扣除后得到的余额视为应纳税所得额，再适用累进税率进行课征的税制模式。综合所得课税模式实行的是综合所得和超额累进税率，其特点主要是在税基和税率设计方面都充分体现了税收的纵向公平。不论是现金收入还是实物收入，劳动所得还是资本所得，经常性所得还是偶然所得，纳税人在一定时期内所获得的一切所得收入都应当属于课税对象。这在一定程度上扩展了个人所得税的税基范围。

（一）纳税主体分为居民和非居民

实行综合所得课税模式的国家通常将个人所得税纳税主体分为居民与非居民。居民是指本国公民以外，根据本国规定享有法律所得认可的永久居住权的人。非居民则是指不符合本国公民，也不符合本国居民身份的人。一般而言，判断是否为本国的居民，大多以在本国领土上停留的时间是否达到法定时间或者达到 183 天为标准。此外，纳税人主体身份不同，如单身、夫妻双方、夫妻一方、丧偶、老人、小孩等，其适用个人所得税法的税率也大相径庭。

（二）依据综合所得进行课税

一般而言，综合所得课税模式将一国居民来源于本国境内的所得、本国境外的所得收入以及在本国以外的其他国家没有征税，而本国规定需要被征税的所得收入都作为个人所得税的课税对象。而非居民仅以其在本国居住期间来源于本国境内的所得收入作为其课税对象。值得注意的是，无论是居民还是非居民的所得收入都要缴纳个人所得税，收入所得主要包括雇佣劳动所得、投资收益所得、租赁财产所得、商业经营所得、其他所得等。综合所得课税模式是将所得收入全部汇总扣除法定的扣除额后，再适用累进税率进行课征，这一点是其与其他课税模式最大的不同之处。

（三）采用超额累进税率

在综合所得课税模式下，税率设置一般采用超额累进税率，因为适用超额累进税率不仅能较好地体现税收公平原则，而且更符合量能课税原则的基本要求，税率级次一般为5级至6级，且级距范围较大。最高边际税率一般低于45%，税率结构设置较为科学。尽管税率档次各国不大统一，但总体发展趋势是追求公平、简化的税率结构，逐步简化税率级数，适当下调最高边际税率，且大多以年为单位来制定个人所得税税率表。同时，还规定税率将随社会经济发展和物价水平的变化或通货膨胀变化而适时调整。很明显，在税率设置上比较灵活，且具有弹性，符合客观经济社会的发展需求。

（四）费用扣除项目宽泛

综合所得课税模式在费用扣除方面的规定内容比较宽泛，且扣除项目较多，主要分为标准扣除和分项扣除。所谓标准扣除，需要在总收入的基础之上进行标准抵扣。标准抵扣每年会依据通货膨胀的情况进行适时调整。一般来说，标准抵扣的费用因个人身份和具体情况的不同而有所差异。费用扣除的种类较多，主要包括灾难性损失扣除、医疗费用扣除、慈善捐赠扣除、房屋抵押贷款利息扣除、州税和地方税扣除等。费用扣除范围较广，更具人性化，能切实为纳税义务人减轻税收负担，使纳税义务人体会到费用扣除规定带来的好处。

（五）税收抵免范围广泛

实行综合所得课税模式的国家，在个人所得税税收抵免方面一般是按照不同身份、不同家庭情况申报不同的税收抵免，且税收抵免额呈现动态的变化趋势。客观而言，税收抵免的对象主要是针对老人、儿童、教育的费用，投资住房抵押贷款，商业税收等。从抵免范围来看，可以被抵免的项目比较宽泛，能最大限度地体现税收公平原则和量能课税原则，同时也反映出综合所得课税模式更符合客观实际，更贴近民心。

（六）采取代扣代缴和自行申报制度

综合所得课税模式的税收征缴方式是采取预扣税款和自行申报相结合的双向申报制度，即一方面是雇主就对雇员发放的工资薪金等进行代扣代缴、税款预缴、在年终时汇算清缴，充分保障个人所得税的足额征收；另一方面是纳税人依据法律规定有义务对自己的全年所得收入进行自行申报。一般来说，实行综合所得课税模式的国家的纳税人从出生到死亡，每个人都有一个唯一的经济身份证号，且终生不变。当纳税人有交易行为发生时，交易双方都要向税务机关提交个人的经济身份证号。税务机关会与银行等相关部门进行全面合作，对纳税人的收入所得信息进行监控，从而减少税源的流失。纳税人一般在法定的时间之前预缴税款，在纳税年度终了时，再根据预扣税款、年终结算进行汇算清缴，雇主预扣缴纳的税款和自行预缴的税款可以从全年应缴纳的税款中予以扣除，实行多退少补。

三、分类综合所得课税模式的启示

分类综合所得课税模式是在结合分类所得课税模式和综合所得课税模式之优势的基础之上的一种税制模式。分类综合所得课税模式将纳税人的各类所得，先按照分类所得课税模式适用不同的税率进行计征，然后再将纳税人全年的各种收入或应纳税所得额进行汇总，若达到一定标准数额，再对其总额按照累进税率进行课征的综合所得税或附加税，并将已经缴纳的税款在应纳税额中予以扣除的税制模式。分类综合所得课税模式弥补了分类所得课税模式和综合所得课税模式的缺陷，取长补短，在某种程度上，它不仅可以实现真正意义上的个税调节税收分配的功能，也可以有效地防止两极分化，兼顾效率与公平。分类综合所得课税模式在一定程度上是对分类所得税制模式和综合所得税制模式的折中处理。因而，分类综合所得课税模式的存在具有一定的合理性和必要性。

（一）纳税主体分为居民和非居民

实行分类综合所得课税模式的国家，一般将个人所得税的纳税人分为居民和非居民两种。居民与非居民划分的标准跟纳税人在本国所停留的时间、停留的地域有着密切的联系。这一点与实行分类所得课税模式和综合所得课税模式的国家相似。本国的居民就其来源于本国国内外的全部所得缴纳个人所得税，本国的非居民则仅就来源于本国境内的所得缴纳个人所得税。

（二）依据分类所得和综合所得分别课税

一般来说，实行分类综合所得课税模式，个人所得税的纳税对象范围较为广泛。例如，雇佣所得、个体经营所得、国家补贴、养老金、存款利息所得、租金所得、投资所得、股息红利所得、偶然所得等。实行分类综合所得课税模式的国家在税基的确定上基本采用两种方法：一是将合法所得来源视为个人所得税课税对象的基础和关键；二是实际所得无论是货币形式的所得，还是实物所得都被纳入课税范畴。但对于不同的所得，一部分采取分类计征，一部分采取综合计征，在年终实行汇缴清算，采取多退少补的做法来满足不同纳税人的需求。这种做法是其区别于其他课税模式的最大特点。

（三）采用比例税率和累进税率

分类综合所得课税模式在税率结构的设置上较为灵活。个人所得税的税率一般实行比例税率和超额累进税率两种税率模式，即先对各类收入所得扣除必要费用后再按照比例税率从源泉扣缴，等到纳税年度终了时再计算全年总所得，从总所得中减去各项减免扣除项目，就其余额按照累进税率来计征当年的应纳税额，对于之前被源泉扣缴的税款，在结算时可以予以抵免，多退少补。从整体来看，其税率级次一般不超过 6 级。从税率结构的发展态势来看，累进级数大为减少，边际税率大幅下调。因为减少累进级数、降低边际税率有利于充分体现"宽税基，低税率"原则，同时也简化了征收环节的复杂程序，降低了税收征收成本，有利于税收征管。

（四）费用扣除项目较多

分类综合所得课税模式的费用扣除项目较多，各类所得的费用扣除不太一致，且费用扣除标准一般采用指数化的扣除标准，具体适用何种扣除标准取决于所得的类别。扣除项目包括纳税人本人的基本扣除、配偶者扣除、配偶特别扣除、抚养扣除、双亲老人抚养扣除等。对成本费用扣除、免税扣除实行据实扣除，对家庭生计费用扣除实行分类别的指数化调整。针对费用扣除标准进行立法，并随着市场物价指数变化情况浮动，从而消除由通货膨胀带来的税率攀升。其可以在一定程度上缓解累进课税和通货膨胀之间的矛盾，体现了对纳税人生存权的充分保障。从税前扣除来看，其扣除项目更符合现实，充分考虑了纳税人的年龄、婚姻、身体、家庭等多种因素，能更好地促进纳税人对个人所得税缴纳的遵从，有利于体现税收公平和人文关怀。

（五）税收抵免范围较广

在分类综合所得课税模式下，国家给予纳税人一定范围内的税收抵免，对纳税义务人的所得收入实行税收的减征和免征，这是国家给予纳税义务人的一种特殊的税收优惠政策。个人所得税的税收抵免主要包括免税收入（抚恤金、养老金、交通补助、推算所得、制定利息、转让所得、政府奖金或奖品都属于不被征收个人所得税的范畴）、国家补贴、有奖债券、国家彩票所得、儿童福利、住房贷款、股息、外国税收等。很明显，从个人所得税税收抵免的范围来看，国家对特定的对象进行有针对性的税收抵免，通过政策鼓励和支持减轻和避免重复征税。

（六）采取源泉扣缴和自行申报制度

实行分类综合所得课税模式的国家，个人所得税的税收征管一般都采用源泉扣缴和自行申报并重的征缴方式，这一点跟实行分类所得课税模式和综合所得课税模式的国家是一致的。采用自行申报和源泉扣缴相结合的征缴方式，一方面要注重纳税人自行纳税申报的作用，提高纳税人积极主动申报的纳税意识。另一方面要充分强调源泉扣缴要及时入库，保证个人所得税的积极征收，起到互为补充的效果，以防税源流失。

推进我国分类综合所得课税
模式实现的路径探索

　　个人所得税课税模式改革问题一直是我国关注的重点。2018 年 8 月，我国正式通过了《个人所得税法》的第七次修正，将分类综合所得课税模式纳入立法，原有的分类所得课税模式正式退出历史舞台。此次修法突破了以往修正《个人所得税法》在税制要素层面上的小修小补，具有进步意义。但分类综合所得课税模式改革是一个持续的、漫长的、艰巨的过程，我们应当将此次改革理解为一种广义上的、实质性的改革，在短期内无法实现，不能一蹴而就、急于求成，需要时间的沉淀和蜕变，在实践中不断摸索前进，并注重原有税制和现行税制的衔接与协调。为此，我们必须在现有的制度安排下，对个人所得税的税制设计进行彻底改良，探索适合分类综合所得课税模式的改革路径，做好个人所得税立法改革的顶层设计和具体制度的设计，推进我国个人所得税改革顺利进行，以充分保障分类综合所得课税模式彰显税收分配公平的正义价值。

第一节　推进分类综合所得课税模式实现的构想

　　2018 年 8 月，我国第七次修正《个人所得税法》，实现了个人所得税课税模式的转变。这是我国《个人所得税法》自 1980 年颁布以来的重大突破，也是我国个人所得税课税模式有史以来最根本性的变革，解决了二十多年来一直没有解决的问题。从某种意义上来说，此次变革是对我国分类所得课税模式的检视和突破，是个人所得税制自我完善和自我调适的必然要求。同时，也是基于与国际社会接轨、构建和谐社会的客观需要。一项制度并不是要等到所有的条款完善后才能实施，当总体目标和基本条件具备时，我们可以在实践中不断摸索前进，创设出切实可行且符合分类综合所得课税模式要求的完善路径，多管齐下、不断改进，寄希望于通过构建适合分类综合所得课税模式的改革路径和完善措施确保改革目的的实现，化解社会主要矛盾、促进社会经济协调发展，以回应个人所得税税制设计对税收公平价值和正义价值的追求。

一、明确分类综合所得课税模式的目标

我国经济发展已迈入新常态，新一轮财税体制改革是一场加快推进国家治理体系和治理能力现代化的变革。个人所得税作为调节收入分配和促进社会经济发展的重要手段，不仅是经济发展的根本问题，更是实实在在的民生问题。随着经济的不断发展，居民收入水平持续提高，人们对收入分配制度改革的期待日渐加强，完善个人所得税俨然已经成为国家与社会共同关注的问题。同样，个人所得税课税模式是个人所得税改革的核心问题，传统的分类所得课税模式改革势在必行。换言之，个人所得税课税模式的改革问题不仅是基于建设社会主义市场经济的客观要求，更是基于提高税收征管水平和不断完善税制的需要。因此，明确个人所得税分类综合所得课税模式的目标显得尤为重要。

（一）满足社会和经济的发展需求

2018年8月31日，全国人民代表大会常务委员会通过了《个人所得税法》第七次修正方案，个人所得税课税模式正式由传统的分类所得课税模式向分类综合所得课税模式转轨。分类综合所得课税模式对部分所得项目进行分类计征，适用比例税率；部分所得项目进行综合计征，适用累进税率。此次改革积极落实了十八届三中全会个人所得税改革的目标。分类综合所得课税模式不仅符合我国日益变化的经济发展趋势，更符合社会发展的客观需求。从此次修法的内容来看，主要涉及调整基本减除费用标准、优化整合税率结构、增加6项专项附加扣除等，充分体现了对纳税人基本权利的尊重。此次改革意义重大、影响深远。一方面，实行分类综合所得课税模式适应了社会和经济的发展需求。另一方面，实行分类综合所得课税模式不仅是在健全现代税制体系和加强税收法治建设道路上迈出了最为关键的一步，还为构建和谐社会和促进我国个人所得税税制改革的长足发展奠定了坚实的基础。

（二）体现个人所得税的公平价值

2018 年修正的《个人所得税法》的最大亮点就是课税模式的改革，由分类所得课税模式转向分类综合所得课税模式，此次改革充分体现了个人所得税的公平价值。基于当前的国情和征管水平，我国还无法直接实现分类综合所得课税模式，因而亟待通过分阶段、循序渐进的改革步骤来实现个人所得税课税模式的顺利转型。基于此，参照国际上的一般做法，结合我国国情，我们可以从两个方面来考虑如何实现课税模式的转型：一方面，在第七次修正的《个人所得税法》的基础之上，按照此次修法的具体内容和要求，创设出符合修正内容的具体实施细则和配套措施；另一方面，在分类与综合相结合的课税模式的基础稳定后，待时机成熟，创造分类综合所得课税模式的所需条件，在初次改革的基础之上进一步拓展分类综合所得课税模式的发展空间，以实现课税模式的彻底转型，更好地促进税收的横向公平和纵向公平。实行分类与综合相结合的课税模式，有利于个人所得税税制的改革与完善，促进个人所得税向更加公平、正义的方向发展。同理，个人所得税课税模式的公平也会促进纳税人的纳税遵从度提升，从而为最终实现分类综合所得课税模式夯实基础。

（三）切实减轻纳税人的税收负担

从某种意义上来说，第七次修正的《个人所得税法》是我国个人所得税发展史上的一次重大进步，具有里程碑式的意义。此次修法的最大亮点就是从立法上正式确定课税模式由分类所得课税模式向分类综合所得课税模式转变。分类所得和综合所得实行不同的税率、进一步调整税率结构、基本费用扣除标准从 3500 元提高到 5000 元等一系列改革措施的出台着实体现了分类综合所得课税模式给纳税人带来的红利。2018 年 10 月 1 日至 12 月 31 日，我国新一轮个人所得税改革在 3 个月的时间内减税近 1000 亿，此次改革所释放的红利惠及数亿人群，约有 7000 多万人的工资薪金所得无需要像过去那样缴纳个人所得税。[1]事实上，降低税负一直是纳税人最为关心的话题。降低纳税人的税收负担、增加纳税人的所得收入可以让纳税人切实感受到立法改革的公平性和正义性，感受到新时代的优越性，切实提高纳税人的获得感和幸

---

〔1〕 "个税改革释放红利，7000 多万人'工薪所得'免征税"，载 http://www.chinanews.com/gn/2019/03-03/8769730.shtml，最后访问时间：2019 年 3 月 3 日。

福感。《个人所得税法》的修正必须正视提高纳税人的税后收入、降低纳税人税收负担这一时代需求。实行分类综合所得课税模式将在一定程度上大大减轻纳税人的税收负担，这也是分类综合所得课税模式所追求的目标之一。此外，降低纳税人的税收负担，让纳税人切身体会到个人所得税改革所释放的红利，也可以增强纳税人积极纳税的意识。

二、实行分类综合所得课税模式的必要性

实现分类综合所得课税模式是一个较为复杂的系统性工程，也是我国第七次修正《个人所得税法》最想解决的问题，即将传统的分类所得课税模式改为分类综合所得课税模式。事实上，课税模式的改革在国家的相关计划和政策中早有体现。基于此，实行分类综合所得课税模式对于我国个人所得税的完善与发展而言尤为重要。我们不仅要从理论上探寻个人所得税课税模式存在的法理逻辑，还需要在实践中深挖实行分类综合所得课税模式的必要性。

（一）分类综合所得课税模式是实现税收公平的有效手段

我国自 1980 年以来一直沿用分类所得课税模式。其是一种在经济条件较为落后、征管水平较为低下、人们收入来源较为单一的历史背景下所采取的简便易行的课税模式。时至今日，个人所得税征收的社会环境、经济环境、国际环境都发生了较大改变，继续沿用分类所得课税模式势必会造成税负不公、贫富差距过大，从而影响到个人所得税固有职能的充分发挥，无法充分体现税收公平原则和量能课税原则。因此，实行分类综合所得课税模式是对传统的分类所得课税模式的改良，对部分劳动所得综合计征、增设 6 项专项附加扣除、充分考虑不同纳税人之间的实际税负能力均充分体现了改革所追求的正义价值，即实现个人所得税调节收入分配的公平和保障的税负公平。因而，实行分类综合所得课税模式是实现税收公平的有效手段。

（二）分类综合所得课税模式是我国个税改革的政策导向

我国"五个五年计划"和十八届三中全会屡次提及个人所得税课税模式改革的方向必然是分类综合所得课税模式。尽管在过去的二十多年里都没能如愿以偿，但在 2018 年 8 月 31 日，我国最终通过修正《个人所得税法》确定正式实行分类综合所得课税模式。由此可见，从政策和法律规定来看，我国改革个人所得税课税模式是对课税模式进行深思熟虑后所作出的正确选择。从这一层面来看，实行分类综合所得课税模式充分体现了国家通过政策、法

律对经济杠杆发挥正确的引导作用。国家通过政策和法律的规定指引个人所得税改革和发展的方向，必然要摒弃以往的分类所得课税模式，转而实行分类综合所得课税模式。

（三）分类综合所得课税模式是当前经济发展的最佳模式

1980 年，我国开征个人所得税，并实行分类所得课税模式。在当时看来，比较符合经济发展的客观需求。实行分类所得课税模式是在经济水平较为落后、人们收入来源较为单一、便于税收征管的背景下的一种选择。但随着改革开放的纵深发展，尤其是在加入 WTO 以后，经济迅速崛起，经济发展水平不断提升，人们收入来源越发多样化，税收征管水平显著提高。在经济环境发生巨变的今天，如果继续实行分类所得课税模式，显然不能充分实现税收的横向公平和纵向公平。在当前经济充分发展的影响下，人们的收入差距日益扩大，实行分类所得课税模式不能完全涵盖所得范围，造成客观上所得税源流失的现象明显。因而，实行分类综合所得课税模式有助于缓解此种现象，是新时代、新时期适应我国社会经济发展需求的最佳模式。

三、实行分类综合所得课税模式的可行性

任何一项制度的变革都不是一朝一夕的事。同样，个人所得税课税模式的改革是一项艰巨而复杂的系统工程。它不仅是一个理论上需要被探讨和比较的过程，也是一个需要在实践中不断探索的过程。我们只有不断汲取经验、创新观念才能达到改革的预期目标。因此，一项改革的推进与发展必须有其存在的可能，否则将不足以实现课税模式的彻底变革。基于此，要实现分类综合所得课税模式便有必要对个人所得税课税模式改革的可行性进行探讨，因为它是实现分类综合所得课税模式的前提，有利于我们厘清个人所得税所面临的情势和变化并作出科学的预判。

（一）经济层面的可行性

自 1978 年改革开放以来，我国经济历经了四十余年的发展，得到了全面、快速、稳定的增长。产业结构不断升级和优化，经济效益不断提高，国民经济实力显著提升，人民生活水平不断提高，个人所得税也呈现出逐步提升的发展态势。传统的分类所得课税模式无法满足我国经济发展的客观需求，要想使个人所得税在国家财政收入、调节收入分配、缩小贫富差距方面发挥"自动稳定调节器"的功能，唯有改变传统的分类所得课税模式，转而实行分

类综合所得课税模式。基于此，个人所得税课税模式改革需要投入大量的财力、物力和人力，与此同时也会带来税收收入的相应变化，这一系列变化都离不开强大的资金支持。从经济发展层面来看，我国自改革开放以来，经济发展水平日益提升，国家税收收入快速增长。税收收入的大幅增加为个人所得税课税模式的转型提供了充足的资金保障，能够提供分类综合所得课税模式所需要的资金条件。例如，对纳税人纳税意识的培养、税务人员业务素质的提高、个人所得税法律制度的宣传等一系列工作的开展都离不开强大的财力支持。此外，我国经济发展的迅速腾飞也对网络信息技术的发展和进步起到了积极的促进作用，网络信息技术不仅大幅度提高了税务机关的征管效率，也为保障税务机关的稽查工作打下了坚实的基础。

（二）法律层面的可行性

从税收立法层面来看，我国《个人所得税法》自1980年颁布以来先后历经7次修正，尽管前6次修正都没有涉及个人所得税课税模式的改革问题，但第七次修法正式将分类与综合相结合的课税模式纳入立法范畴。从法律层面来说，将分类综合所得课税模式作为此次修法的重要内容之一，不仅是国家重视税收立法、积极落实税收法定原则的体现，更是基于改善民生、调节收入分配的迫切需求。近年来，我国城乡居民收入快速增长，中等收入群体持续扩大，但居民收入分配差距过大。因此，有必要在个人所得税课税模式改革的基础之上切实发挥个人所得税的税收调节功能，适当降低纳税人的税收负担，充分发挥个人所得税实现税收公平的功效。与此同时，此次修法还对费用扣除、税率结构、反避税、纳税人识别号等内容加以修正，将学术界和决策界多年达成的共识性问题上升为法律，并转化为了改革成果。可以说，个人所得税的改革问题不仅仅是税制要素层面的深入调整，更应是立法层面的不断升级。尽管此次修法中仍然存在一些不足之处，但就此次修正的内容来看，其具有里程碑式的意义。与此同时，我国《个人所得税法实施条例》和《个人所得税专项附加扣除暂行办法》的正式出台也为《个人所得税法》的修正提供了助力。毋庸置疑，个人所得税相关法律法规的出台对落实我国税收法定原则和完善我国税收法律体系而言大有裨益，同时也为我国《个人所得税法》的进一步完善提供了法律上的可能。

（三）征管层面的可行性

从税收征管层面来看，我国与发达国家相比，税收征管条件和征管水平还有很大差距。但是，自课征个人所得税以来，我国税收征管水平也在逐步提升，且处于不断完善和改进的过程之中。分类综合所得课税模式对税收征管水平的要求较为严格。例如，税务机关要能够准确区分劳动所得和资本所得，要获得准确的税务信息，并将纳税人的混合所得、隐性收入所得按照较为科学的方法加以区分。事实上，从我国的税收信息化水平不断上升、税务机关征管能力和稽查能力不断加强的发展趋势来看，其具备一定的可行性。易言之，我国正处于税务机关的征管水平不断提升、网络信息较为发达的时代，在完善个人财产登记的前提下，税务机关通过改造网络技术，以纳税人申报和税务机关服务为基础，提高税收征管能力和税收征管效率，为实现分类综合所得课税模式的实质性改革创造了良好的征管条件。与此同时，纳税人通过了解和学习纳税申报的相关知识，增强自我的纳税意识，也可以促进税务机关征管效率的提高，从而变相降低税收征管的征纳成本。

四、实施分类综合所得课税模式的步骤

个人所得税课税模式的改革问题往往跟经济发展密不可分，在收入分配不公、贫富差距扩大的现实情况下，人们对个人所得税改革的呼声日益高涨。当前，我国个人所得税课税模式由分类所得课税模式向分类综合所得课税模式转变，还需要诸多配套制度的实施与完善。因为任何一项改革的顺利进行都需要在不断的摸索和实践中加以实现。因此，课税模式的改革应当基于我国的现实国情，探寻我国个人所得税课税模式改革的有利因素，为我国个人所得税进入实质性改革阶段创造条件。一项优良的改革方案也需在不断的实践中加以验证。从个人所得税课税模式改革的过程来看，不可能一步到位、一蹴而就。基于此，要实现分类综合所得课税模式，可以采取分阶段、循序渐进的改革步骤。

（一）初始阶段的步骤

从短期来看，任何一轮制度的改革都会对初始制度产生某种依赖性。因此，要实现分类综合所得课税模式，首先要确定初始阶段的具体实施方案，在个人所得税现有税制的基础上对立法改革顶层设计和具体制度设计进行改良，对个人所得税课税模式的改革构想、改革目标、改革路径等内容进行深入研究，做到现存税制和改革税制之间的契合与协调，实现制度之间的有效衔接，使其更具科学性和可操作性，为进一步推进实现分类综合所得课税模

式积累经验。

（二）巩固阶段的步骤

从中期来看，随着个人所得税制改革的不断深入，我国应在总结初始阶段改革经验的基础之上，继续创造有利条件，推进分类综合所得课税模式向纵深方向发展。此阶段应着重在税基范围、费用扣除项目、税率结构设计等税制要素方面有所改进和拓展，将税基范围由"小综合"逐步发展为"大综合"，适当增加费用扣除项目，优化税率结构，深挖适合分类综合所得课税模式的具体制度，从宏观和微观层面逐步加以实现，加快推进分类综合所得课税模式改革。

（三）提升阶段的步骤

从长期来看，我国应根据社会经济发展的需求，在总结巩固阶段改革经验的基础之上，完善、健全适合分类综合所得课税模式的相关立法、税收制度和征税环境，待条件逐步成熟后，深入拓展分类综合所得课税模式的发展空间，制定符合国情、社情、民情的个人所得税税制体系，随着改革的不断推进，逐步迈向"改革科学、设计规范、制度合理"的分类综合所得课税模式，为促进《个人所得税法》的不断完善、提升立法质量、实现新时代个人所得税调节税负公平、实现分配正义、促进社会和谐的改革目标提供助力。

第二节　实现分类综合所得课税模式的法律逻辑路径

通过厘清我国个人所得税课税模式改革的步骤，我们不难发现，个人所得税分类综合所得课税模式的整体框架和税制要素之间的契合尤为重要。推进分类综合所得课税模式的实质性改革任重而道远，需要以一种循序渐进、不断完善的态度来加以面对。依法治税是我国税制改革中的一项长期而艰巨的任务，自 1988 年我国首次将"依法治税"作为我国税制改革的立法思想以来，完善我国税收立法便一直是实现依法治税和落实税收法定原则的基本保障。但就我国当前的税收法治水平来看，仍然存在一定的提升空间。完善我国税收立法，应该与我国的国体、政体、经济相适应，与新时代的社会需求相吻合。因此，我国须完善税收立法体制，充实税法的内容，以实现依法治税。尽管我国于 2018 年 8 月 31 日通过了《个人所得税》的第七次修正案，将分类综合所得课税模式纳入立法修正的内容，是个人所得税立法改革的一大进步。但从法律层面考察，仅仅是在形式上将分类综合所得课税模式纳入立法范畴，距离真正意义上的税制改革仍有距离。"徒法不足以自行"，当前我国个人所得税的法律体系不完善，法律规定仍然存在规定过于笼统、操作性不强、落实不到位等问题。因而，为进一步推进和实现分类综合所得课税模式的彻底变革，我国需加快完善个人所得税法律体系，积极进行改革探索与尝试，并辅之以配套的法律制度，实现实体法和程序法上的有所作为，为新时代分类综合所得课税模式改革的实现奠定基础。

一、尽快制定《税收基本法》以夯实税制改革的法律基础

法律是社会变革的晴雨表，个人所得税课税模式的改革问题必然离不开税收立法的完善与进步。作为推进税制改革的《税收基本法》一直是税收理论界和实务界关注的重点。《税收基本法》是税收领域的基本法律，是税法体系的灵魂与核心，是税收领域的母法，是针对税收活动中的原则问题、重大问题、基本问题作出的法律规范。《税收基本法》是实现税收法定和税收法治的重要基础，是一部全局性、综合性税收法律，在整个税收法律体系中占据重要地位。然而，我国自1990年提出《税收基本法》制定的设想以来，至今已过去了三十余年，其制定工作一直裹足不前。其先后经历了四个阶段：酝酿期（1990年至1993年）、初步发展期（1994年至1998年）、停滞期（1999年至2003年）、全面发展期（2004年至今）。但遗憾的是，实务界和理论界的认识不同使得制定《税收基本法》工作相对停滞，没有被国家确立。目前，我国《税收基本法》仍未发布。要完善我国的税收立法，首先要制定《税收基本法》。这是完善我国税收立法的前提和基础。因此，《税收基本法》可以作为未来深化税制改革的法律手段，从而进一步推动和保障分类综合所得课税模式改革的顺利进行。

（一）制定《税收基本法》是落实税收法定原则的必然要求

税收法定原则是整个税收法律体系的灵魂，新一轮的个人所得税课税模式改革必将在《税收基本法》的框架下完善。党的十八届三中全会在《中共中央关于全面深化改革若干重大问题的决定》中提出要落实税收法定原则。落实税收法定原则，首先要积极出台《税收基本法》。这需要借鉴国际经验，结合我国经济发展的特点，以健全税收法治和实现税法统一为出发点，制定符合中国国情的《税收基本法》，从而提升税法的系统性、稳定性、规范性和

科学性。在《税收基本法》的指引下，使税收实体法和税收程序法并驾齐驱，进而完善我国的税收法律体系。客观而言，制定《税收基本法》有利于完善我国《个人所得税法》，丰富和充实税收法制体系，实现个人所得税课税模式改革的有法可依，切实做到依法治税。

（二）制定《税收基本法》是健全我国税收法律体系的客观需要

完善的税收法律体系需要在法律体系整体框架内做到内在的系统性和联系性。制定《税收基本法》可以避免各种税收单行法的冲突与矛盾，从而推进具体税种的立法进程。制定《税收基本法》对于我国实体法和程序法的完善、规范税收法律体系、提高税收执法和司法的法律效力而言都具有重大意义。制定《税收基本法》有利于促进税收法律法规的规范和完善，对《个人所得税法》起到较好的示范效果，[1]从而推动《个人所得税法》不断完善。

（三）制定《税收基本法》是实现分类综合所得课税模式的法律保障

《税收基本法》作为税收领域的根本大法，对于税收实体法和税收程序法都具有统领作用。《税收基本法》对单行税法的共性问题和不宜由单行税法作出规定的问题给予概括性说明，它是连接《宪法》和单行税法的桥梁。制定《税收基本法》是我国新一轮税制改革的应有之义。实现分类综合所得课税模式被《个人所得税法》纳入修正的重要内容，同样也离不开《税收基本法》。因为《税收基本法》关系税制改革的基本原则和总体思路，可以保障税制改革有章可循，逐步走向规范化和科学化，从而维护税法的权威性和严肃性。显然，《税收基本法》作为实现分类综合所得课税模式的法律保障，具有不可替代的作用。因为《税收基本法》不仅可以提升我国税收法律的等级与级次，同时还可以促进《个人所得税法》立法质量的不断上升，最终为实现分类综合所得课税模式奠定坚实的法律基础。

二、深入细化《个人所得税法》以推进个税改革的顺利进行

2018 年，我国《个人所得税法》进行了第七次修正。但仅仅从法律形式上将分类与综合相结合的课税模式纳入立法范畴、抽象地加以规定还是远远不够的。《个人所得税法》的原则性规定和规范性条款居多，操作性和技术性

---

〔1〕 汤贡亮：“回顾与希冀税制改革呼唤：《税收基本法》”，载 http://cti. ctax. org. cn/xsjl2/ssgg/20161215_ 1050957，最后访问时间：2018 年 12 月 1 日。

亟待增强。要实现分类综合所得课税模式,《个人所得税法》需更好地体现社会生活中人的生存权和发展权,切实保护纳税人的合法权益,充分考虑纳税人的税收负担,实现量能课税原则和税收公平原则。尽管对个人所得税改革要坚持"简税制、宽税基、低税率、严征管"的税收制度,但就《个人所得税法》本身而言,拓宽税基、降低税率、严格征管本应成为立法修正的重要内容和基本方向。与此同时,税源税基、税率结构、费用扣除、税收优惠等问题也是未来修正《个人所得税法》时的重要内容。《个人所得税法》是关系国家和纳税人权利义务关系的法,《个人所得税法》的完善不仅需要充分考虑我国的现实国情,更应该在遵循税收公平原则的基础上发挥个人所得税所追求的公平价值和正义价值。此次个人所得税课税模式改革顺应了时代发展的要求,是科学化、现代化的伟大实践,是在充分考虑了各方实际情况的基础上所作出的正确选择,是关注民生的具体体现,更是实现社会公平和平衡税负的价值追求。评价《个人所得税法》的好坏与立法时所遵循的基本原则有着密切的联系。从某种意义来说,税收公平原则也是新时代个人所得税立法改革的精神和目的。

从当前的中国居民收入水平来看,自改革开放以后,居民收入来源多元化、收入水平不断提升,《个人所得税法》也随着国情的发展变化而日臻完善。2018 年 8 月,尽管我国完成了对《个人所得税法》的第七次修正,但在个人所得税的征管实践中,主要还是依赖《个人所得税法实施条例》以及一些税法解释。税收法定原则的最终落实还需要一定的行政立法来加以保障和实施。由此可见,在《个人所得税法》的修正过程中,我国需深入细化《个人所得税法》,实现立法的科学化和精细化。例如,在设计分类与综合相结合的课税模式的计税依据时,还需要考量哪些要素来加强《个人所得税法》与《个人所得税法实施条例》之间制度的衔接?《个人所得税法》在操作性方面如何加强?《个人所得税法》如何实现税收公平原则与税收效率原则?《个人所得税法》的未来改革和修正方向为何?很明显,《个人所得税法》的修正离人民群众满意还有很大的差距。《个人所得税法》还需要在促进结构性减税、推进课税模式改革、健全税收征管制度等方面进一步加强。换言之,在未来个人所得税改革的过程中,《个人所得税法》的继续修正与完善不容忽视,即提升《个人所得税法》的权威性,弱化行政规章,去除《个人所得税法》的行政化色彩,对个人所得税收法规、规章、通知、批复等进行有效的清理,取消红头文件代替税法的不规范行为，坚决抵制不法之法。此外，将重要的法规提升为法律，提高我国税法的层次和效力；对不得不授权行政部门立法的规章，应采取审慎的态度，最大限度地减少以行政法规、部门规章（尤其是内部文件）作为我国征收个人所得税的依据。未来个人所得税立法的改革方向应该是构建立法规范、内容完整、形式统一的法，并为个人所得税在税收执法、司法、守法的过程中创造有利的法律条件。不断完善《个人所得税法》，使其向合理化、规范化的方向发展，推进个人所得税改革（尤其是分类综合所得课税模式改革）的顺利实现，从而使个人所得税在缩小贫富差距、促进社会公平方面起到保障作用。

三、完善《税收征收管理法》以促进个税改革的公平正义

分类综合所得课税模式尽管在《个人所得税法》的修正中得以实现，但这只是实体法上的改革，实现了实体法上的公平与正义。实现分类综合所得课税模式离不开程序的正义，因为程序正义才是保障实体正义的前提和基础。当前，在没有《税收基本法》的情况下，《税收征收管理法》无疑是我国征收个人所得税的重要法律，属于税收程序法。但我国的《税收征收管理法》仍然存在许多不足之处，若要实现分类与综合相结合的课税模式，维护社会的公平正义，我国仍需对现有的《税收征收管理法》加以完善。

（一）增设税收要素的规定以贯彻落实税收法定原则

我国 2015 年修正的《税收征收管理法》第 3 条规定，"税收的开征、停征以及减税、免税、退税、补税"等内容需要按照法律的规定加以执行，但是该条款并没有提及纳税人、征税对象、计税依据、税率等税收的基本要素。这些要素对于任何一种税种的征收来说都是至关重要的内容。这显然与我国《立法法》第 8 条之规定不吻合。因为《立法法》第 8 条将税种、税率、税收征管等内容都列为必须由立法加以规定的内容。为了与《立法法》的规定更好地衔接，笔者建议将《税收征收管理法》第 3 条的规定进一步细化，将纳税人、征税对象、计税依据、税率等税制要素都列入其中，以保证法与法之间的一致性，这也是贯彻税收法定原则的积极体现。

（二）增设非从事生产经营活动的自然人实行税务登记的规定

根据《税收征收管理法》第 15 条之规定，从事生产经营的纳税人，在领取营业执照之日起 30 日之内，需要向税务机关办理税务登记，但是并没有对

非从事生产经营活动的自然人实行税务登记。在税收实践中，司法、执法部门只能对从事生产、经营的纳税人采取税收保全、强制执行措施，而对非从事生产、经营的自然人纳税人的税收保全、强制执行、税务检查等内容却没有作出具体、详尽的规定。例如，对非从事生产经营的自然人（尤其是非涉税案件的犯罪嫌疑人的账户）如何进行检查？对于非从事生产经营的自然人违法违规行为如何处罚？对非从事生产经营的自然人与单位勾结偷逃税款的如何处罚？对通知申报拒不申报的非从事生产经营的自然人如何处罚？这一系问题都没有具体的规定，都需要由《税收征收管理法》作出回应。因此，解决这些问题的前提就是要对非从事生产经营活动的自然人实行税务登记。倘若没有实行税务登记，随之而来的税收保全、强制执行、税务检查便会没有法律依据，更无法实现。为此，应尽快对非从事生产经营活动的自然人实行税务登记，以维护纳税人之间税收的横向公平。

（三）加强代扣代缴义务人和纳税人惩处力度的规定

根据《税收征收管理法》第 62 条之规定，代扣代缴义务人未按照法律规定期限履行代扣代缴义务，纳税人未按期申报纳税的，由税务机关限期改正，可以处 2000 元以下罚款，情节严重的处 2000 元至 10 000 元罚款。从这一规定的惩处金额来看，处罚力度不大，并不能较好地对纳税人和扣缴义务人起到促进其积极履行义务的效果。反观国外，如美国，倘若纳税人不缴纳个人所得税，惩处力度较大、威慑效果明显，纳税人甚至会被罚得倾家荡产，同时还会影响到纳税人的升学、求职、晋升等切身利益。相比较而言，我国扣缴义务人和纳税人不履行法定义务的，国家对其惩处力度较轻，我国应加强对其不履行法定义务的处罚力度。因此，笔者建议将最低处罚金额调至 5000元，情节严重的处 10 000 元至 30 000 元。加大对义务人的惩处力度，以保证纳税人和代扣代缴义务人积极履行法定义务，防止税源流失，促进个人所得税征收的公平与正义。

第三节　实现分类综合所得课税模式的税制要素路径

个人所得税税制要素是个人所得税最为重要的内容。一般而言，个人所得税税制要素包括纳税主体、纳税对象、税率结构、税收减免、税收优惠、税收征管等。个人所得税课税模式的改革问题，实质上也是税制要素的调整与完善问题。个人所得税改革成功与否与个人所得税税制要素设计有着必然的联系。换言之，个人所得税税制要素是否科学、是否合理也直接关系到个人所得税税收功能的实现。基于此，个人所得税课税模式改革不能贸然前行，如果没有与之匹配的税制设计，则不能较好地实现分类综合所得课税模式的改革。因此，无论是个人所得税的改革问题，还是个人所得税课税模式的转型问题，实际上都是如何优化设计个人所得税税制要素的问题。这对于我国顺利开展个人所得税课税模式的改革而言至关重要。笔者认为，从长远来看，要实现分类与综合相结合的课税模式的改革，我国还需要从完善、优化税制要素方面来考量。

一、重新界定个税纳税单位范畴

纳税主体是税法最基本的构成要素。税法所规定的直接负有纳税义务的单位或个人一般来说包括自然人、法人和扣缴义务人。在过去，我国个人所得税主要是以单独的个人作为缴纳个人所得税的主体。学界一般将纳税人的集合称为纳税单位。个人所得税的纳税单位分为三种：个人纳税单位、家庭纳税单位及个人和家庭相结合的纳税单位。部分国家虽然从表面上看起来是以个人为纳税单位，但在进行费用扣除时实际上还包括纳税人的家庭生活成本等各种扣除标准。如前文所述，美国、英国、德国、日本等国家在计征个人所得税时都充分考虑了家庭因素。个人所得税的纳税单位会在一定程度上影响纳税人的税收负担。不仅如此，纳税单位还会对纳税人的婚姻、劳动力市场等产生一定的影响。故而，选择以个人还是家庭作为纳税单位对于我国个人所得税的征收来说极为重要。

我国个人所得税自实行分类所得课税模式以来，一直以个人为纳税单位。在该制度下，对个人所获得的各项收入所得按照代扣代缴的方式来保证纳税人及时交税、税款及时入库，而且代扣代缴方式相对简单，便于操作，在一定程度上节省了税收的遵从成本。以独立的个人作为纳税单位，在个人所得税征收过程中发挥了较大的作用。纳税主体以个人为单位，建立在充分考虑夫妻之间的独立人格的基础之上，有利于鼓励夫妻双方积极就业，符合"个人主义"的原则，符合经济生活中理性个人、分散决策的情况。纳税主体以个人为单位，即独立的个人在结婚前和结婚后所承担的负税额基本没有变化，对婚姻不会产生激励或惩罚作用，体现出了"婚姻中性"态度，对结婚不鼓励也不惩罚，具有一定的社会效益。与此同时，以个人为纳税单位来课征个人所得税，其税收征管普遍采取"源泉扣缴为主，自行申报为辅"的模式。税务机关的税收征管成本较低，只需要掌握居民或非居民个人的收入状况即可，不需要对每个居民或非居民纳税人的家庭成员的收入情况、赡养老人和抚养孩子情况进行深入的了解，通过支付主体在收入源头上进行统一扣除，再进行自动扣缴便可以完成。因而，源泉扣缴更有利于税务机关的税收征管。然而，随着社会经济发展的进步，个人所得收入来源由原来的单一化向多样化转变，而我国正在全面推行的"三胎"政策也必然会引发家庭成员结构的巨大变化。随着家庭成员生活条件的逐步改善，传统的以个人为纳税单位课征个人所得税的方式，仅仅对个人税收负担能力加以考虑而忽略了个人背后的家庭负担因素，不能真实地反映以家庭为单位的实际支出情况和消费情况，显然有违税收公平原则，弊病正逐步显露。

（一）以个人为纳税单位费用扣除不能体现税负公平

在实践中，以个人为纳税单位，家庭整体收入水平和生活负担很容易被忽略。不同家庭税收负担有所差异，以个人为纳税单位并不能真实地反映两个收入相同但家庭情况不同的纳税人的税负能力，这显然有悖税收的横向公平。例如，甲乙二人的月收入均为 6000 元：甲的妻子因为疾病而不具备工作的能力，家中还有 2 个正在读书的小孩和 2 个需要被赡养的老人；乙是单身汉，并未结婚，也没有老人需要被赡养。在这种情况下，甲乙二人的实际生活支付能力显然不同。很明显，甲的生活负担要比乙重很多，两个家庭的生活费用开支不同，费用扣除、生计成本扣除也不相同，如果对甲和乙都同时征收一样的个人所得税，对于甲来说是明显是不公平的，这不利于实现家庭综合税负的公平。相比之下，一些国家在费用扣除方面规定得较为详细，而且在纳税人的税负负担方面进行了区别对待，综合考虑了纳税人的婚姻、家庭、人口、抚养、赡养等因素。这种做法更加人性化、更趋于公平。

（二）以个人为纳税单位容易造成家庭成员间的避税

以个人为纳税单位，容易引发纳税人通过向适用税率不同的家庭成员转移所得收入或采取家庭成员分割收入的方式来避税。如果夫妻一方在所得收入上适用较高的累进税率，而另一方适用较低的税率或者根本不需要缴纳个人所得税，便会引发收入高的一方将部分收入向收入低的一方进行转移分散，从而实现整个家庭的整体避税。这样一来，反而不利于个人所得税的征收和管理。

(三) 以个人为纳税单位不利于反映和调节收入差距

在美国等发达国家，由于低收入者较多，在个人所得税扣减方面也享受较多的税收优惠，适用较低的税率。例如，一个四口之家，丈夫有工作，妻子没有工作，儿子上学，还有一个老人需要赡养。在这种情况下，可以采取夫妻联合申报的方式来缴纳个人所得税，其费用扣除的标准是单身纳税人扣除标准的 2 倍，同时还可以享受儿童税收抵免和教育支出扣除，且老人也可以作为被赡养人进行申报。依此计算就会有一系列的税收优惠，如果丈夫的工资收入较低，这个家庭很有可能不用缴纳个人所得税；如果丈夫的工资较高，其适用的税率要比单身纳税人低很多。而在我国，只要这个丈夫达到个人所得税法定的起征点，他就要与单身的纳税人适用同样的税率。

由此可见，以个人为纳税单位课征个人所得税，容易导致综合税负的不公平和违法避税行为的发生。事实上，以个人为纳税单位有违个人所得税的设计初衷。早在 2012 年，国家发展和改革委员会便在《关于加强收入分配调节的指导意见及实施细则》中明确指出将以家庭为个人所得税的征税主体，个人所得税按照综合征收，以此来降低税负。但遗憾的是，我国一直都没有以家庭为纳税单位对个人所得税进行改革。第七次修正的《个人所得税》也没有规定以家庭为纳税单位。基于此，笔者建议，要实现分类综合所得课税模式，就要在未来的个人所得税改革中实行以"个人和家庭相结合的双主体纳税单位"，主张个人所得税的纳税单位应该包括个人和家庭。应考虑增加以家庭为纳税单位，综合计征家庭成员在年度内所获得的全部收入的个人所得税，考虑家庭成员的所有收入，再适用相应的费用减除标准、累进税率和税收优惠制度等。实行以家庭为纳税单位课征个人所得税可以真实地反映纳税单位的生活水平，体现夫妻财产的共有性，有利于缩小家庭贫富差距和实现社会公平。

以家庭作为课税单位征收个人所得税的优点在于它更符合普通大众家庭收支结构的一般模式。将家庭共同支出作为考察个人综合纳税能力的因素，可以有效地避免在个税征收时侵犯纳税人及其家属的基本生存权，是纳税人纳税能力张力的界限。以家庭作为现代经济生活的基本单位是因为家庭成员之间在生活成本、收入共享和税收负担上彼此关联、相互影响。以家庭为个人所得税的纳税单位，在一定程度上是充分考虑家庭综合收支状况和准确反映家庭真实税负能力的体现。以家庭为纳税单位，不仅符合税收公平原则，而且能更好地起到调节收入差距的作用。客观而言，以家庭为纳税单位，对经济运行的干预较少，比较符合税收经济效率原则，即夫妻双方会根据自身的家庭情况选择同时工作或一方工作，从而实现家庭福利的最大化，实际上也是一种符合税收经济效率原则的体现。此外，以家庭为纳税单位能充分反映家庭的综合收支状况，以防止家庭成员之间的收入转移，收获良好的反避税效果，同时也有利于减少税收的流失，提高税收行政效率。从长远看来，以家庭为纳税单位，不仅是未来《个人所得税法》中要重新考虑的选择，也是解决我国社会转型制度变迁中两极分化的客观要求。[1]因此，可以将家庭的不同模式作为家庭纳税单位的分类标准，即可以分为单身家庭、夫妇二人、夫妇一子女家庭、单亲一子女家庭、几代人复合家庭等，并依据不同家庭模式，分别规定不同的费用扣除，让相同家庭模式的费用扣除标准一致，不同家庭模式的费用扣除标准呈现出差异。此外，纳税时还应该集合所有家庭成员的所有收入，作为计征个人所得税的基础，以保证家庭税收负担与其实际税负能力相匹配，充分实现税收公平。综上，在以家庭为纳税单位的前提下考量纳税人的税收负担轻重问题，符合量能课税原则的内容要求和价值取向，也是未来优化我国《个人所得税法》和调整个人收入分配各级的必经之路。

在选择纳税单位时，新修正的《个人所得税法》虽然将分类综合所得作为此次改革的重点，并专门增设了6项专项附加扣除，但此次修正并没有涉及纳税单位的改革，对于是继续沿用以前的个人申报制度，还是允许个人申报、夫妻联合申报、家庭联合申报等方式并存新法并未作出明确规定。但在理论界，有关个人所得税纳税单位的选择由来已久，学者们基本上是围绕"家庭"这一核心概念展开争论。赞成的学者认为，纳税单位如果是家庭，那么可以充分考虑纳税人家庭的税收负担情况，有利于实现税收公平。不赞成的学者认为，以家庭为基准来课征个人所得税有违"婚姻中性"原则，不符合当前税收征管的实际能力，在现实中难以实现。此处举一例便能很好地印证双方观点，假设有AB两个家庭，且夫妻双方均有个人所得收入，A家庭中夫妻双方的月收入为4800元，按照现行纳税标准，A家庭中的夫妻双方都没有达到纳税人的纳税标准。此时，A家庭的收入月收入总和是9600元。而在

---

〔1〕 刘纯林：《个人所得税法变革专题研究》，世界图书出版公司2015年版，第112~120页。

B 家庭中，只有丈夫有收入来源，且每月收入 6000 元，妻子没有收入来源，在此情况下，丈夫具有纳税的义务，而妻子无须缴纳个人所得税。从税负公平的视角来分析，以家庭为纳税单位能够清楚、全面地反映和衡量家庭成员数、年龄、赡养和抚养的人数、家庭总体收入等，将个人的纳税能力列入家庭进行综合评价。这样做不仅符合纳税人的实际纳税能力，也能充分体现量能课税原则，实现税收公平。但以家庭为纳税单位会导致税收的"婚姻非中性"，产生"婚姻惩罚"或"婚姻奖励"。税法如果影响到了婚姻这一私人领域，将很有可能会促使"假离婚"等现象出现。

为了让分类综合所得税制的税前扣除制度更加公平、科学，笔者建议设立夫妻联合申报制度。这种申报制度跟美国类似，即纳税人根据自己的婚姻状况（单身、户主、夫妻联合申报、夫妻分别申报等）申报缴纳个人所得税。同时，允许纳税人按照自己的切实情况选择适合自己的申报方式。这种做法的直接好处在于纳税人可以在税前扣除方面充分考虑其税负能力，体现个体差异，同时也可以较好地体现婚姻中性原则、税收公平原则和量能负担原则，有效地防止"婚姻奖励"或"婚姻惩罚"，充分尊重和保障纳税人的选择权。鉴于此，个人申报、夫妻联合申报、家庭申报等多种申报方式将会是未来优化我国个人所得税的一大趋势。[1]

纳税单位是个人所得税法修正中最基本的问题，也是税收征收管理中的重要问题，其关系到纳税人的税收负担大小和税收公平原则的贯彻与执行。因此，在个人所得税制未来的设计中，应当增加以家庭为纳税单位的税制设计。尽管纳税单位只是个人所得税税制设计中的一个基本要素，但纳税单位会牵涉到个人所得税的税率、费用扣除等重要内容。由此可以推断，在未来的分类综合所得课税模式中，可以采取双向计征的模式，即有必要在以个人为纳税单位的基础之上，增加以家庭为纳税单位。允许纳税人自行选择以个人或是以家庭为纳税单位进行申报个人所得税，充分考虑不同家庭收入结构、负担情况的差异，贯彻"量能课税"的原则。允许夫妻联合申报，在充分考虑个人和家庭的各项生活成本和生计支出的基础之上，将费用扣除标准和通货膨胀率、物价指数挂钩，并采取定期调整的方法，实行浮动调整，对综合所得费用扣除标准实行动态监管，对分类所得的费用扣除标准采取比例扣除

---

〔1〕 刘剑文、胡翔："《个人所得税法》修改的变迁评介与当代进路"，载《法学》2018 年第 9 期。

的形式。纳税人根据自家的不同情况而选择不同的纳税单位来缴纳个人所得税，以此来充分实现个人所得税的调节与分配功能，这不仅有利于推动我国个人所得税的改革，更有利于税负公平。当然，以家庭为纳税单位征收个人所得税也要考虑税收中性原则，即征收个人所得税不能影响纳税人对结婚与否的决定。同时，以家庭为纳税单位也不能影响夫妻之间的财务分配。在已婚家庭中，无论夫妻之间是双方都取得收入，还是一方取得收入，只要家庭结构、收入总额相同，其承担的个人所得税的税负便应该是相同的。从另一个层面来看，这也是税收公平的最佳体现。除此以外，每一个纳税人均有权保护自己的隐私，以家庭为纳税单位要将夫妻的全部所得收入都作为个人所得税申报的税源基础，无论夫妻双方愿意与否，都要被列明和曝光，这也是将家庭列为纳税单位的难点之一。但随着公民涉税信息数据化时代的到来，我国个人所得税法发展的总体趋势还是向着高征管水准下的综合税制方向发展的。家庭课税单位的涉税信息更加宽泛，这就对税务机关准确掌握和核对家庭课税单位的信息能力提出了更高的要求。但实际上，限于税务机关本身获取家庭或个人涉税信息不充分、不对称的现实，要获得全面而准确的纳税人家庭的各项涉税所得信息难度颇大，更别说掌握家庭课税单位下的专项附加扣除情况了。鉴于此，以家庭为个人所得税的课税单位需要在纳税人的申报、税务机关的税收核定、涉税信息化平台的建设等方面做到配套一致。

在现行分类综合所得课税模式下，我国在选择课税单位时需要做到适时转变思想。我国从 1980 年开征个人所得税以来，一直以个人为课税单位，但分类综合所得课税模式与以个人为课税单位存在一定的矛盾。因此，我国有必要在纳税人填报时引入家庭课税单位，作为未来"综合课税模式"的改革空间。[1]事实上，以家庭为课税单位缴纳个人所得税与分类综合所得课税模式在理论基础上是契合和协调的。唯一不足的是，在内部税制设计方面会存在一些阻碍，即考量收入所得中综合部分的费用扣除和税率设计问题。故此，无论是分类综合所得课税模式还是综合所得课税模式，都要考虑综合所得部分的费用扣除问题，二者最大的不同就在于综合所得范围的不一致。综合所得费用扣除与家庭因素紧密关联，其直接关系到综合所得税基范围的宽泛与

---

[1]　周晗燕："我国《个人所得税法》家庭课税的考量和路径分析"，载《商业研究》2021 年第 2 期。

否。通过上述分析我们可以得知，以家庭为课税单位与所得费用扣除、税率结构层次、税收征管等方面都存在着必然的联系。以家庭为课税单位是一个系统性工程，其关系到税收公平正义价值和分配正义价值的实现，关系到量能课税公平原则的贯彻和落实。个人所得税课税负担会在个人纳税单位和家庭纳税单位之间进行分配。正因为如此，其应纳税额的上升会比税基更快，此时累进税收公式的设计成了未来家庭课税模式的一大难点。从世界范围来看，选择课税单位并无统一定式，选择以个人作为课税单位还是选择以家庭作为课税单位，需要结合宏观税制内部所得综合程度、课税要素设计、外部税收环境等方面进行综合评判。因此，在分类综合所得课税模式下，对课税单位的选择问题及其发展趋势的研究应重点关注以家庭作为课税单位在个人所得税税制改革中的可能性及其实现路径。

二、适时扩大综合所得计征范围

税收作为国家调控经济的重要手段之一，其科学性在于符合不同时期社会经济的发展需求。2018年8月，我国通过了《个人所得税法》第七次修正方案。其中，将4类所得（即工资薪金所得、劳务报酬所得、稿酬所得、特许使用费所得）纳入个人所得税综合所得计征范畴也是此次修法的一大亮点。将4类所得纳入综合所得的计征范围是实行"小综合+多扣除"的分类综合所得课税模式的首次尝试，这是个人所得税有史以来在分类课税模式基础之上的一大进步。可以说，此次修正的《个人所得税法》首次在分类所得的基础之上触及了综合所得计征范围问题。从其修正的历史意义来看，这是我国个人所得税课税模式的重大变革。个人所得税课税模式的转变解决了我国二十多年来一直想解决但却没有及时解决的问题。此次修法是个人所得税改革迈出的关键一步，其最大的突破就是实现了课税模式向分类综合所得课税模式的历史性转变。第一次实现了将4项劳动性所得（"综合所得"）纳入综合计征的范围，即实现个人所得税的"小综合"计征模式，并适用统一的超额累进税率。此项改革意义重大、层次更深，从某种意义上来说，此次转型具有里程碑式的意义，旨在设计更为公平、更具效率的课税模式，在化解社会主要矛盾道路上迈出了坚实的一步。从税制公平角度而言，综合计征能够平衡收入来源不同但收入水平相同的纳税人的税负公平问题。

然而，事实上，笔者发现，仅仅依靠立法规定，由分类所得课税模式转向分类综合所得课税模式在短期内是无法实现的。倘若要实现个人所得税课税模式真正意义上的改革，我们亟须解决诸多方面的问题。例如，哪些所得收入需要分类计征？哪些所得收入需要综合计征？综合分类的标准是按照收入性质划分，还是按照有无费用扣除项目划分？在设置综合计征范围时，4 类劳动性所得的范围是否科学、合理？稿酬所得是属于劳务所得还是智力所得？版权和版费是否属于无形资产所得？特许权使用费属于资本所得还是劳务所得？因为这些所得产生的基础都是无形资产，属于人们的智力成果。在国外，依据无形资产的权利取得所得更符合资本所得的特性，具有明显的消极所得特征。因而，他们将特许权使用费所得归为投资所得，并进行税务处理。毋庸置疑，无论是稿酬所得，还是特许权使用费所得都来源于人类的智力劳动成果，都具备劳务所得的属性。鉴于此，在获得交易所得的情形下，如何判定纳税人的有关智力劳动成果所得是属于劳务所得，还是特许使用费所得，无论是在国内还是在国外的税法理论和实践中都有重要意义。因此，我们需要对其进行区别对待、慎重考虑。如果要将它们直接纳入综合所得计征范围，在考虑税率设计时，我国应适当提高其所适用的税率。这样才能有效地将它与一般劳动所得区分开来，充分体现智力劳动所得有别于劳动所得的特殊性。从长远来看，劳动所得和资本所得应该尽可能被纳入征收范围，以发挥税收调节功能。此外，在设计综合所得计征范围时，综合计征范围是否还有扩展的空间？费用扣除范围是否可以继续扩大？能否随经济发展变化的情况而适时调整？个人所得税费用扣除范围和扣除标准如何实现汇算清缴和申报核对？是否可以根据物价和汇率的实际变动情况来设置弹性税率？这一系列问题恰好是我国在个人所得税课税模式改革过程中必须要面对和解决的。同时，这些问题也是未来个人所得税在发挥平衡税负公平和调节税收效率方面应着重考虑的问题。但遗憾的是，这些问题在此次修正的《个人所得税法》中并没有被详细解答。基于此，就目前来看，《个人所得税法》的具体执行和操作层面仍然值得商榷。要想实现分类所得课税模式向分类综合所得课税模式的变革，需要在未来的个人所得税税制改革中继续关注综合所得计征范围。可以借鉴"二元所得税制"的做法，分别以劳动所得和资本所得作为所得来源并逐步对其进行归类综合。

不仅如此，还要对个人所得税的税基进行渐进式的拓展，即要根据现有的综合所得范围将之前不在税基范围内的纳入进来，适当扩大专项附加扣除的范围。对于特殊群体也可设定专项附加扣除，如残疾的专项附加扣除。与此同时，个体工商户生产经营所得，企事业单位承包、承租经营所得，财产转让所得，财产租赁所得，附加福利费等都应该被纳入综合计征的范畴，并对综合所得实行按年计算、按月预扣、年终汇算、多退少补；将利息所得、股息所得、红利所得、股票转让所得、偶然所得列入分类征税项目，按次计征，年终不再汇算。这样做也是为分类综合所得课税模式的改革铺平道路。劳动所得按照超额累进税率计征，不仅可以实现对不同来源所得适用同样的个税政策，体现纳税人之间的税负公平，还可以降低征纳成本、精简课税制度。当前，4类综合所得额是按照减除基本费用（5000元）扣除和专项附加扣除的余额。劳务报酬所得、稿酬所得、特许权使用费所得还要减除掉20%。将经营所得纳入综合所得计征应纳税所得额时，也应减除经营成本、费用及损失。将主要以劳动所得为主的经营所得纳入综合所得，有利于实现劳动所得的税负公平。[1]

为强化个人所得税的税收调节功能，需要将更多的收入纳入综合申报范围。此外，在税基的列举方式上，应改变以往的"正向列举"方法，采取"反向列举"的方法，即在《个人所得税法》中明确规定免予征税的税目。不属于上述规定范围的，则应该缴纳个人所得税。以反列举方式来规定应税范围，不仅可以有效扩大个人所得税的税基范围，使得纳税人的多元化收入、隐性收入等得到有效规制，还可以促进个人所得税财政税收功能的实现。同时，凡是在《个人所得税法》规定范围内的纳税人，其通过劳动获得的全部收入所得都应当属于税收征管的范畴。对于能够通过多种渠道获得税收收入的纳税人，汇总纳税更能体现其税负能力；对于已经取得外国"绿卡"的公民，不管其获得的是境内所得还是境外所得，都应该在中国汇总缴纳个人所得税。这种以纳税人身份或身份的变化为依据的税收制度应该是我国个人所得税的改革方向。补齐短板是综合课税的阶段性任务。为了更顺利地实现各类所得的综合课税，要先在综合与分类相结合的征收模式下实现纳税人的各类所得同等纳税，不能因不同所得的性质有差异而存在税收短板或税负洼

---

〔1〕 赵艾凤、姚震："进一步完善我国个人所得税扣除制度的构想"，载《税务研究》2020年第9期。

地。[1]

换句话说，应适当优化个人所得税专项附加扣除制度，更加细化与科学地制定专项附加扣除标准。可以借鉴美国的做法，即规定纳税人及其被抚养人都可以享受一定数额的税收扣除，但是当个人调整后所得超过一定数额后，个人所得税收扣除额会随着所得的增加而逐步减少。伴随着税收征管大数据的应用与发展，我国可以将个人收入水平与专项附加扣除相结合，以便更好地彰显量能负担的原则。不仅如此，在赡养老人的费用扣除方面，应当与子女的个人收入水平和老人自身的收入挂钩且扣除额应当在老人收入提高的基础上逐步降低。对那些收入较高且无需子女照顾和赡养的老人，则不应当再由其子女扣除赡养费用。

我国还可以建立退税制度，即当纳税人的所得收入不足时，对有利于降低纳税人税收负担的专项附加扣除实施退税，这样一来就可以有效地避免低收入者无法获益的客观现象。

上述措施可以保持税收收入中性原则，即在个人所得税总额一定的前提下调整不同收入层次纳税人的税负分布，既不影响平均税率，又能够促进公平。[2]从长远来看，待时机成熟、条件允许，我国应逐步从"小综合"过渡到"大综合"，即逐步拓展个人所得税综合所得的范围，在4类劳动性所得的基础之上，逐步将部分资本所得纳入综合计征的范畴，除单独规定的个别所得项目外，所有所得项目都应当归入到综合计征的范畴，以保证个人所得税的丰富税源，充实个人所得税的税基。同时，要清理减并各项税收优惠措施，使得个人所得税的税基更加宽泛。根据社会经济发展的需要，设定弹性动态调整机制，适时扩大综合所得的征税范围，以促进个人所得税发挥税收调节和税收公平的基本功能。

三、优化调整个人所得税率结构

从世界范围来看，无论是美国、英国、德国还是其他发达国家，个人所得税税率结构都经历了"筹集战争军费—筹集政府财政—调节收入分配"的转变，税率从战争期间的较高边际税率逐步降低，税率级次也被逐步简化。

---

〔1〕 刘维彬、黄凤羽："我国个人所得税的税收负担及其优化"，载《税务研究》2020年第9期。
〔2〕 李文："公平还是效率：2019年个人所得税改革效应分析"，载《财贸研究》2019年第4期。

从国际上来看，美国、英国、德国等发达国家在税率结构方面都作出了细微的调整，无论是在税率设置上，还是在税率级次和税率级距上，都在逐步降低纳税人的税收负担。过高的边际税率并不符合国际的平均水平。以 2019 年为例，俄罗斯的最高边际税率为 13%、美国为 37%、韩国为 42%、日本为 45%、加拿大为 33%、德国为 45%、英国为 45%、中国为 45%。（详见表 6-1）[1]我国为顺应国际趋势，在此次修正的《个人所得税法》中对个人所得税的税率进行了统一调整，即将综合所得的税率范围调整为 3%~45% 的超额累进税率，扩大了 3%、10%、20% 三档低税率的级距，缩小了 25% 税率的级距，但 30%、35%、45% 三档较高税率级距并没有改变。遗憾的是，此次税率结构的调整还存在一些不足之处，仍需进一步优化。

表 6-1　各国个人所得税最高边际税率比较[2]

国家名称	最高边际税率（%）
俄罗斯	13
美国	37
韩国	42
日本	45
加拿大	33
德国	45
中国	45
法国	45
英国	45

（一）继续下调最高边际税率

值得一提的是，45% 的最高边际税率从其"诞生"那天起就丝毫未变，与其同时制定的企业所得税税率早已随着社会发展而几经调整，从 55% 降至

---

　　[1]　"刘剑文会长谈个税法修改"，载 https://mp. weixin. qq. com/s?__biz＝MzIwNTk0ODgzNg%3D%3D&idx＝1&mid＝2247485035&sn＝3e07664af6c3dbad88b866d369bb845f，最后访问时间：2018 年 9 月 7 日。

　　[2]　表 6-1 数据由 2019 年中国人民银行授权中国外汇交易中心公布的银行间外汇市场人民币汇率中间价折算而来。

25%。发达国家的个人所得税税率也在与时俱进，并适时地进行调整。改革开放四十余年来，我国的国民收入和生活成本的变化有目共睹，税收监管也越来越科学化，但唯有税率没有适时调整。我国45%的最高边际税率覆盖了96万元以上的应税所得，应适时下调。目前，适用45%的最高边际税率征收个人所得税的国家并不多见，最高边际税率的设计需要兼顾调节收入分配的要求，若高、中、低收入差距比较大，富人富得流油，穷人穷得揭不开锅，则分配不均、有失公平。在藏富于民方面，个人所得税要起到调节作用，需要维持一定的税收调节率，保持包容性发展和包容性增长。个人所得税改革的目标是税收公平，尽管此次修正的《个人所得税法》在一定程度上给广大中低收入阶层释放了红利，体现了国家的综合治理能力，解决了一定层面的经济问题，在一定程度上化解了社会矛盾，有利于提升居民的幸福感和获得感、促进社会的稳定。但遗憾的是，对于高收入者来说，最高边际税率仍然维持在45%，且高于国际的平均水平，这明显有悖于个人所得税的设计初衷。边际税率过高，实质上也是一种制度设计上的不公平。个人所得税过高的边际税率会使纳税人在工作、储蓄、投资等方面的经济选择发生扭曲。事实上，我国很多财税法学界的专家和学者一直都在呼吁将45%的最高边际税率降到35%，有的学者甚至认为降到20%最为合适，这也是未来个人所得税在边际税率改革方面所期待的。因为从世界范围来看，45%的最高边际税率远远超过了全球的平均水平，过高的边际税率不仅会造成纳税人的"税痛感"，也会使纳税人为了降低边际税率而想方设法地隐瞒、逃避、分解、转移其所得收入，刺激纳税人逃税。这不利于发挥个人所得税的税收调节功能。

　　与此同时，过高的边际税率也不利于保留和吸引高端人才。税如水，水往低处流，国际人才必然向低税区流动，高边际税率很容易造成人才流失，更不利于新时代中国特色社会主义的发展与建设。当前，无论是国际贸易竞争，还是国际人才竞争，都要以人民的利益为出发点。由此可见，45%的最高边际税率明显是不合适的。基于此，我国可参照发达国家个人所得税最高边际税率的做法，如美国的33%、加拿大的29%、俄罗斯的13%。因为世界上很多国家的个人所得税最高边际税率都在35%以下，经济合作与发展组织成员的最高边际税率平均为35%。显然，我国个人所得税的税率设计高于许多发达国家和部分"金砖国家"。囿于个人所得税实际平均税率和实际税负在不同纳税人收入层次的分布不同，实际平均税率要低于名义税率，且二者的差距会随着个人收入水平的增加而提高，这会导致税收实际公平的效应低于理论公平的效应。因此，提高税收遵从度是遏制税收流失的重要手段。从上述数据中我们可以看出，俄罗斯等国家降低高收入者名义税率，即将最高边际税率从30%降低到13%，是单一税改革的良好契机，这大大降低了高收入者依法纳税的机会成本，从而提高了高收入者的税收遵从度。事实上，降低其名义税率，其实际税收征收额将大幅度提升，也就间接改善了税收实现再分配的问题。

然而，我国税制的最高边际税率仍处于发展中国家的较高行列，且税制的累进率很高，有降低最高边际税率的空间。降低最高边际税率可以在一定程度上增强高收入者的纳税遵从度，实际平均税率会更加接近名义平均税率，同时也会改善税负在不同收入阶层之间的分布，达到实现税制实际公平的目的。[1]

面对国际减税趋势，我国纳税义务人若长期陷于税负较高的处境，将会造成我国在国际竞争中处于劣势，同时也会加速国内资本和人才的流失。我国纳税人通过改变国籍、逃至国外避税的现象屡屡发生，原因之一即为我国将个人所得税的边际税率设置得过高。鉴于此，为与国际减税趋势接轨，且考虑到纳税人的心理预期和社会承受力，我国个人所得税可以考虑将最高边际税率适当降至35%。这样一来，很多依靠劳动所得的纳税人的收入将会提升，切实减轻他们的税负感。目前，我国高收入人士的收入来源早已脱离原始的劳动所得而转向资本所得。但这类所得的实际税负却比劳动所得要低，个人所得税在收入分配和财富分配方面的调节作用明显被弱化。因而，可以通过适当增加资本或财产所得的税负（例如个人财产租赁所得的税率可以适当调高，从原来的20%调至30%），达到劳动所得和资本所得之间的平衡。通过税收杠杆的作用，降低最高边际税率，让高收入者也感受到一定的税改红利，真正实现税收的横向公平和纵向公平，这无疑也是新时代个人所得税课税模式的价值取向。但需要说明的是，大幅度降低个人所得税税率并不表示大幅度降低个人所得税的税收收入。因为税率降低了，逃税的人会相对减少，国民收入水平会提升，个人所得税税收总量反而会持平。每次降低税率都会有人担心国家税收总额不能稳步入库，但其结果恰恰相反，税收不但没有降低

---

〔1〕 李文："公平还是效率：2019年个人所得税改革效应分析"，载《财贸研究》2019年第4期。

反而增加了，这已是一个不争的事实。

（二）酌情简并税率级次

在个人所得税的税率级次方面，从我国此次《个人所得税法》的修正内容来看，税率级次仍然是 7 级（3%、10%、20%、25%、30%、35%、45%），这与过去的分类所得课税模式下的税率级次相比较而言并没有发生级次上的改变。事实上，税率级次过多不利于个人所得税各项功能的有效发挥。笔者建议适当减少税率级次，将 7 级税率级次减少至 5 级税率级次，并且在税率级距方面作进一步的调整。这样一来，既可以解决低收入者个人所得税的税收公平问题，也可以解决高收入者个人所得税的税收公平问题。从国际上来看，各国个人所得税税率级次一般维持在 5 级左右，7 级的并不多见。在分类综合所得课税模式下，税率作为个人所得税课税模式的核心要素，会直接影响到纳税人的税收负担。从长远看来，个人所得税的税率结构有待优化，尤其是在边际税率、税率级次、税率级距等方面都需要作进一步调整。考虑到当前我国收入分配和课税模式的要求，需要进行统筹规划，总体目标是要实现"中间大，两头小"的税率结构，形成以中等收入阶层为主导地位的普遍富裕社会。在技术设计上，要继续实行以超额累进税率为主、超额累进税率和比例税率并行的税率结构，降低综合所得税率、减少税率档次、扩大级距范围。综合所得适用税率可调整为 3%~35% 的 5 级超额累进税率（详见表 6-2），同一级距内适用相同的税率，综合所得税率则按年计征，分类所得税率适用 20% 的比例税率。优化个人所得税的税率结构一方面可以为实现个人所得税的税收公平创造有利条件，另一方面可以为实现分类综合所得课税模式奠定税制要素基础。

表 6-2 个人所得税税率表（综合所得适用）[1]

级数	全年应纳税所得额	税率（%）
1	不超过 36 000 元的	3
2	超过 36 000 元至 144 000 元的部分	10
3	超过 144 000 元至 420 000 元的部分	20

---

〔1〕 表 6-2 数据是笔者根据 2018 年 8 月 31 日第七次修正的《个人所得税法》综合所得税率的规定自制而成。

级数	全年应纳税所得额	税率（%）
4	超过 420 000 元至 660 000 元的部分	30
5	超过 660 000 元的部分	35

（三）适当协调不同种类所得的税率

当前，虽然我国暂时无法实现发达国家的综合所得课税模式，但是对于个人不同的收入所得，可以在税率范围内进行一定程度的调整，即在综合所得和经营所得的税率上做文章。与此同时，当"小综合"实行到一定阶段后，待之成熟，还可以将某些所得（例如房屋租赁所得等）一并纳入综合所得的课征范围，以此来改善税收横向公平的效应。诚然，囿于政府目标存在多元化因素的考虑，税收征收和税收遵从成本的限制要求，我国不能简单地为提高综合程度而纳入越来越多的所得。

四、合理规范费用扣除申报制度

在征收个人所得税之前，应当扣除取得收入所花费的成本费用和纳税人及其赡养家属的基本费用（生计费用），之后才可以计征个人所得税。为照顾中低收入人群和特殊人群，费用扣除制度要能够有效地减轻"上有老下有小"且背负较重房贷压力的中坚群体的负担，从而增加其可以支配的收入。同时，出于政策性的考虑，还要规定其他的扣除项目以缓解纳税人的税收负担。事实上，费用扣除的意义在于对纳税人征税时要去除掉不能反映纳税人纳税能力的部分，而保留能反映纳税能力的部分。任何一个国家在个人所得税费用扣除设计方面都是经过深思熟虑的。正如前文所述，美国在个人所得税的费用扣除方面就充分考虑了儿童、老人（65 周岁以上的人）、残疾人（盲人），且在抚养儿童和赡养老人与不抚养儿童和赡养老人的纳税人之间作出了较为科学、详尽的扣除设计。美国在费用扣除设计方面较为完善，不仅有标准扣除，还有分项扣除，并以此来减轻纳税人的税收负担。同样，德国在个人所得税的税前扣除设计方面也比较详尽，其扣除项目包括固定额度扣除、专项扣除、津贴补贴扣除、非常费用扣除等，并规定了很多税收减免的政策，体现了国家对纳税人计征个人所得税的差异化规制思路。

与发达国家相比较，我国更应当在此问题上加以深思。个人所得税的扣除项目不仅仅是对个人所得税制度设计的技术处理，更关乎纳税人的切身利益，体现了一国税收公平的价值取向。不同课税模式的费用扣除项目和费用扣除标准存在较大的差异，在分类所得课税模式下，不同所得适用不同扣除项目和扣除标准，生计扣除基本上是从就业所得中直接扣除，特许减除项目较少。在综合所得课税模式下，先将纳税人在一定时期内的总所得减除取得收入的成本、生计费用和特许支出，再按照统一的税率来计征个人所得税。实际上，这一点跟分类所得课税模式很相似，都是在各类所得项目的基础之上实行费用扣除。在分类综合所得课税模式下，综合所得部分的费用扣除与综合所得课税模式相类似，分类所得部分仍然是按照比例税率计征个人所得税。由此可见，费用扣除项目和扣除标准与个人所得税选择何种课税模式有着密切的联系。当前，我国个人所得税课税模式正处于向分类综合所得课税模式转型时期，传统的分类所得课税模式下的费用扣除设计显然已不符合我国的客观实际。鉴于此，唯有重构原有的费用扣除项目和扣除标准才能够真正实现个人所得税课税模式的转型。

我国个人所得税的费用扣除应该体现"以人为本"与"和谐社会"的政治文明理念，充分考虑经济发展，居民实行收支水平、物价指数、家庭负担和社会保障因素。与此同时，还应该具备一定的前瞻性和灵活性。从我国的实际情况出发，参照发达国家的通行做法，费用扣除项目一般应包括成本费用扣除、生计费用扣除和特许扣除三种。过去，我国在费用扣除方面较少考虑赡养人口、婚姻家庭、子女教育等情况，在医疗费用、教育费用、灾害损失等方面的扣除也很薄弱。此次修正《个人所得税法》，我国通过采取分类综合所得课税模式、提高基本费用减除标准、增加专项附加扣除等一系列"组合拳"政策，使得大部分纳税人在不同程度上享受到了减税带来的红利。其中，中等以下收入的阶层获益较大。将个人所得税的费用减除标准提升至5000元，将专项附加扣除（即将子女教育、继续教育、大病医疗、住房房屋贷款或住房租金、赡养老人的支出作为专项附加项目予以扣除）纳入立法。可以说，这是我国《个人所得税法》自1980年颁布以来最具进步意义的一次修正，此次修正促使个人所得税税制更趋向公平、合理。

个人所得税的费用扣除标准一直是大部分发达国家和发展中国家关注的焦点。我国自1980年颁布《个人所得税法》以来，1980年至2018年的38年间，个人所得税基本减除费用扣除标准经历了 800 元（1980 年）—1600 元（2005 年）—2000 元（2007 年）—3500 元（2011 年）—5000 元（2018 年），从历史上看，呈现出逐步递增的发展趋势。但是，从第七次修正的《个人所得税法》将费用减除标准提高到 5000 元来看，其显然不能满足社会民众的整体期待和大部分纳税人的心理预期。客观而言，5000 元的基本减除费用标准相对于发达国家的个人所得税基本减除费用标准而言明显偏低。尽管我国在《个人所得税法》中还增加了专项附加扣除这一亮点，即将子女教育、继续教育、大病医疗、住房房屋贷款或住房租金、赡养老人的支出作为专项附加项目予以扣除，并于 2018 年 12 月 22 日出台了《暂行办法》。然而，从专项附加扣除范围的设计来看，仅仅有 6 类附加扣除，且这 6 类扣除都有其特定的适用对象，并非所有的纳税人（尤其是工薪阶层）都可以适用个人所得税专项附加扣除。与此同时，随着物价水平和消费水平的提升，考虑到拉动消费和促进税收公平，笔者认为，个人所得税基本减除费用标准应该提高到 10 000 元。从微观上来看，费用减除标准的变动对低收入者的影响最大，因为低收入者的所得收入水平较低，所以在税收减免政策实施后，可以有效地减轻其税收负担。从宏观上来看，费用扣除标准的变动对我国整体经济建设和财政收入也产生了重要的影响。在免征额度一定的情况下，政府的财政收入可以保持在合理范围之内，对经济建设与发展起到一定的促进作用。同时，费用扣除标准的变动对个人所得税的影响（尤其是在收入水平与费用扣除方面）也有所不同。扣除的项目越多，对于个人所得税累进程度的影响就越小；扣除的项目越少，对个人所得税累进程度的影响就越大。因此，此次修法将基本减除费用标准从原来的 3500 元上升到 5000 元（详见表 6-3），虽然在一定程度上着实减轻了人们的税收负担，但是基本费用扣除标准仍然有一定的提升空间。我们还可以参照发达国家的做法，随着社会经济的发展与进步，依据物价水平和消费水平的变动情况，建立定期动态调整机制，尽可能减少由操作不及时带来的不利影响。这样做不仅有利于保障纳税人的切身利益，也有利于实现个人所得税的公平价值。

表 6-3　2018 年《个人所得税法》修正前后费用扣除对不同收入人群减税的影响〔1〕

序号	"三险一金"〔2〕扣除后每月收入金额（元）	修正前费用扣除标准 3500 元	修正后费用扣除标准 5000 元	月减税金额（元）	减税比例（%）
1	5000	45	0	45	100
2	6000	145	30	115	79.3
3	7000	245	60	185	75.5
4	8000	345	90	255	73.9
5	9000	545	190	355	65.1
6	10 000	745	290	455	61.1
7	15 000	1870	790	1080	57.8
8	20 000	3120	1590	1530	49.0
9	30 000	5620	3590	2030	36.1
10	40 000	8195	6090	2105	25.7
11	50 000	11 195	9090	2105	18.8
12	100 000	29 920	27 590	2330	7.8

尚需注意的是，个人首次享受个人所得税专项附加扣除时，还需要填写《个人所得税专项附加扣除信息表》。填好扣除信息表后，将其交给任职的单位，由单位在每个月发放工资时比照"三险一金"扣除模式为纳税人办理专项附加扣除。费用扣除基数和范围增加后给纳税人带来了较大的红利。例如，小李每月的工资为 10 000 元，减除扣除基数 5000 元，独生子女需要赡养父母扣除 2000 元，有 2 个孩子需要抚养扣除 2000 元，有住房贷款扣除 1000 元，继续教育扣除 400 元。依据《暂行办法》的规定，小李可以扣除的费用 =10 000-5000-2000-2000-1000-400。显然，在多个专项附加扣除后，小李已经达不到缴纳个人所得税的标准，不需要缴纳个人所得税。与过去的分类所

---

〔1〕　表 6-3 为笔者根据 2018 年《个人所得税法》修正前后费用扣除标准不同对不同人群减税的影响自制而成。

〔2〕　个人所得税在上缴之前要从个人所得中扣除养老保险、医疗保险、失业保险和住房公积金。

得课税模式相比较，此次税改让更多的纳税人享受到了红利。从专项附加扣除项目的设计初衷来看，其不仅体现了对基本权利的充分尊重，也体现了对人民利益的切实保护。此番修正《个人所得税法》，纳税人综合收入的实际免征额在除去 5000 元基本费用和"三险一金"后大于 5000 元，若算上附加专项扣除，某些纳税人的免征额可高达万元甚至数万元。个人所得税的覆盖面也会因此大幅度减少，同时也损失了所得税的累进性。因此，进一步改革我国个人所得税将面临平衡简化税制与保持累进性的问题，这要求我们不仅要重新考量我国个人所得税课税模式改革的初衷，更要考量税前扣除的范围与结构。对于标准扣除数额到底设置为多少比较合适，目前没有统一的答案。如果以纳税人及其赡养人口的基本消费支出为基准，同样也会涉及扣除的标准和衡量的方法问题。[1]

同时，专项附加扣除作为此次修法的重要内容，实际上是在立法层面切实减轻纳税人的税收负担，让纳税人真正体会到个人所得税立法改革带来的红利，以增强纳税人的"获得感"与"幸福感"，使个人所得税改革在化解社会主要矛盾方面迈出了坚实的一步，增强了纳税人主动纳税的意识，从而促使我国个人所得税的发展更趋向于税收的公平与正义。除此之外，此次出台的《暂行办法》将子女接受全日制学历教育的相关支出，按照每个子女每月 1000 元的标准进行定额扣除；纳税人在中国境内接受学历（学位）继续教育的支出，按照在学历（学位）教育期间实行每月 400 元的定额扣除；属于技能人员职业资格继续教育和专业技术人员资格继续教育的支出，在取得学历（学位）证书当年按照 3600 元进行定额扣除；大病医疗按照扣除医保报销后个人负担累计超过 15 000 元的部分，在 80 000 元的限额内据实扣除；首套住房贷款利息选择夫妻一方每月扣除 1000 元，且扣除期限不超过 240 个月；住房租金根据直辖市、省会城市、计划单列市、国务院确定的其他城市的不同，分别按照每月 1500 元、1100 元、800 元进行标准定额扣除。赡养老人的支出费用，纳税人赡养一个及以上被赡养人的赡养费用支出，统一按照纳税人是独生子女的，每月按照 2000 元的标准进行定额扣除。非独生子女则可以约定分摊或均摊扣除额度，但每人分摊的扣除额度不能超过 1000 元。综上所述，《暂行办法》第一次明确规定了 6 项专项附加扣除的适用情形，且制定了

---

〔1〕 马珺："个人所得税税前扣除的基本逻辑：中美比较分析"，载《国际税收》2019 年第 9 期。

所需要填写的《个人所得税专项附加扣除信息表》和各类专项扣除所需要遵循的条件。如子女教育的专项附加扣除，纳税人需要留存境外学校录取通知书、留学签证等相关教育的证明资料；纳税人接受技能人员职业资格继续教育的，应当留存相关证书等证明资料；大病医疗专项附加扣除应当保留医药服务收费以及医保报销的相关原始票据；住房贷款利息专项附加扣除必须留存住房贷款合同、贷款还款支出凭证等资料；房屋租赁专项附加扣除，需要留存住房租赁合同等备查资料。与此同时，为方便个人的申请，纳税人还可以在个人手机上下载个人所得税 APP，以方便申报各项专项附加扣除。客观而言，个人所得税专项附加扣除的规定在一定程度上确实给纳税人带来了改革的红利，尤其是使中低收入阶层受益较大。但是，任何一项改革的推行与实施都需要经历从无到有、从不完善到逐步完善的艰难过程。从专项附加扣除的具体规定来看，实际上还存在一些不足之处：

（一）专项附加扣除缺乏差异性规定

从专项附加扣除的内容来看，相较于过去按照分类所得课税模式来征收个人所得税，其具有里程碑式的意义。此次扣除考虑到了婚姻、家庭、财产等因素给个人所得收入带来的影响。从分类所得课税模式向分类综合所得课税模式的转变是一大历史进步，但距离实质意义上的分类综合所得课税模式仍有较大的差距。当前，《暂行办法》规定的专项附加扣除项目采取的是分项扣除的方法，从表面上看维护了税法的统一性和权威性，但这种规定实质上无视了地区之间的经济差异、消费水平差异和赡养人口差异，其税收公平性和税收合理性都难以体现，反而造成了很多不利影响，不利于和谐社会的发展。囿于缺乏综合扣除，部分人群会被加重税负。例如，刚毕业不久的大学生将无法充分享受扣除的优惠。而且，从专项附加扣除的方法来看，基本上采取的是定额标准扣除，除房租外，子女教育、大病医疗、房贷利息、赡养老人的扣除金额并没有体现出不同地区、不同城市之间的差异，一线城市和二、三线城市在扣除标准上应当有所区分，费用扣除标准应当反映出纳税人的经济负担能力。《暂行办法》将子女赡养父母专项费用扣除标准分为两种情形：独生子女每月可以享受2000元的费用扣除，非独生子女可以享受每人不超过1000元的费用扣除。然而，在现实生活中，还有一种情形是在赡养人是非独生子女的情况下，他（她）的兄弟姐妹们不幸先去世了或是丧失了生存能力，只剩下赡养人自己来照顾其父母，并承担赡养义务，负担相应的生活费用。在这种情况下，如果还是只能适用不超过 1000 元的费用扣除，显然有失公平，不符合客观实际，有违专项附加扣除设计的初衷。此外，在赡养人协商分摊费用扣除金额时，如果非独生子女当中只有一个子女具备赡养父母的经济能力，而其他子女经济条件较为薄弱、不具备赡养父母的能力，仍按照不超过 1000 元费用扣除来进行分摊显然是不符合客观实际的。客观而言，实施专项附加扣除需要考虑到现实情况的多样性和复杂性。当前，6 项专项附加扣除内容的规定仍然存在一定的缺陷和不足。《暂行办法》在未来的修订中需进一步科学化和精细化，切实体现个人所得税的税收公平。

此外，在专项附加扣除中还涉及子女教育扣除问题。当前，国家允许扣除的教育是学前教育、义务教育、高中阶段教育和高等教育。"子女教育支出"包括哪些支出？高收入人群的孩子就读国际学校、名牌学校的高额学费算不算教育支出扣除的范畴？在立法中，我国需要进一步明确教育支出的"边界"，让纳税人清楚地知道和明白哪些教育支出属于可以扣除的范围，哪些教育支出属于不可以扣除的范围。这样不仅可以减轻纳税人的税收负担，还可以充分发挥税收调节贫富差距的作用。

在实际生活中，我国要想在未来的竞争中占据优势，各种教育阶段的相应辅导或培训对于大多数孩子的成长来说是必不可少的。《暂行办法》仅仅是规定了 4 类教育的费用扣除，笔者认为这是远远不够的。《中国商业教育辅导市场消费力报告》显示：学前和中小学教育阶段，中国家庭的教育支出占家庭支出的 20.6%；有 14.6% 的家庭，教育支出占比超过 50%。《2019 国内家庭子女教育投入调查》显示：家庭子女教育年支出主要集中在 12 000 元至 24 000 元和 24 000 元至 36 000 元两个范围内，占比分别为 22.4% 和 21.7%。38.8% 的受访家庭用于子女校外教育和培养的投入占家庭年收入的二成至三成。[1] 由此可见，尽管在九年义务教育阶段不缴纳学费，但随着家长对教育的逐步重视，为使得子女在激烈的竞争中具有一定优势，子女在九年义务教育阶段也会参加各种各样的培训班或辅导班，这笔昂贵的费用是无法享受税收优惠的，恰恰也是这部分费用给一般的家庭带来了较重的生活负担。因此，笔者建议给予培训费用以适当扣除。基于此，在个人所得税课税模式转型的

---

[1] "2019 国内家庭子女教育投入调查：38.8% 的家庭消耗年收入的 2 - 3 成"，载 https://www.sohu.com/a/316 949601_ 120154811，最后访问时间：2021 年 6 月 20 日。

过程中，是否应该将子女教育专项附加扣除从每月 1000 元提升至每月 2000 元？这样一来，可以减轻大多数家庭培养子女的负担。再者，大部分外来务工人员的子女都会因为户口问题选择学费较高的私立学校，私立学校的学费是否能够减免？继续教育扣除并不适合所有的纳税人，因为往往是收入低的纳税人无法享受继续教育扣除，而收入高的人反而可以享受这一类扣除，以上这些情况的存在也值得深思。与此同时，住房贷款利息支出专项扣除并没有考虑周全。因为在现实生活中，房屋的类型是多种多样的，是基本住房，还是改善住房，抑或是投资购房都会直接影响到住房的专项附加扣除问题。基于不同的购房目的和不同的房屋类型，其费用扣除标准也应当给予区别对待。住房租金若要享受费用扣除的税收优惠，纳税人还需要提供租房合同、完税发票等凭据。然而，在现实生活中，承租人想要取得完税发票不太现实。

（二）专项附加扣除不得结转扣除的规定不合理

此次出台的《暂行办法》明确规定，纳税人在本年度综合所得应纳税所得额中扣除专项附加扣除后，本年度扣除不完的，不得结转到以后的年度中加以扣除。然而，在现实生活中，房贷利息和大病医疗等往往会成为绝大部分人（尤其是中低收入者）的重大负担，如果这两项不能在结转后加以抵扣，这种规定显然是不合理的。基于此，可以借鉴德国的相关做法，允许达到一定数额后向下一年度进行结转。因此，建议在立法中规定一定的结转年限（3 年或 5 年），这样做的最大好处在于能够充分维护纳税人的切身利益。另外，在赡养老人的费用支出方面，基于各纳税人的家庭情况不同，若要享受扣除优惠，是实行"差别扣除"还是实行"一刀切"？在赡养老人专项附加费用扣除方面，笔者建议规定"纳税人赡养 2 个及其以上的老人，可以依据赡养老人的数量实行加倍扣除"。采取加倍扣除的做法可以大大减轻纳税人赡养老人的生活负担。此外，从独生子女扣除 2000 元、非独生子女每人不超过 1000 元的规定来看，赡养老人的专项附加扣除的金额偏低。从当前人们收入水平的提高和生活条件的改善情况来看，2000 元对于一些家庭来说是远远不够的，尤其是对部分赡养带病的老年人的家庭来说。因为 60 岁以上的老年人仅买药的成本或许就已经超过了 2000 元。笔者认为，在赡养老人方面，费用扣除标准还有提升的空间，可以提升至每月 3000 元。除此以外，非独生子女中如果存在只有一个子女具备赡养条件，其他子女不具备赡养条件的情形，应当将具备赡养条件的子女的费用扣除设置为 2000 元，而不能再按照非独生子女不超过 1000 元的标准予以扣除。

(三) 专项附加扣除未考虑到通货膨胀的负面影响

我国在专项附加扣除标准的调整方面仍然存在不足之处，因为通货膨胀会增加纳税人的名义收入，加重纳税人的税收负担。在国外，一般在费用扣除方面都设定有浮动的动态调整机制。例如美国、德国、日本等国家都采取了此种方式。鉴于此，我国在转向分类综合所得课税模式的过程中，要想实现真正意义上的综合，对专项附加扣除额的规定应当采取动态调整机制，以指数化的调整方式明确调整时机和测算依据，以期达到个人所得税专项附加扣除"公平合理、简便易行、减轻税负、改善民生"的目的。

6 项专项附加扣除制度是我国 2018 年修正的《个人所得税法》的一大亮点。该制度的设置应当遵循以实现税收公平为己任，以保障和改善民生为终极目标，实质上也是充分体现税收公平原则的一种延伸与结果。其基本内涵包括两个方面：一是在扣除与纳税人生活、生存息息相关的必要费用支出的基础之上，通过专项附加扣除制度的设置使得这些重要的费用支出提前在纳税人的所得额中给予扣除，从而降低纳税人的应纳财产额度。换句话说也就是通过切实减轻纳税人的税收负担，变相增加纳税人的财富。二是专项附加扣除制度的设置目的是保障纳税人家庭基本生活。该项制度存在的价值就在于它以响应国家给予纳税人减税的红利、减轻纳税人的税收负担、维护纳税人的生存权为出发点和落脚点。但值得注意的是，在设置扣除标准时，需要给予适当的把握，以免过度侵害其税基。税收效率原则则要求专项附加扣除制度应当遵循简便易行的原则，以最小的成本获得最大的税收收入，最大限度地降低税收对经济社会的阻碍作用，最大限度地促进税收对社会经济的推动和改善作用。同时，尽量不给纳税人带来税款以外的超额负担。当前，我国个人所得税专项附加扣除制度主要是通过简化扣除系统的设计方法来避免政策和立法的模糊。在 6 项专项附加扣除项目中，有 5 项扣除项目都采取了定额扣除的方式，只有重大疾病医疗除外。定额扣除方式的设计较为简单，执行操作性比较强，有利于纳税人的理解和把握。但随着我国经济环境、经济发展的变化，个人所得税 6 项专项附加扣除制度会随之发生改变，也需要我国对其作出适时调整，从而确保专项附加扣除数额标准的客观性、合理性、科学性和公平性，让纳税人真正享受到此次减税降负的红利。具体而言，即各种扣除的数额将会受制于纳税人的经济情况、婚姻情况、家庭情况、年龄情况、社会保障情况等多方面因素的影响。故此，结合经济发展的客观要求适时调整专项附加扣除项目的范围和扣除标准也显得十分必要。针对如何通过制度的设计适时调整扣除范围和使扣除标准符合客观实际的变化，笔者认为，应当从以下几个方面加以考量：

1. 分类综合所得课税模式下设置差异性税前扣除制度

2018 年修正的《个人所得税法》的最大亮点之一就是税前扣除制度，它直接关系到纳税人税基的宽窄。以往对税前扣除制度的研究存在定义不清、定性混乱、概念混淆等问题，在一定程度上阻碍了个人所得税课税理论的深入研究和发展，更不利于《个人所得税法》的完善。当前，我国将课税模式由原来的分类所得课税模式改为分类综合所得课税模式。在此种税制模式下，综合所得的税前扣除应当被界定为统一性标准扣除、政策性专项扣除和差异性列举扣除。但囿于现行税前扣除制度在修订立法时仍然存在考虑不周全的问题，因而在扣除项目和内容之间容易造成扣除重复、性质重叠的问题。为避免税前扣除的重复，使税前扣除制度设计符合量能课税原则，应当尽可能按照实现客观实际进行扣除，且在扣除时综合考虑家庭、婚姻、经济等综合影响因素，充分体现纳税人之间的差异性，增强个人所得税税收负担分配的公平性。因此，《个人所得税法》的修正与完善并非一蹴而就，不断进行个人所得税的税制改革会引发理论和实践的新问题、新思考。我国个人所得税税前扣除制度的设计从分类所得课税模式下采用的无差别定额、定率扣除模式，到修正后实行的分类综合所得课税模式下的多维度、多环节的有差异的扣除模式，税前扣除制度得到了不断的提升和完善。但随之而来的新兴问题和难点也不容忽视，在这种背景下，我们唯有对现行扣除制度做到概念清楚、定性准确才能弥补分类综合所得课税模式本身存在的不足，迎接未来个人所得税税制理论和实践的新挑战，最终为我国个人所得税税制在立法上的完善提供建议。

2. 建立以"家庭"为扣除单位的个税养老专项扣除制度

依据我国 2018 年修正后的《个人所得税法》和《扣除办法》的规定，6 项专项附加扣除项目中有 4 项是以家庭为单位的税前扣除。大病医疗和赡养老人是以个体为单位进行税前扣除。随着经济改革的深度发展，我国个人所得收入差距不断拉大，造成这种现象的原因主要有两个方面：一方面，个人收入差距受家庭差异的影响；另一方面，个人所得税反过来也会影响到家庭，对收入差距起到一定的调节作用。故而，在设计个人所得税法的相关制度时，更应该关注家庭因素，考虑家庭差异，以充分发挥个人所得税调节居民收入差距、实现税收公平的功能。养老专项附加扣除制度作为个人所得税扣除制度中最为重要的组成部分，同样也需要考虑到家庭与家庭的差异。解决这个问题最关键的一点在于应当以"家庭为扣除单位"建立个人所得税养老专项扣除制度。以家庭为扣除单位与以个人为扣除单位相比较而言，具有明显的扣除优势：首先，我国是以传统文化为背景的大国，家庭观念比较重，以家庭为扣除单位设置养老专项附加扣除制度，契合我国的现实国情，有助于家庭和谐和社会稳定，在一定程度上能更好地体现量能课税原则和税收公平原则。正如前文所述，当一对夫妇结婚组成自己的小家之后，在我国传统的养老文化背景下，将由原来的自己照顾父母转变为夫妻双方共同照顾双方的父母。如果按以个人为扣除单位来设计养老专项附加扣除制度，则很有可能造成部分公民或家庭不能切实享受到个税改革的减税红利，引发个人所得税扣除制度设计公平性争议。例如，一个家庭中只有一名高收入纳税人可享受养老专项附加扣除，而另一个家庭中有多名纳税人共同享受养老专项附加扣除。对于前者来说，这肯定不公平。鉴于此，我们在考虑个人所得税养老专项附加扣除制度时，更应该周全考虑现实中的基本情况，兼顾夫妻双方只有一人可以获得收入所得的情形。其次，建立以家庭为扣除单位的养老专项附加扣除制度还有助于鼓励家庭成员在经济上扶持和互助，促进家庭成员之间的合理分工，维护家庭关系的和谐与稳定。正因为如此，我们在考虑个人所得税养老专项附加扣除制度时，要兼顾现实生活中存在的不同家庭结构，设置以家庭为扣除单位的养老专项附加扣除制度，使得该扣除制度能够较好地发挥其应有的功能，确保纳税人切实享受此次个税改革带来的减税红利。

（四）进一步完善养老专项扣除制度的扣除项目与扣除标准

首先，赡养老人主要在日常生活、护理费、医疗费方面开支比较大。当前，我国医疗保障系统还不够完善，老龄化日益加快，家庭医疗负担较为沉重，尤其是当父母有了重大疾病时，高额的医疗费用往往会成为摧毁这个家庭的最大风险。然而，现有的税法并没有细化养老专项附加扣除的具体项目。事实上，这种比较粗犷的扣除制度并不能使纳税人享受减税优惠带来的红利，更谈不上"获得感"和"幸福感"了。因此，笔者建议未来的扣除制度细化养老专项附加扣除的具体支出，设定日常生活开支、必要护理开支、医疗费用开支等不同的支出项目和扣除标准。在设计日常生活开支的扣除时，采用定额扣除的方式，并考虑家庭结构和被赡养老人的实际情况（年龄、身体、赡养方式、居住地区等）制定不同的扣除数额。全盘考虑上述因素虽然会使得应纳税所得更加接近"净所得"，更趋近于税收公平，但也会造成个人所得税的税收征管效率降低。因此，笔者建议，我国在未来的个人所得税改革过程中，在追求税收公平、兼顾税收效率的同时，可以优先设计出一种既考虑家庭因素，又考虑不同年龄阶层的日常生活费用扣除标准，再在此基础上考虑其他影响因素，逐步实现我国个人所得税的改革。同样，《扣除办法》并没有针对不同年龄阶段的被赡养人制定不同的定额扣除标准。笔者建议制定一套立基于不同年龄阶段的基本日常生活费用支出的差异化扣除标准，即随着被赡养老人的年龄的不断增大，子女赡养老人的生活成本和日常开支也会随之上升。因此，可以将被赡养人按照 60 岁至 65 岁、65 岁至 70 岁、70 岁至75 岁和 75 岁以上划分不同的扣除标准。

其次，在必要的护理费支出、医疗费支出等方面，因为这些支出与被赡养人的身体健康情况息息相关，且个人差异不同，在兼顾税收公平和税收效率的前提下，可以采取限额扣除的方式加以规定。同时，必要护理费用支出以及医疗费用支出并非所有的被赡养人都需要支付的养老费用，对此可以采取纳税人申请扣除的方式，再根据该类扣除在市场上的上限额度加以考量。[1]

最后，进一步完善非独生子女纳税人分摊扣除额制度。在非独生子女纳税人扣除额分摊方式和比例设置上，应当重点关注纳税人是否对被赡养人有真实的赡养行为和护理行为，再根据其赡养和护理对象所负担的养老支出情况确定扣除额度的分配比例。目前，非独生子女纳税人分摊扣除方式可以被划分为两种：一种是只有一个赡养人的扣除，另一种是多名赡养人同时参与的扣除。我国个人所得税改革后，采用的是后者。这种分摊制度在设计理念上具有一定的合理性。一方面，可以使更多的纳税人享受到赡养老人专项附加扣除带来的红利；另一方面，这种分摊制度也体现了我国敬老孝亲的家庭美德，鼓励子女担起赡养老人的责任。多名子女共同照顾老人可以分摊彼此照顾老人的压力与负担，促进子女之间的关系和谐，切实保护被赡养老人的

---

〔1〕　徐妍："个人所得税赡养老人专项附加扣除制度法律问题研究"，载《学习与探索》2020 年第 1 期。

权益。但是，该制度设计仍然有一定的提升空间，需要综合考量现实生活的多样性和可能性，使得该制度的设计更具灵活性和实操性。例如，取消非独生子女纳税人每人分摊扣除额的限制，进一步确定在没有协商或没有被赡养人指定的情况下赡养人扣除额的确定方式。为了使赡养父母专项附加扣除制度更加公平、合理、科学，可以依据被赡养人人数计算赡养父母专项附加扣除额。例如，设定每月扣除标准为 1000 元，独生子女赡养父母的专项附加扣除＝被赡养人人数×1000 元。非独生子女赡养父母专项附加扣除，在无被赡养人指定分摊、赡养人约定分摊的情况下，非独生子女赡养父母每月的专项附加扣除＝被赡养人人数×1000 元÷赡养人人数。综上所述，设置赡养老人专项附加扣除制度具有充分彰显家庭和睦、促进子女关系和谐、维护社会稳定的作用和价值。

（五）子女教育费用扣除方面要视不同教育阶段和不同地区采取不同的扣除标准

子女的教育费用扣除标准方面，应该依据不同地区、不同教育阶段进行细化。在不同的教育阶段，可以设计不同的子女教育专项附加扣除标准，即在学前教育阶段、义务教育阶段、高中阶段、高等教育阶段设计不同的扣除标准。相对而言，学前阶段和义务教育阶段子女教育专项附加扣除仍然可以按照《个人所得税法》此次修正后每月人均 1000 元的标准；可以将高中阶段的扣除标准设定为每月 1500 元，可以将高等教育阶段的扣除标准设定为每月 2000 元。同时，就高等教育阶段而言，还可以进一步细化不同地区子女教育专项附加扣除的标准。例如，规定一个合理的扣除范围：每月扣除 2000 元或 2500 元。

（六）住房贷款利息支出费用扣除制度应当进一步细化

住房贷款利息支出费用扣除范围应当根据购房者不同的购房目的、房屋类型加以区分和细化，并以此来适用不同的扣除标准和扣除依据。[1]根据《暂行办法》，纳税人享受住房贷款利息专项附加扣除须同时满足两个条件：一是纳税人此前未享受过住房贷款利息扣除；二是住房贷款享受首套房贷款利率。然而，各地执行了有差异的首套住房贷款利率认定标准，导致不同地

---

〔1〕 武晓芬、耿溪谣："我国个人所得税税制模式改革及其完善对策——基于实现税收公平的视角"，载《税务与经济》2019 年第 1 期。

区纳税人享受扣除的标准也不同。因此，应在《暂行办法》中完善首套房认定条款。笔者认为，可在原规定基础上补充："按照住房和城乡建设部、中国人民银行、中国银行业监督管理委员会《关于规范商业性个人住房贷款中第二套住房认定标准的通知》（建房［2010］83号）执行'既认房又认贷'地区的纳税人，如首套房贷款已还清或贷款合同终止，按照二套房贷款利率贷款购买的住房，也可以享受住房贷款利息扣除。"这样就能够在一定程度上缓解房价收入比畸高地区部分家庭的住房支出压力，更好地体现地区公平。同时，以全国房价收入比（住房租金收入比均值为基准）确定住房贷款利息（住房租金）扣除额。当前，依据我国2018年修正的《个人所得税法》，住房贷款利息扣除额每月为1000元，但该扣除额仍然没有周全考虑地区与地区之间的差异。同样，以行政级别、户籍人口规模等作为依据设置的三个级别的住房租金扣除标准也没有充分考虑到地区之间的差异。未来，基于充分体现扣除制度设计差异性的考虑，笔者建议以全国房价收入比（住房租金收入比）均值作为基准，再根据各地的房价收入比（住房租金收入比）计算住房贷款利息（住房租金）的扣除额。具体计算公式如下：住房贷款利息每月扣除额=上年本地房价收入比÷上年全国房价收入比均值×1000。住房租金每月扣除额=上年本地住房租金收入比÷上年全国租金收入比均值×本地住房每月租金扣除标准。我国可以依据上述扣除计算方法，制定出具有差异性的住房贷款利息专项附加扣除和具有差异性的住房租金专项附加扣除制度。这样做的目的在于有效缓解居民购买住房的压力，做到精准减税。

当然，我们还可以借鉴美国的个人所得税制度，设立综合扣除和标准扣除，以减轻纳税人的税收负担。综合扣除的标准也可以设定为两项专项附加扣除的抵扣，但二者只能选择其一，这样做既可以防止纳税人滥用费用扣除制度，也可以避免税源的过分流失。应当指出的是，未来个人所得税差别扣除项目并不是越多越好，对于中低收入阶层的收入调节应更多地依赖财政转移性支出，待条件成熟后，应当允许纳税人以家庭为单位申报纳税。鉴于上述情况的客观存在，笔者认为，虽然此次出台的《暂行办法》在一定程度上解决了分类所得课税模式下"一刀切"的费用扣除方法存在的问题，实现了税收的横向公平和纵向公平，但也存在没有考虑周全由家庭差异、个人差异、地区差异导致的费用扣除不同的问题。因此，笔者建议参考不同地区的收入水平和生活水平，在不同地区适用不同的费用扣除标准。同时，适当扩大费用扣除范围，将纳税人必要的储蓄存款、生育费用、伤残费用等也纳入费用扣除范围。根据我国 2018 年修正的《个人所得税法》，除了规定综合所得可以适用的税前扣除外，并没有就其他所得作出规定，明显未体现我国税收法定原则。将专项附加扣除制度的效力从政策提升至立法后，税前扣除相关的授权性条款使用减少，相关规定的确定性和可预测性得到了提升。然而，经营所得的税前扣除另由《个人所得税法实施条例》规定的做法明显不符合我国依法治税的目标，也不契合税收法定原则。同时还会造成税前扣除制度的复杂化，会在一定程度上降低稽征效率，无法确保专项附加扣除制度对纳税人权益的基本保障。

综上所述，我国在对个人所得税进行改革创新时，应当将个人所得税的税前扣除的适用范围进一步扩大，即可以允许综合所得以外的其他所得适用税前扣除制度。如果因为课税模式和税务机关的征管技术的限制，纳税人的全部所得无法实现税前扣除，那就可以先允许对经营所得、财产租赁所得、财产转让所得等进行税前扣除，以更好地实现税收法定原则，提升个人所得税法的科学性、合理性和公平性。

五、改革完善个税征收管理方式

税制优化的基本标准就是税制的可行性，而税制的可行性在很大程度上取决于税收征管的能力。需要注意的是，个人所得税无论采取何种课税模式，都必须以行之有效的税收征管为基础。如果说个人所得税税收制度是研究做什么的问题，那么税收征管制度就是研究怎么做的问题，税收征管质量会直接影响征税结果的公平。在过去，我国个人所得税采取的是"源泉扣缴为主，自行申报为辅"的征管制度。但这种征管制度最大的问题就在于纳税人主动纳税申报的意识较为薄弱。若还是按照在分类所得课税模式基础之上建立起来的征缴方式来征收个人所得税，这显然是与当前主张实行的分类综合所得课税模式不相匹配的，更不符合个人所得税税制改革的要求。当前，我国个人所得税的征管制度受到了挑战，对个人所得税征管制度进行相应的改革也是时代所需。鉴于此，构建分类综合所得课税模式，分类计征的源泉扣缴制度和综合计征的自行申报制度是两个十分重要的环节。如前文所述，实行分类综合所得课税模式，无论是在制度设计上，还是在征管模式上，都需要有一定的创新意识，并适当减轻中低阶层的税收负担。通过改进税收征管手段来降低税收的遵从成本是我国税制改革的一大创新,同时也是提升国家治理水平的体现。个人所得税课税模式的改革是顺应社会潮流和发展趋势的税收改革,它不仅有利于推动税收征管的现代化,同时也是实现各项税收有序改革的前提和保证。此次修正《个人所得税法》,尤其是个人所得税课税模式的改革顺应了个人所得税改革的发展规律,是依据当前国情和社会实践所作的正确选择,更是推动税收征管现代化的"催化剂"。

从国际上来看,源泉扣缴是大多数国家采用的做法。一般来说,源泉扣缴可以被分为累计制和非累计制两种。在国外,例如美国、加拿大等国家,所采取的源泉扣缴制度是一种非累计制扣缴制度,即由雇主基于雇员在一定时期内的收入和费用计算其应扣缴的税款,待年度结束后,由雇主向雇员提供年度内累计支付的各种所得和已经代为扣缴税款的全部资料,同时也要提交一份给税务局,由税务局以此来计算纳税人应缴纳的全部税款,再据此确定是否对纳税人进行退补税。这种制度存在的主要问题:一是源泉扣缴税款的不足;二是自行纳税申报量过大。这样一来,会在无形中增加税务机关的征纳成本,影响了税收征管的效率。相反,英国、德国等国采取的是累计制源泉扣缴制度,即每期计算纳税时都根据年度内累计取得的收入和发生的费用来计算其应补缴的税款。这种代扣代缴制度,在年度综合申报时会使得退税情形会大大减少。但这种扣缴方式对日常扣缴的要求却很高,需要依据纳税人各种连续的、累计的收支信息的准确性来进行计算。鉴于对上述两种代扣代缴制度的优劣分析,考虑到我国绝大部分纳税人的收入来源比较稳定和单一,基于我国人口众多和税收征管条件有限的客观实际,我们可以借鉴国外的成功经验,进一步完善代扣代缴制度,强化个人所得税源泉管控。

在代扣代缴制度方面,首先要制定全国统一的、规范的代扣代缴办法,并上升为税收法规。其具体内容应当包括代扣代缴的义务、范围、程序、扣缴凭证、向税务部门报送信息及涉税资料、奖惩措施等具体规定,继续加强源泉代扣代缴工作,提高代扣代缴质量。提高代扣代缴质量是确保税收收入和征管水平的重要措施。欲提高代扣代缴质量:首先,应从立法上规定任何向纳税人支付收入的单位都必须附有纳税凭证,注重对扣缴义务人、纳税义务人的纳税意识的培养。其次,代扣代缴义务人的法律责任将以立法的形式加以确认。狠抓落实代扣代缴义务人的法律责任,从立法层面加强对代扣代缴义务人的法律约束,强化对代扣代缴义务人的监督和管理,对重点行业和单位实行重点监控。因此，我国可以采取以下几种方式来加强代扣代缴义务人的法律责任：一是在税收法规中明确规定，对未履行法定义务的代扣代缴义务人，要向其追缴因其疏于履行义务而流失的税款，较为严重的，还要加收滞纳金，通过签订"代扣代缴责任书"来实现代扣代缴单位义务的履行。二是取消个人为扣缴义务人的规定，因为个人难以履行代扣代缴义务，难以开具代扣代缴凭证，税务机关难以追究和落实其责任。三是改变当前扣缴义务人为支付单位和个人的笼统规定，应将扣缴义务进一步落实到机关、企事业单位、社会团体的主要负责人、会计负责人等，避免扣缴责任的落空。对于不履行扣缴义务情节严重的，还要追究代扣代缴单位和责任人的刑事责任。要对这些内容予以逐条细化，以便操作并切实规范代扣代缴行为。再者，对于代扣代缴的单位还需要进行税法宣传、辅导和检查。通过定期宣传、定期培训、定期辅导来帮助代扣代缴义务人了解、知悉最新的税收政策及其动向，从而达到提高代扣代缴质量的目的。此外，还可以充分利用现代网络技术，通过税务部门建立个人所得税税法宣传和咨询版块，及时向扣缴义务人宣传最新政策，解答扣缴义务人的各种疑问。对于完善和落实代扣代缴义务的单位，将其权利与义务相结合，对代扣代缴义务履行较好的单位应当给予一定的奖励。

六、规范健全个税税收优惠政策

个人所得税的税收优惠政策，是对低收入人群或弱势群体的一种特殊照顾和保护，也是个人所得税贯彻税收公平的最佳体现。因此，税收优惠政策只有对所有的纳税人一视同仁方可体现税收公平。当前，我国现行的个人所得税的一些税收优惠政策是在20世纪90年代初期的社会经济背景下制定的。然而，历经几十年的发展与变化，这些优惠政策已经不适用于当前经济条件形势下国家鼓励、支持的发展方向，存在与当前形势发展不协调一致的现象。与此同时，个人所得税的税收优惠政策还存在一些不规范、不健全的现象。这样一来，反而导致个人所得税的税基过窄，且在具体的税收执行过程中产生了很大的漏洞，使得税务机关难以有效地进行管控。鉴于此，我们有必要对个人所得税税收优惠加以规范和健全。

（一）取消部分收入的免税优惠

我国个人所得税的税收优惠主要体现在《个人所得税法》的第4条和第5

条，分别规定了个人所得税的免征和减征情形。此次修正的《个人所得税法》对其进行了适当的调整。例如，在第 4 条免征个人所得税的规定中，增加了军人的退役金，国家统一发给干部、职工的基本养老金或退休费、离休费。第 5 条修正了减征幅度和期限由省、自治区、直辖市人民政府规定，并报同级人民代表大会常务委员会备案，将自然灾害造成严重损失的列为减征范围。从一定程度上来看，个人所得税的税收优惠政策积极落实了税收法定原则，同时也反映出了税收优惠政策越来越趋向税收公平的基本要求。《个人所得税法》第 4 条第 1 款规定对省级人民政府、国务院部委和中国人民解放军军以上单位，以及外国组织、国际组织颁发的科学、教育、技术、文化、卫生、体育、环境保护等方面的奖金予以免征个人所得税。《个人所得税法实施条例》规定，国务院规定发给的政府特殊津贴免税、院士津贴免税。然而，获得这些特殊奖金、津贴的人往往也是高收入人群，这些人群恰恰是个人所得税需要调节和征收的对象。国家税务总局已经将学校、医院、高新技术企业等列为高收入行业，并且将收入途径较多者、收入项目较多者列为重点纳税人的范畴。对比前后政策，一方面对这些特殊人群实行免税优惠，另一方面对其实行重点监管，前后规定不太一致。笔者建议取消这些免税项目，扩大个人所得税税基范围，充分实现个人所得税的税制公平。

（二）取消外籍人员的特殊税收优惠

2018 年修正的《个人所得税法》取消了过去外籍人员享受的额外费用扣除。至此，我国纳税人和外籍人员均享受每月 5000 元的基本费用扣除，这是此次个人所得税立法改革进步的体现。但是外籍人员仍然享有很多免征优惠。例如，对外籍个人以非现金形式或实报实销形式取得的合理的住房补贴、伙食补贴和洗衣费免征个人所得税；对外籍个人按合理标准取得的境内、外出差补贴免征个人所得税；对外籍个人取得的探亲费免征个人所得税；对外籍个人取得的语言培训费和子女教育费补贴免征个人所得税；对外籍人员从外商投资企业所取得的股息、红利免税。而中国公民取得的津贴、补贴，凡是被纳入工资范围的都要征收个人所得税。同时，中国公民获得的股息和红利也要被依法征税。这种规定显然不符合税收公平原则的基本要求，对外籍人员和中国公民实行差别待遇，同样会造成个人所得税的税收流失。从优惠的内容上看，并没有体现税收优惠政策对低收入人群的倾向性保护，反而在一定程度上侵蚀了个人所得税的税基。因此，建议取消对外籍人员个人所得收入的特殊税收优惠，对外籍人员和中国公民应该采取一视同仁的态度和做法。

（三）健全偶然所得的税收优惠

在偶然所得奖金的税收优惠方面，也存在现行规定不统一的尴尬局面。偶然所得征税是针对个人得奖、中奖、中彩以及其他偶然性质的所得征收的一种税。一般认为，向个人支付偶然所得的单位为偶然所得个人所得税的扣缴义务人。不论何地兑奖或颁奖，偶然所得由支付单位扣缴个人所得税。偶然所得缴纳个人所得税是以每次获得的收入作为应纳税所得额，并按照 20% 的比例税率来征收个人所得税。当前，根据国家税务总局《关于社会福利有奖募捐发行收入税收问题的通知》（国税发〔1994〕127 号），对个人购买社会福利有奖募捐奖券一次中奖收入不超过 1 万元的暂免征收个人所得税；对一次中奖超过 1 万元的，应该按照个人所得税法的规定全额征税。对个人取得单张有奖发票奖金所得不超过 800 元的，免征个人所得税，超过 800 元的，全额按照偶然所得征收个人所得税。对其他的偶然所得无任何扣除全额缴纳个人所得税。综上，同样是"偶然所得"，但不同的偶然所得之间的待遇却大相径庭，尽管都在一定程度上反映了国家的税收政策，但这种区别对待的做法显然有悖个人所得税的设计初衷、有悖于税收公平原则。超过 1 万元的偶然所得，按照现行税法的规定需要按照 20% 税率来计征个人所得税，这显然是不合理的，更不利于个人所得税缩小贫富差距和调节收入分配功能的实现。基于对这个因素的考虑，笔者建议对此类偶然所得应采取累进税率来征收才更加公平、合理。

（四）取消福利费的税收优惠

《个人所得税法》第 4 条第 1 款第 4 项规定对福利费、抚恤金、救济金等能够增加个人支付能力的免征个人所得税。根据《个人所得税法实施条例》的规定，此处的福利费是指根据国家有关规定，从企业、事业单位、国家机关、社会组织提留的福利费或工会经费中支付的生活补助、救济金等。从不同单位来看，福利费发放不同，差别很大，由此带来的个人所得税的负担能力也有所不同。福利费限定为给个别困难职工发放的补贴，但在具体的执行过程中，很多企业却利用此项优惠政策，给职工发放福利补贴，以此来达到逃避税款的目的。对此，笔者建议取消此项免税规定，以规范各单位的工资水平，减除工资以外的因素对个人税负能力的影响，在短期内，可以设定一定的标准，超过标准的福利费将不被免征个人所得税。从长期来看，取消福利费的免税规定更加符合分类综合所得课税模式向综合所得课税模式的改革的要求。[1]

第四节　实现分类综合所得课税模式的配套改革路径

个人所得税改革是一项复杂的系统工程，在最终实现分类综合所得课税模式的改革过程中，各个环节都不容忽视。从宏观上来看，要对个人所得税课税模式改革的方向加以把控；从微观上来看，还要对个人所得税改革的路径和方案作出精心设计，以保障个人所得税改革的顺利实现。需要注意的是，在个人所得税课税模式转轨的过程中，还需要辅以与之相适应的配套改革，采用多措并举、多管齐下的办法，以确保推进分类综合所得课税模式改革的顺利实现。

一、设立个人财产登记制度

财产是个人收入来源的一种转化形式。个人所拥有的财产数量和形式愈加多样化、隐性化，财产性收入也成了高收入人群的重要收入来源。收入多元化使得高收入者比低收入者承担的税负轻，个人所得税呈现出"逆向调节"。因此，我国应在全国范围内实行个人财产登记制度，加强对个人财产的登记和管理，还是一项从税收源头上对纳税人所得收入进行有效监管的重要举措。采取个人财产实名登记制度，既是一个避免税源不清的好方法，也是一个获取个人准确涉税信息的好途径。由此可见，要实现分类与综合所得相结合的课税模式，我国应逐步分层次建立个人财产登记制度。鉴于此，针对不同的人群应尽快设立不同层次的财产登记制度。

（一）设立公务员财产登记制度

2007年10月，党的十七大提出："创造条件让更多群众拥有财产性收入，保护合法收入，调节过高收入，取缔非法收入，逐步扭转收入分配差距扩大的趋势。"2007年，我国出台《物权法》对不动产登记的基本原则加以规定。2012年，十八大以后，我国官员个人财产申报制度已成为整体改革中势在必行的重要措施，这在一定程度上吹响了民众所期待的改革号角。国家可通过

---

〔1〕崔志坤：《个人所得税制度改革整体性推进》，经济科学出版社2015年版，第145~146页。

实名登记制度来掌握个人的财产情况，对公务员财产情况进行分析与统计，推算出公务员资产积累期间每年收入的水平，以便核实个人财产来源的合法性和合理性，实现纳税人个人财产的显性化，有效防止部分纳税人偷逃税款和税收流失，从而为开征财产税、遗产税、赠予税等税源的控制提供管理基础。当前，公务员财产不透明、不公开，"房叔""房姐"的现象凸显，与其岗位收入极其不匹配，已为社会诟病。2012年，党的十八以后，我国官员开始实行财产登记公示制度。公务员代表国家行使国家行政职能、执行国家公务、维护国家法律法规的贯彻与执行，具有一定的表率作用。因此，公务员应该带头实行个人财产登记制度。长久以来，公务员队伍中存在部分腐败分子，在一定程度上损害了公务员的良好形象，社会影响十分恶劣。基于此，对公务员实行财产登记的呼声越发强烈。该制度可以从源头上对公务员的财产进行税收监督和管控，抑制腐败现象的发生，有效调节个人所得收入的分配。实践中，我们可以采取循序渐进的办法，先对处级以上的公务员实行财产登记，再逐步对所有的公务员实行财产登记。这样一来，公务员将在缴纳个人所得税方面起到表率作用，更有利于纳税人纳税义务的积极履行。

（二）设立高收入者财产登记制度

对于高收入群体而言，财产性收入已成为他们个人所得收入的重要来源，对高收入人群进行财产登记更为重要。当前，恰恰是高收入者的税收流失较为严重，我国高收入者为逃避个人所得税移民海外或改变国籍的现象屡见不鲜。在一些高收入行业（如金融行业、证券行业、保险行业、石油行业、高新技术行业、影视行业等）也会出现很多高收入者偷逃税款的行为。例如，2018年发生的著名影星"范某逃税巨额罚款案"就是典型的影视行业人士利用阴阳合同偷逃税款的案例。因此，加强设立高收入人群的财产登记制度显得尤为必要。对高收入者实行个人财产登记可以真正实现个人所得税的"削高"效果。[1]对个人高额财产信息（豪华别墅、高档家具、高档音响设施、私人船舶飞机等）进行实名编码登记，并录入税务机关的大数据中心。同时，采取全国联网的方式进行数据处理和重点监控，可以有效避免纳税人对高额财产进行地区转移或多个人名分割转移。

---

〔1〕 崔志坤：《个人所得税制度改革整体性推进》，经济科学出版社2015年版，第205~206页。

（三）设立中低收入者财产登记制度

实行个人财产实名制登记制度，对个人的财产信息（包括个人银行储蓄信息、个人证券信息、个人保险信息、个人房产信息、个人车辆信息等）应该予以实名制登记。财产性收入将会成为未来个人所得收入的重要来源，财产性收入一般包括家庭拥有的动产和不动产的收入。2014年11月24日，国务院发布了《不动产登记暂行条例》。至此，城镇土地与房产的登记有了法定依据，客观上为建立规范、科学、统一的不动产登记制度打下了坚实基础。但是，对于个人所得税来说，仅仅建立不动产登记制度仍然是不全面的，建立全面的个人财产登记制度才是科学的做法。实行个人财产登记制度以界定个人财产来源的合法性和合理性，实现纳税人财产收入的显性化：一方面有益于税务机关对个人所拥有的财产进行全面的了解；另一方面也有益于税务机关对个人所得税税源的掌控与监督。通过实行个人财产登记制度，我国可以有效地防止纳税人偷税漏税行为的发生，减少税收流失。针对中低收入者来说，尽管他们的收入来源较为单一，与高收入人士相比较其收入并不算高，但是依据我国《宪法》的规定，每一个公民都有纳税的义务。基于此，对中低收入者也应该实行个人财产登记制度。一般的普通工薪阶层收入所得较为单一，缴纳个人所得税一般采取雇佣单位代扣代缴的方式，税源监控往往容易实现。毕竟，中低收入者也是我国个人所得税征收的重要来源。

二、实行纳税申报激励制度

纳税人依法纳税申报激励机制是国家对具备良好守法记录的纳税人的肯定。激励纳税人依法纳税可以减少税收流失，提高税收的征管效率。一个好的制度应该具有约束和激励两个方面的功效。在纳税人申报个人所得税时，我国制定的个人所得税相关政策和制度往往很少通过激励机制来加以促进。相反，发达国家则将激励措施和惩罚措施相结合，以确保个人所得税征收工作的顺利进行。

（一）纳税申报与税收优惠挂钩

发达国家会将纳税人积极申报、积极缴纳税款的行为与一定的税收优惠挂钩。如前文所述，日本的"蓝色申报制度"就是对诚信纳税人的积极肯定。对于纳税人而言，自行主动申报纳税毕竟是一件比较繁琐的事情，如果没有相应的激励机制，纳税人的积极性和主动性将难以发挥。美国在这方面做得比较好，政府每年都会向按时守法的纳税人邮寄一份表格，这份表格可以累积纳税人缴纳个税的信用值，如果纳税人的个税信用值超过 40，那么在当他59 岁以后，纳税人每个月可以从政府领取 1000 多美元的补助金。如果纳税人因故残疾，纳税人的配偶和孩子每个月可以分别领取 700 美元。在美国的部分州，只要纳税人持续缴纳个人所得税 1 年以上的，就可以享受孩子读书、进图书馆、走高速路、进公园等多项免费政策。这种激励措施在实现个人所得税申报的同时，也将纳税人的切身利益考虑在内，往往容易调动和激发纳税人履行纳税义务的主动性和积极性。实行纳税人申报激励制度可以给纳税人一定的税收激励与管理优惠，向社会定期通报纳税人的积极纳税行为。我国可以借鉴发达国家的做法，一旦发现纳税人有偷逃税的行为，尽快将其纳入全国个人信息数据库。这样一来，偷逃税款的纳税人将不能在生活消费、银行信贷、投资理财、任职评级和社会保障等方面获得税收优惠待遇，其负面的纳税信用记录会使其在社会生活中遭遇挫折或陷入困境，从而使其产生社会放逐感。由此观之，个人所得税改革的推进需要建立在纳税人自行申报激励机制的基础之上。我国应该将纳税人的自行申报激励措施纳入《税收征收管理法》及其实施细则中加以规定，借鉴日本的蓝色申报制度，激发纳税人工作的积极性，给予积极申报、如实申报的纳税人更多的税收优惠，减轻其税收负担，并辅之以纳税人征信制度，将优良的纳税人的纳税记录存档备案，以便在今后的经济融资、购置产业、离境入境、公职晋升等方面享有优先权。我国的税务系统和养老保险系统可以共享纳税人信息，可以将纳税人的纳税诚信度与纳税人的工资薪金、职称评级、职务晋升等进行挂钩，从而达到积极督促纳税人诚信纳税的目的。[1]针对高收入人群，尤其是年收入超过 12 万的纳税人，为调动其纳税积极性，税务机关可以采取一些激励措施。例如，可以仿效美国的做法，建立纳税与社会保障挂钩制度，一旦纳税人缴纳税款达到一定时期（1 年或 2 年），并超过法定数额，超出部分便可以按照一定比例转入其个人的社会保障账户，即纳税人的部分税款成了其可以享受的社会福利。同时，也可以基于纳税人诚实纳税的记录构建绩效考核体系，使

---

〔1〕　徐晔、袁莉莉、徐战平：《中国个人所得税制度》，复旦大学出版社 2010 年版，第 276~277 页。

得诚信纳税在职称评定、晋升选拔、年终考评中成为重要的考量因素。[1]

（二）建立诚信纳税激励机制

征收个人所得税要遵从税收诚信原则（税收合作信赖原则），即在税收征纳过程中做到诚信征税和依法诚信纳税。征税机关向纳税人征税时，必须假定纳税人是诚信纳税人。纳税人在依法履行纳税义务时，也应当信赖征税机关决定的公正性和准确性。税收诚信原则旨在平衡、维持征纳双方的利益关系和信赖合作关系，这与民法的诚实信用原则不谋而合。我国应建立依法诚信纳税激励机制，给予诚实守信的纳税人一定的税收激励和管理优惠并公开表扬，树立诚信纳税标兵；对不诚信的纳税人予以惩处并定期向社会公告。针对依法诚信纳税的公民建立纳税信用记录和奖励机制，可参考国外的做法，将个人诚信纳税和享受社会保障挂钩，在医疗、教育、保险等方面制定依法诚信纳税鼓励办法。对诚实守信的纳税人积极开展纳税人信用等级评定工作。对纳税人实行信用等级分类管理，有利于税收信用体系建设。我国应健全个人所得税纳税信用评定工作，解决信用的可评价性，细化个人所得税信用的等级评价，设置专门的个人所得税信用评级系统和评级标准，并按照相应的等级评定标准、程序及优惠政策客观评定纳税人缴纳个人所得税的信用。甚至还可以将个人信用评级工作转包给专门的评级机构，进行专业化处理，提高个人信用评级工作的效率。对个人信用评级实行动态化管理和动态化监控，随时将个人信用的不良记录传输给信用评级系统，由系统自动降低其个人信用等级，并及时向社会公开。

构建纳税人的信用评价体系，不仅有利于税务机关按照纳税人的诚信登记对其加以分类，也可以对诚实信用较低的纳税人实行重点监控和重点稽查。建立纳税人纳税信用评价体系有助于对纳税人的涉税信息进行登记备案，使个人缴纳税款与其社会生活的各方面相联系，从而提高纳税人的纳税遵从度，以促进社会信用体系的进步与完善。构建纳税人信用评价体系既可以提高税收的工作效率，也可以促使纳税人积极诚信纳税。我国应对不同的纳税人按照不同的信用等级实施分类管理和服务，信用良好的纳税人和优质申报的纳税人可以享受"优先、优待"。例如，可以实行一定的奖励、给予一定比例的

---

〔1〕　高培勇主编：《个人所得税：迈出走向"综合与分类相结合"的脚步》，中国财政经济出版社 2011 年版，第 132 页。

现金返还、提高信用额度等，激励纳税人积极、正确地申报，使其成为守法诚信的纳税模范，以促进培养整个社会诚信纳税的意识，以此来提升我国的税收管理质量。对于失信的纳税人，实行更为严格的监控和管理，必要时要给予一定的教育与惩处，打击其税收违法行为，及时纠正有悖税收诚信的行为。个人诚信纳税记录也可以成为其职称评定、干部选拔、户口迁移、出国留学、护照办理的依据，这样做可以真正体现我国税收"取之于民，用之于民"的本质，同时也可以激发纳税人诚信纳税的积极性和主动性。

此外，对于那些不诚实守信的纳税人，可以采取失信惩罚机制，定期公开失信纳税人"黑名单"，对失信纳税人实施一定的惩罚。从纳税人申报信息不实行为的惩戒环节来看，建议对现行规则进行适当的"柔化"，充分考虑纳税人具体情况发生的可归责性，设置更为合理、科学、具有可操作性的惩戒适用机制，从而防止创制过度伤害纳税人的税收征管惩罚规则。首先，将非因纳税人故意或过失的疏漏情形排除在失信人惩戒机制之外，将纳税人的主观心态作为判定的标准之一，处罚不仅要以违反法定义务为依据，还要考量是否具有偷逃税收的主观意图，是否违反了真实义务。具体而言，纳税义务人之违法行为必须是出于故意或过失的主观心态才可以罚之。鉴于此次《个人所得税法》引入的专项附加扣除制度属于改革的新兴事物，纳税宣传辅导工作不可能在短时间内考虑周全、面面俱到，因此需要对纳税人不存在主观恶意的失误行为给予宽待，不宜严苛。其次，纳税人非基于故意或过失而产生上述情形的，由税务机关通知其及时改正，不予处罚。应当做好《个人所得税专项附加扣除操作办法（试行）》第29条与《税收征收管理法》的有效衔接，避免准用性规则指向模糊的局面。可以在《个人所得税专项附加扣除操作办法（试行）》进行修订时对不当行为涉嫌违法的法律责任进行明确表述，说明其具体适用《税收征收管理法》的哪一条文；或者将该问题直接纳入某一条文的适用情形之中。最后，应当允许纳税人通过事后补救措施进行失信修复，发挥个税信用建设的良性功效。笔者注意到，国家发展和改革委员会和国家税务总局早在2019年8月20日发布的公告中就对此问题进行了有益的探索："自然人在规定期限内纠正失信行为、消除不良影响的，可以通过主动做出信用承诺、参与信用知识学习、税收公益活动或信用体系建设公益活动等方式开展信用修复，对完成信用修复的自然人，税务部门按照规定修复其纳税信用。"笔者建议，可以授权省级税务局结合当地情况，进一步细化失信修复措施的具体方法、失信记录的维持期限、纳税人需要完成的次数和质量要求等相关事项，即允许失信纳税人通过积极的改过行为解除信用惩罚的法定制裁。

在建立多个部门的信息互通机制的基础之上，对纳税人的信用等级予以评定，多管齐下，在社会上全面渗透纳税人的信用评价和失信惩罚机制。在《纳税信用等级评定管理试行办法》的基础之上，制定《个人信用法》及其与之配套的法律法规。通过立法的形式对个人账户体系、个人信用档案管理、个人信用记录与移交、个人信用评级和使用、个人信用的权利义务等作出明确规定，并以立法的形式推动纳税人个人信用制度的健康发展。

（三）设置申请退税保护机制

与此同时，还可以设置申请退税系统，对主动申报纳税的纳税人实行激励制度，有效地结合自行申报纳税制度和申请退税制度，实现推进自行纳税申报和保护纳税人权利并举。纳税人自行如实申报纳税，自行计算应纳税额和已被代扣代缴的税款，如果出现超额缴纳税款的情形，在纳税申报表中应当明确写明申请退税的金额，并附上相关的证明材料；税务机关在收到纳税人的退税申请时应当及时给予审查，如果符合事实，应当给予退税，并在一定期限内（如7个工作日内）及时向纳税人履行退税义务。如果超过7个工作日，税务机关没有及时退税的，还应当承担补偿责任。不仅如此，纳税人在办理税款清算时，受理的主管机关和原先预缴税款的机关不一定一致。为此，全国范围内的个人所得税清缴退税系统是不可或缺的。为确保退税符合税收公平的要求，可以建立全国范围的统一退税基金，由中央和地方财政按照收入分享比例负担，便于纳税人及时、快捷地办理退税。待时机成熟时，再统一由中央财政全额负担退税基金。这样做既可以实现税收效率原则、方便纳税人，也可以提高地方税务机关办理退税业务的积极性。在分类综合所得课税模式下，可能会出现大量的个人所得税欠缴问题，清缴工作无疑也是税务机关下一步的工作重点。同时，我国还可以建立欠税惩罚机制，进一步提升纳税人自行申报欠税的惩处力度。

三、加强税务稽查处罚机制

在分类综合所得课税模式下，纳税人在自行申报纳税后，税务机关需要根据纳税人所递交的个人所得税申报表对纳税人的申报信息进行稽查核实，以确定纳税人纳税申报的真实性。因此，制定科学的税务稽查管理机制对于保障个人所得税的征收来说甚为重要。加强税务稽查管理是及时纠正税收征管薄弱环节、堵塞税收征管漏洞、强化个人所得税征收管理的有效途径。近年来，尽管我国税收征管模式不断改进，但个人所得税的流失问题仍然很严峻。这与我国个人所得的稽查管理不无关联。我国当前的个人所得税征收管理工作仍然薄弱，稽查工作偏松、处罚不力。因此，在未来的工作中，要加强税务稽查管理与处罚工作，以促进分类综合所得课税模式的顺利实现。

（一）加大税务稽查管理与监督

倘若要实现分类综合所得课税模式，就要对以往的税务稽查管理提出更高的要求。一方面，健全个人所得税税务稽查管理机制是个人所得税课税模式转型的前提。具体来说，我们要建立一支专业性很强的个人所得税稽查队伍，个人所得税稽查人员在掌握运用税务、会计、审计、计算机等专业知识的同时还要学会用现代化的手段来提升稽查队伍的综合水平。另一方面，加强税务稽查管理制度是加强税源监控和税收征管的重要保障，也是提高税务机关征管水平的重要途径。因此，在税务稽查管理制度方面，笔者建议从以下几个方面来加以改进。

1. 明确稽查权限以强化税务机关的稽查与监督

一般认为，作为个人所得税结算申报的主管机关就是税务稽查的主管机关。为避免各地方税务机关重复或滥用稽查权限，稽查主管机关有权对在所在地进行年度结算申报的纳税人进行监督和检查，其稽查权限包括对存款账户的检查权、查账权、场地检查权、询问权、调查取证权、税收保全措施和强制执行措施、行政处罚权等多项权利。稽查部门既可以通过对计算机系统进行筛选，或根据纳税人数量以一定比例进行筛选或抽样检查，也可以通过群众举报、部门转交、情报交换等多种途径来确定被稽查的对象。

2. 完善核定征收办法以提高核定征收管理水平

当前，在我国个人所得税的征收方面，有很多个体工商户、个人独资企业、合伙企业等的账簿记载并不全面，也不合法。因此，在一般情况下，对于此类群体采用的都是核定征收办法，即根据收入总额或费用总额以及事先核定的应税所得率来计算应纳税额，或按照综合征收率或应纳流转税的一定比例来计征个人所得税。但是，这种核定征收做法很随意，容易造成寻租空间和纳税人避税空间。鉴于此，我国必须改进这种核定征收方式。可以采取电脑核定税款的办法，以减少很多人为因素的介入，客观、公平地在个体工商户办理税务登记时就为纳税人建立单独的经营信息网络账户，并严格规定各单位不得雇佣无税务代码信息者。税务部门有权对个体工商户进行年检，将纳税人经营的详细信息（如纳税人名称、税务登记代码、经营地段、经营项目、经营面积、从业人数、工资费用等）信息录入计算机系统并定期进行更新，再由计算机自动核定税收定额。

3. 采用稽查工作底稿制度以实现稽查制度标准化

稽查工作底稿是在每一类税种的工作底稿上保留以往的"存在问题"栏，将以往稽查工作中存在的问题和经验教训中与该税种有直接或间接关系的列为必查项目，并将可能发生偷逃税的环节和对应项目一一列出。主要内容包括使用说明、基本情况、税种、发票情况、附页等。除此以外，还可以对各税种的查补退、惩处、滞纳金等情况进行汇总。稽查工作底稿制度不仅可以将各税种、各指标以科学的方法如实、全面地反映出来，还可以相互取证、互为逻辑，从而形成一整套科学化、程序化的稽查质量监督和管理体系，从宏观上提高税收征管人员的综合素质和管理水平。与此同时，还可以针对不同收入人群（尤其是高收入人群）制定稽查办法，或者根据不同行业来设计相应的稽查方案，重点稽查容易造成税收流失的环节，实现稽查工作的专业化和标准化，即将稽查工作根据稽查工作底稿再细分为选案、检查、审理、执行、申诉等环节，形成内部相互联系、互为制约的机制。

4. 建立个人收入交叉稽核制度以确保纳税人信誉

当前，很多国家均已经在税务系统内部建立了计算机共享网络平台，并与政府建立了经济管理和公共服务部门联通机制，充分利用计算机网络大数据处理纳税人的大量涉税信息。同样，我国也可以借鉴国外的先进经验，利用我国的计算机网络信息系统对纳税人身份识别号进行存储、汇总和分析，并对纳税人涉税信息和记录进行加工、整理和交叉稽核，以确定纳税人纳税申报的准确性和纳税人的信誉度问题。与此同时，开展税款申报检查制度，一旦发现可疑之处立即启动稽查程序。但稽核制度与大量的纳税人涉税信息相关联，这就要求我国税务机关与工商、银行、证券、社保、房管、海关等相关部门通力合作、共享数据信息，对超过指标预警值的，形成预警指标，及时发送扣缴义务人所在地的税务机关进行查证，进一步提高税务系统和社会其他系统的协调性和合作性，提升各部门之间的涉税信息共享的深度和广度，克服自身获取信息资源的局限性，通过多渠道、多手段收集纳税人相关信息，并建立社会各部门通力配合与协作的协税护税制度，扩大税源监控范围，从而为交叉稽核的顺利实施提供切实可行的信息保障。[1]

（二）强化税收违法处罚力度

随着社会经济发展的日新月异，缴纳税款将作为个人信用评价指标之一而备受重视。因此，我国可以定期公告纳税人的税收违法行为，这不仅可以在一定程度上遏制个人税收违法行为的发生，还可以为纳税人提供实时查询系统，将纳税人申报缴纳数据及时反馈给纳税人，以避免税收违法行为的发生。同时，该系统也可以作为税务机关对纳税人税收征管的辅助系统。这种做法仅仅是从有效防止偷逃税的层面来预防税收违法行为的发生。在分类综合所得课税模式下，可能会出现大量欠缴税款或偷漏税的违法行为。为此，可以从立法上加强对税收违法行为的惩罚，进一步提升欠税或偷逃税款行为的惩罚力度，以减少国家的税收流失。

1. 提升对纳税人税收违法行为的惩处力度

从立法层面来看，我国税务机关依据《税收征收管理法》被赋予了法律上的特权，即追缴税款，并对不缴或少缴者按日加收滞纳金，并处以罚款，情节严重的，还可移交司法机关适用《刑法》进行处置。例如，《税收征收管理法》第 63 条规定："纳税人伪造、变造、隐匿、擅自销毁帐簿、记帐凭证，或者在帐簿上多列支出或者不列、少列收入，或者经税务机关通知申报而拒不申报或者进行虚假的纳税申报，或者少缴应纳税款的，是偷税。对纳税人偷税的，由税务机关追缴其不缴或者少缴的税款、滞纳金，并处不缴或者少缴的税款百分之五十以上五倍以下的罚款；构成犯罪的，依法追究刑事责任。扣缴义务人采取前款所列手段，不缴或者少缴已扣、已收税款，由税务机关追缴其不缴或者少缴的税款、滞纳金，并处不缴或者少缴的税款百分之五十以上五倍以下的罚款；构成犯罪的，依法追究刑事责任。"但实际上，纳税人是否选择偷逃个人所得税，关键在于偷逃税的违法成本和偷逃税所获得的利益孰轻孰重。我国每年的税收稽查收效甚微的主要原因就在于税务机关重检查而轻处罚，不能触动违法纳税人的切身利益。一方面，纳税人个人信息的不对称往往会导致纳税人纳税意识不强、法治观念薄弱，税务机关难以掌握

---

[1] 徐晔、袁莉莉、徐战平：《中国个人所得税制度》，复旦大学出版社 2010 年版，第 268~269 页。

纳税人的真实收入信息。逃税被发现或查出的可能性不大，纳税人的逃税成本较低，在实际生活中才会出现诸如 2018 年 "娱乐圈范某阴阳合同" 这样的真实案例。另一方面，税务机关在发现纳税人偷逃税款时，一般只注重税款的补缴，对纳税人的处罚则较轻。这样一来就会导致纳税人的违法行为即使被查出来也还是有利可图，仍然以身试法，冒险偷逃税。纳税人显然是经历了一番痛苦的 "心理博弈"，如果不申报，可以逃避税款，可以获得一定的经济利益，但一旦被查出则不仅要面临经济上的处罚，还要受到名誉上的损失。客观上，其心理也要经历一段痛苦的焦虑期。但是，如果选择自行申报，则势必要补缴税款，在经济上直接受到损失。在这场心理博弈中，纳税人如果认为税务机关暂时不能获得真实信息，抑或通过其他途径逃避税款而不受到由其不申报纳税带来的人身自由的限制或处罚，其理所当然地会选择不申报纳税。很明显，纳税人宁可抱有侥幸心理，对违规风险持无所谓的态度，一旦被发现，补缴税款或以补代罚即可，不会受到人身自由的限制或处罚。事实上，对于这种以补缴税款的做法，笔者认为处罚过轻。依据此逻辑，凡是有钱的纳税人都可以在偷逃税后进行补缴，哪怕纳税人偷逃税金额再巨大，也可以通过补缴方式免予刑事处罚。客观而言，我国当前的法律法规对税收违法行为的惩罚力度还不够，不具有较强的威慑力。对于其他纳税人来说，并没有起到很好的警示作用。发达国家对税收违法行为普遍采取较为严厉的惩处威慑措施。例如，在美国，每年约 10% 的纳税人被税务机关抽查审计，一旦发现有偷税漏税行为，即便是偷税漏税金额较少，也仍然会被惩处得倾家荡产，同时还要将其违法偷税漏税行为公之于众，使其声名狼藉。面对如此严重的法律制裁，很多纳税人在考虑违法成本时会望而却步。在意大利，纳税人如果采取记假账、销毁凭证等违法手段偷逃税款，可能会被处以 1000 万里拉以下的罚款和 5 年以下的监禁。[1] 相比之下，我国对偷逃税款行为的处罚明显过轻，且查处概率较小，根本无法对纳税人产生强大的威慑作用，纳税人违法成本远远低于其所获得的经济利益，纳税人主动纳税意识薄弱，偷逃税款的从众心理较强，从而也降低其对税法的遵从度，以至于出现了严重的税款流失现象。此外，国外税务机关往往会将稽查重点放在高收入人群。例如，德国在个人所得税征管中实行的是 "重点监控，普遍抽查" 的方式，

---

〔1〕 徐晔、袁莉莉、徐战平：《中国个人所得税制度》，复旦大学出版社 2010 年版，第 266~267 页。

对于普通老百姓进行随机抽查，而对于高收入人士则采取重点监控与跟踪监控。一旦发现高收入者有虚假申报情形，便及时对其真实收入和银行账户进行审核，如果发现确有偷逃税款的证据，轻则轻罚、重则坐牢，增加偷逃税者的心理成本和罚款比例，并在媒体上予以曝光，实行社会舆论监督。因此，我国也可以效仿德国的做法，对高收入人士的所得收入进行重点监控，重点监控高收入者的资本利得来源，而非其薪资所得收入，同时关注在（如淘宝、拼多多、微信等）平台从事经营行业的从业者。建议在未来的个人所得税的税制改革中，在分类综合所得课税模式的基础上，将更多的所得范围纳入税务机关的征管范畴，通过大数据和云计算等高科技手段来提升对高收入人群的信息技术的采集、分析能力。加强对高收入人群的税收违法行为的惩处力度，从而为避免偷税漏税行为的发生提供可靠的保障措施。对于在稽查中发现的违法行为要严格执法、严厉惩处，以维护税法的尊严，保证税法的威慑力。

2. 提升对纳税人税收违法行为的查处力度

偷逃税行为将严重影响我国的财政收入，也会影响宏观调控作用的充分发挥。鉴于此，笔者认为，为更好地体现税收公平原则，我国应该不断完善《个人所得税法》《税收征收管理法》和相关法律，提升对税收违法行为的惩处力度，对违法行为明确追究其法律责任并依法严格执行处罚，对纳税人起到较强的震慑效果，从而降低违法行为的发生率。毕竟，税收犯罪是一种非常特殊的经济犯罪，其犯罪手段具有较强的专业性和技术性。因此，我们可以考虑设立专门的税务警察和税务法庭，以此来提高税收违法行为的查处率，保障涉税案件的顺利进行，让那些想以身试法的纳税人望而生畏，消除其侥幸心理，从而达到有效遏制税收违法行为的目的。我们要提升对税收违法行为的打击力度和制裁力度，提升纳税人偷逃税款的各种成本和风险，对纳税人偷逃税款的冒险违法行为大幅提高涉税违法的罚款力度，处以偷逃税款的5倍至10倍的罚款，甚至是追究其刑事责任。对于虚假申报的纳税人，可以处以其少缴税款的3倍至5倍的罚款。有代扣代缴义务的单位或个人没有积极履行代扣代缴义务的，可以处以代扣代缴税款金额3倍至5倍的罚款。没有按时缴纳个人所得税的纳税人，在补缴偷逃税款的同时，应根据其偷逃税款金额的多少来判定其刑罚的轻重，及时移交给司法机关予以刑事处罚，以达到惩处和教育的目的，减少税收流失，保证征税工作的顺利开展，并充分发挥个人所得税的调节作用。此外，在具体的执法过程中，还需要加强对高收入人群的实际收入的监管，全面核实其隐性收入，监管和处罚双管齐下，共同发力，提高纳税人的违法成本，从而形成威慑效应和达到预防犯罪的目的。对个人所得税违法行为要严管重罚。严管就是税务机关的税收征管要严格，重罚就是对违反税收法律制度的行为应加以严厉处罚。与此同时，还可以制定处罚自由裁量权的具体实施细则，提升对恶意偷逃个人所得税的罚款力度，坚决抵制"以补代罚，以罚代刑"。随着税收征管法规的逐渐完善，征管水平的提高和稽查制度的健全，加大对税收违法行为的惩处，真正意义上的税收公平将得以实现。

四、搭建协税护税网络平台

2005 年，国家税务总局印发了《个人所得税管理办法》，其中明确规定了税务主管机关应建立"与社会各部门配合的协税制度"的工作要求。然而事实上，税务机关税收征管的"瓶颈"在于：税务机关与社会各部门之间的数据共享和协调配合的渠道不畅通，缺乏协调配合机制。纳税人的个人所得收入信息、财产信息、开支信息、家庭信息等涉税信息都处于分散状态，散见于银行、证券、工商、公安、民政、不动产登记等多个不同的机构之间。这对于全面掌握纳税人的真实纳税信息而言是一层较大的现实障碍。鉴于此，为确保税务机关顺利获得纳税人的涉税信息，我国需要从以下几个方面加以考虑。

（一）确保税务机关获得纳税人涉税信息的知情权

纳税人的涉税信息对于税务机关的税收征管来说至关重要。因此，建议从立法层面赋予税务机关核查纳税人的涉税信息的权力，包括纳税人的所得收入信息、财产信息等。在立法中明确有关部门和个人有义务向税务机关提供涉税信息，并由司法部门保障执行。税务机关掌握纳税人的收入信息，有利于对税源进行监控，降低征税成本、提高税收征管的效率。通过立法赋予税务机关获取纳税人涉税信息合法性，这对于改善我国征纳双方的利益而言具有积极的促进作用。我们应当建立信息化征税系统，通过大数据和"互联网＋"的快速发展和运行来解决由征纳双方信息不对称、不充分引发的税务争议和矛盾问题。同时，要创设各部门的信息共享制度。此外，个税涉及纳税人的家庭信息和经济收入信息，因此要符合新时代个税改革的基本要求，革新传统的税收征管模式，获得真实、可靠的纳税人信息需要同户籍管理、医保、社保、金融系统、教育系统、动产不动产管理等相关职能部门通力配合，提高部门与部门之间的信息整合共享水平，建立安全、准确、可靠的动态纳税人家庭信息系统和综合办税网络系统，并以此来解决税收征纳双方信息不对称、不充分等问题，提升税源动态监控力度。

（二）建立全社会协税护税的大数据网络平台

为推进分类综合所得课税模式的实质性改革，保障新一轮税制改革的有效实施，我国亟须建立和完善涉税信息的提供、集中、联网和共享机制。从法律、金融、管理等层面构建一个全社会协税护税的大数据网络平台。当前，在大数据背景下实施分类综合所得课税模式更具有可能性。在大数据的帮助下，税务机关可以对分散在政府、银行、商场、医院、学校等机构的涉税信息和涉税数据进行汇总和衔接，从而更为翔实地掌握纳税人家庭收入、负担和支出的基本运行情况。同时，通过大数据分析和云计算对海量的涉税数据进行分析，在对纳税人的涉税行为进行研判分析的情况下，对其进行科学监管，实施有针对性的税收征管措施。即对征管风险较高的纳税人采取高级别征管，提升纳税人的纳税遵从度，提高征管的监督和效率。概言之，大数据和云计算为我国分类综合所得课税模式乃至未来的综合所得课税模式都提供了良好的数据支持和发展契机。

纳税人的涉税信息是税务机关征管的重要基础信息。在实践中，由于涉税信息的流通会受到多方面因素的影响（如相关部门之间的利益冲突、复杂信息的传递程序、信息互通机制等），这些因素都会导致纳税人的真实信息有误，因此为克服信息流通障碍，我国应尽快搭建纳税人涉税信息协税护税网络平台，实现全国纳税人税务代码及关联账户的信息联网。建立银行、证券、工商、公安、民政等部门共同参与的纳税人涉税信息共享平台。税务机关可以在大数据、云计算等的配合下，以此平台作为个人所得税征收的合法依据。同时，为实现纳税人涉税信息的有效整合、实现分类综合所得课税模式的改革，税务机关还需要掌握纳税人的收入、支出、财产、家庭、抚养、赡养等信息。个人所得税征管体系的构建需要相关部门（如公安、银行、工商、民政、房管、证券、文体等）的通力合作，甚至还需要国务院出面进行协调和干预，根据各部门掌握的纳税人的涉税信息建立起协税护税网络平台，建立涉税信息传递共享机制，构建纳税人、扣缴义务人登记和监控的电子化体系，以便税务机关和其他部门查询和使用。[1]总而言之，要实现涉税信息与税务部门的共享机制，就要通过立法规定，实现税务机关和政府的公共管理部门涉税信息网络平台的共享和对接，并按照一定的操作程序和实施细则充分实现个人涉税信息的及时传递和分享。这也是实现分类综合所得课税模式必须要解决的问题。从涉税信息共享的环节来看，我们需要处理好第三方信息提供和税务机关信息存储中纳税人隐私保护的问题，避免个人信息被不当知悉、收集和公开。首先，应当在涉税信息利用的实践经验较为成熟后，修订《暂行办法》第 26 条中行政部门提供信息的种类和范围，以更为准确的范围界定代替模糊化表述。同时，引入纳税人知情和异议机制，确保纳税人在信息共享中的参与，保障其享受的合法资格和权利。以中国人民银行办公厅、财政部办公厅、税务总局办公厅发布的《关于做好个人所得税住房贷款利息专项附加扣除相关信息归集工作的通知》（银办发〔2019〕71 号）为例，"住房商业贷款还款支出信息"的共享范围被进一步限定为"借款人姓名""证件类型及号码""贷款银行""贷款合同编号""是否为首套住房贷款""贷款类型""开户日期""到期日期""首次还款日期""是否已结清"和"结清日期"，既配合了实体制度的要求，也实现了有限度的信息采集。同时要求各商业银行"建立异议处理机制"，借款人认为商业银行提供的信息存在错误遗漏的，可以提出异议并要求更正。而《暂行办法》第 28 条、《个人所得税专项附加扣除操作办法（试行）》第 29 条所规定的知情第三人协助核实义务，也需要受到一定的限制。税务机关要求第三人说明的事项必须"与其追求之效果合比例，否则构成裁量之误用"；应当仅就其所知的纳税人享受附加扣除的有关情况向税务机关说明，协助税务机关核实，"对于租税无关紧要之事实，义务人并无说明之必要"。因此，笔者建议在上述条文后增加表述："税务机关询问和查阅有关信息，应当限于核实纳税人享有专项附加扣除资格、期限、额度的需要。"[2]

具体而言，各部门需要提供以下基本信息：

（1）公安部门提供纳税人居民身份证号码、纳税人户籍信息、家庭成员

〔1〕　石坚、陈文东主编：《中国个人所得税混合模式研究》，中国财政经济出版社 2012 年版，第 30～33 页。

〔2〕　张旭："个人所得税专项附加扣除规则的反思与改进"，载《税务与经济》2020 年第 5 期。

信息、纳税人出入境信息和纳税人居留暂住信息。公安部门还要做好可疑涉税信息交易与使用的调查、侦破工作，建立与其他相关部门的公民身份信息的查询和核查制度。

（2）银行提供纳税人存储信息、资金交易往来信息、利息收入信息、债权利息兑付等税源信息。

（3）工商部门提供纳税人登记注册、变更、注销信息和纳税人股权结构变化信息。

（4）民政部门提供纳税人的婚姻信息、彩票中奖信息等。

（5）房管部门提供纳税人个人房屋所有权信息、房屋交易买卖信息等。加强房地产权属机构与房地产经济、估价等中介服务机构的管理，做好个人财产信息披露工作。

（6）证券部门提供纳税人个人在证券交易所转让股票、利润分配、股息、红利分配等税源信息。

（7）文体部门提供文艺演出、体育比赛获奖信息，由演出的承办单位和体育比赛组织单位代扣代缴义务等信息，方便税务机关及时掌握个人演出、获奖的税源信息。

（8）劳务管理部门应掌握外派劳务人员的涉税信息，及时向税务机关提供，在发生意外伤害赔偿、国家赔偿、误工补助等需要对个人进行补偿的情况时，可以将个人完税凭证作为收入补偿的计算依据。

（9）出入境管理部门应将外籍人员的出入境信息及时提供给税务机关，以便税务机关掌握外籍人员在境内活动的税源信息，并建立进出境个人监管和查处体系，建立清税离境制度，拒绝为有欠税的纳税人办理出国手续。

（10）司法部门应加强个人所得税方面的司法协助，并根据有关条约和公约协助开展个人所得税领域的司法调查与协助工作，尤其是协助追缴境内跨地区和境外的涉税资金。

（三）推行非现金支付制度

随着银行等金融机构不断创新支付结算方式，非现金支付方式逐渐得到了人们的青睐。非现金支付方式给传统的现金支付习惯带来了较大的挑战。现金支付不需要通过银行进行转账，倘若一国的现金支付比率和规模较高的话，税务机关将难以对纳税人的所得收入实施有效监测，从而造成因为纳税人所得信息不对称或者不充分而导致税收征管成本提高，这显然有悖分类综合课税模式关于税源具有可检测性的客观要求。随着电子信息技术的突飞猛进，以电子数据、电子支付作为交易双方的信用依据和手段在交易活动中为双方提供了很大的方便，为分类综合课税模式的实施奠定了基础。很多发达国家的金融机构均比较完善，电子货币支付运用较为广泛。因此，其货币的流通量较小，银行可以通过电子货币的支付方式掌握纳税人在银行的收入记录，而纳税人的收入记录正好是税务机关审计个人所得收入的客观依据。税务机关通过银行直接获得纳税人在银行的资金或交易记录，无须得到纳税人的同意，银行也有义务向税务机关提供纳税人的涉税信息。为完善纳税人收入信息的监控机制，可以减少现金业务的结算，积极推行银行卡或信用卡等非现金结算方式，抑或是采取现金存取款收费制度，以减少现金的交易范围和交易量。与此同时，还可以从立法层面规定以银行转账方式对纳税人的各项收入进行支付。将纳税人的银行账户信息和税务部门信息进行联网共享，方便税务部门及时掌握纳税人的收入流向、资产变动等情况，以此解决纳税人的投资经营、就业劳务所得征税难的问题。不仅如此，对现金的检查力度也需要加强，严格控制现金的使用。对于 5000 元以上的交易往来，必须采用银行转账，以此来严格限制现金交易和往来，通过计算机大数据的集中处理，实现对纳税人的各项应税收入的汇总与监管。

五、积极推行税务代理制度

随着经济的充分发展，利益主体多元化使得税收来源结构日益复杂、征管难度不断加大。为提高纳税人主动纳税的意识，提高税务机关征管工作的效率，税务代理应运而生。税务代理的兴起与现实条件密不可分，因为在现实生活中，纳税人的素质参差不齐，不可能要求每一个纳税人都对个人所得税法做到理解和掌握，基于此，税务代理机构的存在便有了必要性。

税务代理是在税收征纳的过程中，纳税人依法委托具有税务代理资格的机构为其处理相关涉税事务。实行税务代理，不仅可以帮助纳税人处理既专业又繁杂的涉税事务，同时还可以减轻税务机关的征管负担。通过税务代理，搭建纳税人和国家税务机关沟通信息、处理涉税业务的桥梁，这不仅可以降低纳税人的纳税遵从成本，也更有益于减少税务机关的税务事宜，降低税务机关的征管成本。税务代理制度的推广符合我国个人所得税制改革的要求，在实现分类综合所得课税模式改革的过程中应予以重视。税务代理制度的及时推广可以创造更多的社会财富，实现税收效率和税收收入的兼得。

税务代理机构的不断完善与发展为我国个人所得税的分类综合所得课税模式提供了强有力的支撑。很显然，我国大力推行税务代理制度对于建立分类综合所得课税模式来说显然是利大于弊的。在未来的工作中，如何发挥好税务代理的中介功能是我们必须认真考虑的问题。因此，我们可以开展以下几个方面的工作。

（一）建立对税务代理的立法保护

尽管我国《税收征收管理法》规定了税务代理的相关内容，但仍然存在一些不足之处。我国的税务代理出现得较晚，相关法律体系还不够完善，税务代理的相关法律法规大部分以部门规章办法的形式出台，如1994年出台的《税务代理试行办法》，其权威性和法律层级均受到了质疑。鉴于此，我国可以考虑适时提高税务代理的相关立法层级，出台《税务代理法》，在立法上对其进行专门的保护。

（二）推行税务代理制度

在国家税务机关的监督和业务指导下，正常开展税务代理活动，并规范税务代理机构的业务范围、服务质量、收费标准。从立法上明确其权利、义务和所须承担的法律责任，使其成为一支具有独立性、专业化服务纳税义务人的社会机构。同时，推行税务代理还可以让纳税人、国家税务机关和税务代理三者之间形成互相制约、互相监督的社会约束机制，有益于我国个人所得税的税源监控。推行税务代理制度不仅可以使我国税务机关集中精力做好税收征管中的重点和难点工作，同时也可以提升我国税收征管服务的质量，建立社会化、集约化的服务体系。有利于我国税务机关对税源实施专业化管理、优化税收征管资源。

（三）设立税务代理的监管体系

一方面，对税务代理要实行国家的行政监管，注意将行政监管部门的人员和行业自律监管的人员分离开。另一方面，还要设立税务代理机构行业自律的监管。设立税务代理的行业监管机构，并定期召开会议，定期对税务代理机构进行培训，及时反映问题、及时处理税务代理机构所遇到的涉税问题。在处理相关事务时，应保持中立，为税务代理机构、纳税人和税务机关搭建监督平台，保证涉税事务的顺利进行。通过上述两种办法，将税务代理的行政监管和行业自律监管相结合，构建完善的税务代理监管体系。

（四）引入税务代理机构内部的竞争机制

税务代理机构一般会公开招聘具有税收、会计和法律基础知识的专业税务代理人才，调整人员结构，通过发挥税务代理的积极作用完善税收服务体系，实现税务机关和纳税人之间的有效沟通，更好地为税收征纳双方服务。

（五）提高税务代理的服务质量

税务代理机构作为社会服务机构，应树立良好的服务意识和质量意识。因此，纳税人与税务代理机构签订委托代理协议后，纳税人要按照相关规定，遵循税务代理的法律程序，如实汇报涉税信息，以保证税务代理工作的顺利展开。税务代理机构在接受纳税人的委托代理后，也要积极主动地熟悉了解业务，进行科学的风险评估，以防范可能发生的风险，有的放矢地开展纳税人委托的涉税事务，从而提高税务代理的服务质量。

（六）设立税务代理行业协会

通过税务代理行业协会对税务代理的从业人员进行专业指导和业务培训。税务代理行业协会要发挥其自身的专业优势，积极处理和解决税务代理工作中遇到的各种难题，并制定税务代理行业的执行准则和行业规范，对税务代理的从业人员资格进行审查，协调处理注册税务师之间的矛盾，积极与税务代理的行政管理机关进行沟通与协调，对违反行业协会的税务代理人员进行教育和处罚，以实现对税务代理人员的有效监督和管理。

六、切实完善税收救济制度

从世界范围来看，税收救济制度是国际惯例和国际通行的做法，其中最为常见的是税收行政协助。当今世界，如美国、法国、英国、德国等国家在立法上都有相关税收行政协助的规定。税务部门和其他部门的涉税情报交换已成为彼此间的工作惯例。个人所得税的征收工作不是一项简单的工程，征缴个人所得税，保护纳税人的合法权益，还需要其他的法律救济加以配合。在我国，仅仅依靠《个人所得税法》和《税收征收管理法》显然还不够。《税收征收管理法》对税收救济的规定缺乏系统性和明晰性，对于税收行政协助并没有明确的概念和规定，且对于税收行政的规范也过于笼统，对于如何开展工作援助和提供哪些工作援助规定得更不详细。总体而言，税收协助的界定含糊不清、法律层级较低。倘若要推进实现分类综合所得课税模式的改革，切实完善现行的税收救济制度不失为一剂良药。

(一) 建立税收行政协助制度

税收行政协助制度是指国家机关、企业、社会团体和个人按照法律规定向税务机关履行税收信息义务、协助税务行政执法的法律责任制度。建立税收行政协助制度的主要目的在于协税护税，解决税务机关税务信息不对称问题。当前，尽管我国《税收征收管理法》第5条、第17条、第38条、第40条、第44条规定有关机构和部门有义务和责任进行税收协助，但随着经济的发展，其已不满足新的税收协助的要求。由于相关法律责任规定得不够详细，缺乏可操作性，税收行政协助的技术支持水平较低。此外，我国税收信息的采集和共享机制还有待完善，对于分散在企事业单位、国家机关、社会团体的税务信息，税务机关在收集相关涉税信息方面仍然存在"短板"，相关部门之间的信息沟通不畅。事实上，税务机关在收集纳税人的涉税信息时往往会受到国家司法机关、国家行政机关、社会团体、第三方等多个主体的制约。因此，为保障税务机关顺利开展个人所得税的征收工作，我国还应该从以下几个方面入手。

1. 国家司法机关协助

国家司法机关协助是指国家司法机关有向税务机关提供税收信息的协助义务。例如，法院、检察院、公安机关在处理涉及纳税人的财产转移、资产交易、产权转让、企业破产等财产纠纷案件时具有审查义务，审查其交易是否完税，在没有审查之前，不得对案件作出审判。在实务方面，一项交易没有完税，参与交易主体的权利义务状态仍处于未定状态，其法律地位也处于未决状态。就民事案件而言，在没有扣减交易的法定税负之前，法院将无法确定相关主体的权利义务。在司法实践中，往往会出现法院无视《税收征收管理法》规定的清算之前的清税结票程序而径行判决，抑或在企业破产清算案件中出现不及时通知税务机关也不考虑税收优先权的现象。鉴于此，司法机关在了结案件时必须首先考察相关交易的缴税情况，否则便会构成程序上和实体上的双重违法。

2. 国家行政机关协助

国家行政机关协助是指国家经济管理部门向税务机关履行通报相关涉税信息的义务。例如，我国的国土资源管理、城市规划、房屋管理、工商管理、商务、证券、知识产权、外汇管理等机构应就财产交易相关信息向税务机关履行积极通报的义务。在外国人非居民或居民纳税人的税务管理方面，政府机关的派出机构（如派出所、街道办事处、居委会等）均有义务向税务机关上报涉税信息，从而通过税收协助制度解决涉税信息的不对称问题。

3. 公法团体和社会团体协助

公法团体和社会团体也有向税务机关提供涉税信息的协助义务。一般来说，共青团、妇联、工会、事业单位、社会团体、各类协会等都有义务扮演好交易主体税收利益相关人和行业管理者的角色。

4. 第三方协助

第三方协助是指纳税主体之外的私法主体履行通报税收信息的义务。例如，公司、企业、合伙人都有义务向税务机关提供涉税信息的协作义务，这种义务也是一种"协力义务"，它是税收行政协助的一部分。客观而言，如果税收信息不断出现在税务机关，税务机关可以比对纳税人的自行申报信息和利益相关人申报的涉税信息，并从中查找和监控税收违法行为。

由此看来，建立税收行政协助制度将有利于解决税务机关掌握税源信息不对称的难题，税收行政协助制度可以与《税收征收管理法》和《行政监察法》相衔接，一并发挥纪律检查和行政监察的作用。值得注意的是，建立分类综合所得课税模式，迫切需要协税护税制度的推进，客观上要求积极建立税收行政协助制度，在行政措施的改革、探索、积累方面有所创新。[1]因此，笔者建议在《税收征收管理法》中规定："所有与个人所得税的涉税信息提供有关的部门都有义务与税务机关就涉税信息进行交换。"与此同时，也要强化税务机关在收集涉税信息过程中的重要地位，树立国家利益优先理念。税收是为政府提供公共产品和服务筹措资金，税款的征收不是税务部门的专有职责，更应该是包括税务部门在内的整个政府部门的共同职责。因为，个人所得税征收的难点之一就是公民涉税信息的不准确和不完整。对纳税人涉税信息的及时、准确获得，是实行分类综合所得课税模式的重要保障。由此可见，实行税收协助制度对于保证国家税收征收工作的顺利进行而言尤为必要。税收行政协助制度不仅可以有效防范税款的流失，还可以提高税收征管效率，为我国个人所得税的税制改革提供外部支持，促进税制改革的顺利实现。

---

〔1〕　高培勇主编：《个人所得税：迈出走向"综合与分类相结合"的脚步》，中国财政经济出版社 2011 年版，第 152~154 页。

（二）改进税收行政复议制度

根据《税收征收管理法》第88条第1款之规定，[1]申请人对税务机关的征税行为不服时，首先要向税务复议机关申请行政复议。申请行政复议是提起诉讼的前置程序，而缴纳税款、罚款或提供担保则为申请税收行政复议的前置条件。很明显，这是一种"税收行政复议双重前置程序"。考虑到诉讼成本问题，在涉税问题上，如果纳税人或扣缴义务人与税务机关发生争议，需要提供相应的纳税担保方能依法申请行政复议。在面对如此冗长而复杂的救济程序时，纳税人往往会选择放弃以这种方式维护自己的权益。因此，笔者建议取消税收行政复议前置制度，这将有利于充分保护纳税人的合法权益、提高行政效率、降低纳税人的维权成本。其次，应当改革税务行政复议委员会，以保证审查行政复议案件的独立性、客观性和公正性。我国税务机关法治部门的职能主要是同级税务机关在法治事务方面的谋略，所以在办理税务复议案件时难免会受到上下级行政机关的牵制或影响。将税务复议机关置于税务机关法治机构或设置于行政机关系统内部，无法保证复议案件的公平性和公正性。再者，设立税务行政复议听证程序将有助于保护纳税人的合法权益。行政复议听证程序的设置目的就是听取当事人的意见，对行政主体的错误行为进行理性的纠偏，体现程序正义。同时，设立税务行政复议听证程序有益于提高复议效率和复议权威性，从而有效地减轻纳税人和人民法院的诉讼负担。

（三）完善税收司法救济制度

为实现分类综合所得课税模式，还需尽快建立税收司法保障体系，建立税收优先权的司法救济制度。我国《税收征收管理法》第45条虽然规定了税收优先于无担保债权，但遗憾的是，对于税务机关如何行使税收优先权，我国现行立法并没有作出明确的规定。税收优先权虽有设置，但流于形式，难以付诸实践。因此，为保障税收优先权的有效行使，我国可以在立法中加以规定，即赋予税务机关请求撤销权，撤销欠缴税款的纳税人非税清偿行为，以达到税款优先受偿的目的，充分保障税收优先权。其次，应建立纳税人破

---

[1] 《税收征收管理法》第88条第1款规定："纳税人、扣缴义务人、纳税担保人同税务机关在纳税上发生争议时，必须先依照税务机关的纳税决定缴纳或者解缴税款及滞纳金或者提供相应的担保，然后可以依法申请行政复议；对行政复议决定不服的，可以依法向人民法院起诉。"

产保护制度。个人破产是指具有民事行为能力的自然人不能清偿到期债务时依照破产程序的规定，在保留其所必需的生活费用和必要生活用品的情况下，拍卖其财产，并按照一定比例分配给债权人的一项法律制度。个人所得税是一种直接以个人收入所得作为征税对象的税种，如果建立了个人破产保护制度，这对于保障个人所得税纳税人的合法权益来说至关重要。其实质上保障了个人所得税纳税人最基本的生存权和发展权。如果缺乏个人所得税纳税人破产制度的保护，个人所得税纳税人本身处于经济困难，更加无法获得相应的税收豁免。再次，强化法院的司法审查权限。当前，我国法院的司法审查仅限于规章或规章以下的抽象性文件，而对具体行政行为的审查也仅仅是合法性审查，其最终的结果就是部分纳税人的权利得不到应有的保障。因而，应该适当扩大法院的司法审查范围。[1]最后，税收司法权是税收行政权的保障，由于涉税案件比较专业，而中国司法机构、司法人员、司法手段等并不能有效制裁税收违法行为，因此笔者建议尽快完善税务司法体系，推进税收司法体制改革，树立税务司法机关权威，以实现税收司法公正。一方面，需要加强对税务司法人员的专业培训，提高税务司法人员的综合素质。另一方面，需要加强对税收司法、税收执法的有效监督，对税收违法乱纪的渎职行为严惩不贷，确保依法治税工作的顺利进行。

---

〔1〕　石坚、陈文东主编：《中国个人所得税混合模式研究》，中国财政经济出版社 2012 年版，第 50~51 页。

结　语

　　人类文明的基本诉求是公平，经过数年的发展，它既是促进经济社会快速发展的重要手段，也是保障社会稳定的重要基础，有着增进民生福祉的重要作用，影响着国家的制度建设和未来走向。税收作为一国调整社会公平的经济手段，无疑为国家的经济发展和规制创设了条件。正如熊彼特所言："税收不仅帮助创造了国家，而且还帮助塑造了国家的形式。"可见，税收与公平产生了天然的联系。依据这种联系，公平是对税收提出的基本要求，通过税收制度的改革促进社会公平已经成了税收理论的基本研究课题。

　　个人所得税已经成为能反映税收文明最重要的税种之一。它对培育国家能力、维护社会公平正义以及增进人民福祉等方面都起到了积极的作用，具有其他税种所不可替代的作用。从征收个人所得税的历史来看，个人所得税源于《权利法案》签署百年之后的英国，虽为战争之故筹措资金，但在资产阶级民主思潮的影响下，其在开征之初就已经超越了筹集财政收入的动机，并且非常关注效率之上的税收公平建设。时至今日，个人所得税一直以调节收入分配、筹集财政收入、促进经济增长为基本职能。易言之，个人所得税在一定程度上对社会总需求和总供给起到了协调平衡的作用。显然，在一国整体经济发展的过程中，个人所得税在税收体系中的地位和作用是不可取代的。随着经济的发展，我国传统的分类所得课税模式固有的弊端正日益显露，无法充分体现税收公平原则。与此同时，个人所得税在税制设计上也缺乏科学性、严肃性和合理性，这不仅会影响个人所得税的调节力度，也会阻碍个人所得税调节作用的有效发挥。基于此，我国传统的分类所得课税模式已经不再适应当今经济社会发展的客观需要，为顺应我国经济发展和国际形势，需要对我国分类所得课税模式加以改革，转而实现分类综合所得课税模式。

在新时代背景下，进一步探究我国个人所得税课税模式的改革问题，具有重要的理论意义和现实意义。

我国个人所得税课税模式的改革问题理应是一个渐进的发展和完善过程。改革不是一时的事情，需要做长久的打算。从短期来看，我国以《个人所得税法》修正的方式实现了分类综合课税模式在形式上的改革，因为它具备分类所得课税模式和综合所得课税模式所不具备的优势。分类综合所得课税模式既可以较好地实现税收公平原则和量能课税原则，又可以有效地避免综合所得课税模式对征管水平要求较高的限制，其符合我国当前的现实国情。从长远来看，实现、落实、完成分类综合所得课税模式改革还需要一个漫长的过程，因为此次改革是一种实质意义上的改革，是一项艰巨而复杂的系统工程，在短期内是无法实现的，必须在实践中逐步探索与完善。因此，我们不能仅仅局限于立法修正中的形式意义上的改革，而应该着重考虑分类综合所得课税模式在实质意义上的改革如何实现，这是本书设计的初衷。任何制度的改革都离不开经济与社会发展的客观需求，同样，个人所得税的税制改革也不例外。税制改革也要随着经济与社会的变化而作出相应的调适。个人所得税课税模式的改革是一项巨大的系统工程。从长远来看，一项制度的改革与完善本应是一个漫长的渐进过程。正如刘剑文教授所说，在较长的时期内，我国应先采取分类与综合所得相结合的课税模式，但综合所得课税模式将是我国未来个人所得税发展的必然趋势。同理，倘若要实现《个人所得税法》的良法善治，势必要充分考虑个人所得税税制设计的公平性和合理性，因为科学的税收制度是优化资源配置、维护市场统一、促进社会公平、实现国家长治久安的制度保障。当然，我们不得不承认，在1993年《个人所得税法》之后，个人所得税的相关制度也在逐步向法治化、规范化和科学化发展。尤其是在1994年我国实行分税制改革以后，我国《个人所得税法》在实践中不断被调整与完善，并随着经济的发展在税基、税率、费用扣除方面都呈现出动态调整趋势。从另一个角度来看，分类所得课税模式在推动我国个人所得税税制发展迈入法治化轨道方面功不可没，我国《个人所得税法》也日趋成熟。毫无疑问，分类所得课税模式在个人所得税税制发展史上起到的积极作用应当被给予肯定。但从长远看来，逐步建立健全分类综合所得课税模式是我国深化税制改革的发展方向。

个人所得税作为世界上较为复杂的税种之一，具有较强的政策性，因而其对税收征管的要求较高。我国人口众多、城乡收入差别较大、地区发展不平衡，尽管多次修正《个人所得税法》，但都无法实现一步到位。从屡次修正的《个人所得税法》的内容来看，广大人民群众的切身利益、社会反映的突出问题、提高工薪所得基本减除费用标准、调整个人所得税税率结构、扩大自行申报范围等都为个人所得税制度的完善和发展夯实了基础。但我国原有的分类所得课税模式向分类与综合所得相结合的课税模式的转型仍面临一系列的难题。例如，我国税务部门征管能力有待提高，纳税人主动纳税意识不强，税源信息不准确、不完整，隐性收入较多等。从第七次修正《个人所得税法》的内容来看，该法未能很好地解决上述问题。因此，个人所得税课税模式的改革将会是一个循序渐进、不断发展、不断完善的过程。从短期来看，要设计出具有可行性和实操性的渐进式改革方案，逐步在第七次修正《个人所得税法》的基础之上完善分类综合所得课税模式所需的配套条件，以推动个人所得税的进一步改革。从长远来看，待时机成熟、条件允许，逐步从"小综合"过渡到"大综合"，即综合所得课税模式是未来个人所得税改革的大方向。强调"以人为核心"，不以所得性质来决定税负水平，要强调个人的整体税负能力，突出"以人为核心"的税负水平和负担能力。以我国现有的税收征管水平和未来个人所得税改革的拓展空间来看，综合所得课税模式在条件成熟、时机契合的情况下，终将会变成现实。在这个过程之中，不仅要实现个人所得税的税制与我国国情相结合，更要清楚地认识到我国经济发展所处的历史阶段，特别是在税收征管、配套措施还不具备的前提下，我国个人所得税课税模式的改革道路可谓是任重而道远，绝非简单地在形式上将分类综合所得课税模式直接纳入《个人所得税法》的修正范畴。课税模式的改革要与我国的国情相适应、相协调，既不能过分超前，也不能相对滞后。一方面，我们不仅要对传统的分类所得课税模式进行彻底改良，查找影响个人所得税课税模式转型的障碍因素，切实解决分类所得课税模式下公平价值的缺失问题。另一方面，从长远看来，个人所得税课税模式的改革成功与否，关键在于解决个人所得税税收公平缺失的问题，若仅仅对《个人所得税法》在内容上进行课税模式的简单微调与修正，而不从顶层设计和具体制度设计上来进行改革，提出切实可行的适合于分类综合所得课税模式的改革路径与解决措施，则难以发挥个人所得税调节个人收入分配和促进社会公平的基本功能。因此，本书希冀借《个人所得税法》修正之机，将分类与综合所得相结合的课税模式改革尽快推进至实质改革阶段，而非纸上谈兵，从实质层面全方位、系统地考虑改革后将面临的困境和难题；从根本上为解决课税模式改革创造有利的制度条件，促使个人所得税税制改革向更加科学、更加公平、更加完善的方向发展。

个人所得税课税模式转型需要付出一定的改革成本，考量课税模式的好坏离不开对税制公平的评判，离开税收公平原则来谈个人所得税课税模式改革问题只能是一种奢谈。总体而言，深化我国未来个人所得税改革的基本思路就是要继续遵循"简税制、宽税基、低税率、严征管"的基本原则，任何一种课税模式的产生、发展与选择都是一个从不成熟到逐步成熟的历练过程。我国个人所得税从开征至今，在筹集财政收入、调节收入分配方面都发挥了重要功能。但居民收入渠道的多元化和收入差距的扩大化对我国个人所得税功能的定位和课税模式的改革又提出了新的要求和挑战。尽管我国先后 7 次修正《个人所得税法》并陆续出台了一系列相关政策和规范性文件，但就目前的情况来看，个人所得税与大众所期待的个人所得税仍然相差甚远，造成这种落差的最大因素就是个人所得税课税模式的选择问题。纵观世界，国内外学者在个人所得税课税模式选择方面都作了大量有益的探索，但在我国个人所得税课税模式改革过程中，仍需理性地对待和考量改革带来的制度变化和现实影响。除此之外，个人所得税制度源起于发达国家，这就难免要在历史的尘埃中搜寻个人所得税课税模式改革的影子。唯有如此，我们才能够在借鉴国外先进理念和制度设计的基础之上构建符合我国国情的个人所得税制度，并借个人所得税课税模式改革之机，为充分实现我国个人所得税的公平价值提供助力。

立法的形式内容虽然具有偶然性，但法治变革趋势却能让立法取得实质进步。[1] 诚然，个人所得税课税模式改革对于任何一个国家来说都是一个长期的、不断完善的过程；也是一个不断发展、不断成熟、不断优化的过程。我们应该在不同历史阶段，针对不同改革重点，设计出适合改革的税制，最终使我国个人所得税的税制改革顺应各阶段的经济发展方向，促进社会的和谐与进步。同样，个人所得税课税模式的改革问题也是一项艰巨的系统工程，

---

〔1〕 刘剑文、胡翔："《个人所得税法》修改的变迁评介与当代进路"，载《法学》2018 年第 9 期，第 143 页。

不能一蹴而就、急于求成。我们必须厘清思路，清醒地认识到改革工程在具体实施和推进中亟待解决的难题，尤其是要考虑与原有税制的衔接和改良问题。在个人所得税课税模式改革的过程中，短期内会带来国家和纳税人的"阵痛期"，甚至还会损失一定的税收收入。但是，从另一个角度来看，这正是符合当前我国国情的实质性改革，是一个个人所得税制走向成熟所必须经历的过程。个人所得税课税模式的改革问题并非零敲碎打，更不是狭义上的形式改革。应当把个人所得税的税制改革视为一项长期的系统工程来加以实现，必须接受税收公平理论的实质检验来指导和推动其制度的顶层设计，唯有创造出符合分类综合所得课税模式的有利条件和配套措施，实现个人所得税税制要素设计的科学化和合理化，才能促进个人所得税课税模式的彻底变革。需要指出的是，基于笔者认知能力的局限性和时间上的有限性，有关个人所得税课税模式改革的探讨也只能是抛砖引玉。一言以蔽之，本书希冀借第七次修正《个人所得税法》之机，以个人所得税课税模式改革为研究对象，在遵循税收公平原则的前提下，探究个人所得税在纳税单位、综合计征范围、税率结构优化、费用扣除及其标准、税收征管、税收优惠等方面的不足，在此基础之上进一步探索适合分类综合所得课税模式的配套制度和改革措施，对现行个人所得税的税制进行改良，旨在为个人所得税课税模式的改革创造有利的条件，提供立法改革的顶层设计和具体制度设计，对新时代个人所得税课税模式改革的路径进行探讨与展望，以确保个人所得税税制改革的顺利进行，从而促进我国《个人所得税法》的不断完善，实现个人所得税的应有功能，提升个人所得税税收调节收入分配的公平价值和正义价值，为构建和谐社会添砖加瓦。

《中华人民共和国个人所得税法》

（2018 年 8 月 31 日，第十三届全国人大常委会第五次会议通过第七次修正的《中华人民共和国个人所得税法》，并于 2019 年 1 月 1 日施行。）

第一条 在中国境内有住所，或者无住所而一个纳税年度内在中国境内居住累计满一百八十三天的个人，为居民个人。居民个人从中国境内和境外取得的所得，依照本法规定缴纳个人所得税。

在中国境内无住所又不居住，或者无住所而一个纳税年度内在中国境内居住累计不满一百八十三天的个人，为非居民个人。非居民个人从中国境内取得的所得，依照本法规定缴纳个人所得税。

纳税年度，自公历一月一日起至十二月三十一日止。

第二条 下列各项个人所得，应当缴纳个人所得税：

（一）工资、薪金所得；

（二）劳务报酬所得；

（三）稿酬所得；

（四）特许权使用费所得；

（五）经营所得；

（六）利息、股息、红利所得；

（七）财产租赁所得；

（八）财产转让所得；

（九）偶然所得。

居民个人取得前款第一项至第四项所得（以下称综合所得），按纳税年度合并计算个人所得税；非居民个人取得前款第一项至第四项所得，按月或者按次分项计算个人所得税。纳税人取得前款第五项至第九项所得，依照本法规定分别计算个人所得税。

第三条 个人所得税的税率：

（一）综合所得，适用百分之三至百分之四十五的超额累进税率（税率表附后）；

（二）经营所得，适用百分之五至百分之三十五的超额累进税率（税率表附后）；

（三）利息、股息、红利所得，财产租赁所得，财产转让所得和偶然所得，适用比例税率，税率为百分之二十。

第四条 下列各项个人所得，免征个人所得税：

（一）省级人民政府、国务院部委和中国人民解放军军以上单位，以及外国组织、国际组织颁发的科学、教育、技术、文化、卫生、体育、环境保护等方面的奖金；

（二）国债和国家发行的金融债券利息；

（三）按照国家统一规定发给的补贴、津贴；

（四）福利费、抚恤金、救济金；

（五）保险赔款；

（六）军人的转业费、复员费、退役金；

（七）按照国家统一规定发给干部、职工的安家费、退职费、基本养老金或者退休费、离休费、离休生活补助费；

（八）依照有关法律规定应予免税的各国驻华使馆、领事馆的外交代表、领事官员和其他人员的所得；

（九）中国政府参加的国际公约、签订的协议中规定免税的所得；

（十）国务院规定的其他免税所得。

前款第十项免税规定，由国务院报全国人民代表大会常务委员会备案。

第五条 有下列情形之一的，可以减征个人所得税，具体幅度和期限，由省、自治区、直辖市人民政府规定，并报同级人民代表大会常务委员会备案：

（一）残疾、孤老人员和烈属的所得；

（二）因自然灾害遭受重大损失的。

国务院可以规定其他减税情形，报全国人民代表大会常务委员会备案。

第六条　应纳税所得额的计算：

（一）居民个人的综合所得，以每一纳税年度的收入额减除费用六万元以及专项扣除、专项附加扣除和依法确定的其他扣除后的余额，为应纳税所得额。

（二）非居民个人的工资、薪金所得，以每月收入额减除费用五千元后的余额为应纳税所得额；劳务报酬所得、稿酬所得、特许权使用费所得，以每次收入额为应纳税所得额。

（三）经营所得，以每一纳税年度的收入总额减除成本、费用以及损失后的余额，为应纳税所得额。

（四）财产租赁所得，每次收入不超过四千元的，减除费用八百元；四千元以上的，减除百分之二十的费用，其余额为应纳税所得额。

（五）财产转让所得，以转让财产的收入额减除财产原值和合理费用后的余额，为应纳税所得额。

（六）利息、股息、红利所得和偶然所得，以每次收入额为应纳税所得额。

劳务报酬所得、稿酬所得、特许权使用费所得以收入减除百分之二十的费用后的余额为收入额。稿酬所得的收入额减按百分之七十计算。

个人将其所得对教育、扶贫、济困等公益慈善事业进行捐赠，捐赠额未超过纳税人申报的应纳税所得额百分之三十的部分，可以从其应纳税所得额中扣除；国务院规定对公益慈善事业捐赠实行全额税前扣除的，从其规定。

本条第一款第一项规定的专项扣除，包括居民个人按照国家规定的范围和标准缴纳的基本养老保险、基本医疗保险、失业保险等社会保险费和住房公积金等；专项附加扣除，包括子女教育、继续教育、大病医疗、住房贷款利息或者住房租金、赡养老人等支出，具体范围、标准和实施步骤由国务院确定，并报全国人民代表大会常务委员会备案。

第七条　居民个人从中国境外取得的所得，可以从其应纳税额中抵免已在境外缴纳的个人所得税税额，但抵免额不得超过该纳税人境外所得依照本法规定计算的应纳税额。

第八条　有下列情形之一的，税务机关有权按照合理方法进行纳税调整：

（一）个人与其关联方之间的业务往来不符合独立交易原则而减少本人或者其关联方应纳税额，且无正当理由；

（二）居民个人控制的，或者居民个人和居民企业共同控制的设立在实际税负明显偏低的国家（地区）的企业，无合理经营需要，对应当归属于居民个人的利润不作分配或者减少分配；

（三）个人实施其他不具有合理商业目的的安排而获取不当税收利益。

税务机关依照前款规定作出纳税调整，需要补征税款的，应当补征税款，并依法加收利息。

第九条 个人所得税以所得人为纳税人，以支付所得的单位或者个人为扣缴义务人。

纳税人有中国公民身份号码的，以中国公民身份号码为纳税人识别号；纳税人没有中国公民身份号码的，由税务机关赋予其纳税人识别号。扣缴义务人扣缴税款时，纳税人应当向扣缴义务人提供纳税人识别号。

第十条 有下列情形之一的，纳税人应当依法办理纳税申报：

（一）取得综合所得需要办理汇算清缴；

（二）取得应税所得没有扣缴义务人；

（三）取得应税所得，扣缴义务人未扣缴税款；

（四）取得境外所得；

（五）因移居境外注销中国户籍；

（六）非居民个人在中国境内从两处以上取得工资、薪金所得；

（七）国务院规定的其他情形。

扣缴义务人应当按照国家规定办理全员全额扣缴申报，并向纳税人提供其个人所得和已扣缴税款等信息。

第十一条 居民个人取得综合所得，按年计算个人所得税；有扣缴义务人的，由扣缴义务人按月或者按次预扣预缴税款；需要办理汇算清缴的，应当在取得所得的次年三月一日至六月三十日内办理汇算清缴。预扣预缴办法由国务院税务主管部门制定。

居民个人向扣缴义务人提供专项附加扣除信息的，扣缴义务人按月预扣预缴税款时应当按照规定予以扣除，不得拒绝。

非居民个人取得工资、薪金所得，劳务报酬所得，稿酬所得和特许权使用费所得，有扣缴义务人的，由扣缴义务人按月或者按次代扣代缴税款，不办理汇算清缴。

第十二条 纳税人取得经营所得，按年计算个人所得税，由纳税人在月度或者季度终了后十五日内向税务机关报送纳税申报表，并预缴税款；在取得所得的次年三月三十一日前办理汇算清缴。

纳税人取得利息、股息、红利所得，财产租赁所得，财产转让所得和偶然所得，按月或者按次计算个人所得税，有扣缴义务人的，由扣缴义务人按月或者按次代扣代缴税款。

第十三条 纳税人取得应税所得没有扣缴义务人的，应当在取得所得的次月十五日内向税务机关报送纳税申报表，并缴纳税款。

纳税人取得应税所得，扣缴义务人未扣缴税款的，纳税人应当在取得所得的次年六月三十日前，缴纳税款；税务机关通知限期缴纳的，纳税人应当按照期限缴纳税款。

居民个人从中国境外取得所得的，应当在取得所得的次年三月一日至六月三十日内申报纳税。

非居民个人在中国境内从两处以上取得工资、薪金所得的，应当在取得所得的次月十五日内申报纳税。

纳税人因移居境外注销中国户籍的，应当在注销中国户籍前办理税款清算。

第十四条 扣缴义务人每月或者每次预扣、代扣的税款，应当在次月十五日内缴入国库，并向税务机关报送扣缴个人所得税申报表。

纳税人办理汇算清缴退税或者扣缴义务人为纳税人办理汇算清缴退税的，税务机关审核后，按照国库管理的有关规定办理退税。

第十五条 公安、人民银行、金融监督管理等相关部门应当协助税务机关确认纳税人的身份、金融账户信息。教育、卫生、医疗保障、民政、人力资源社会保障、住房城乡建设、公安、人民银行、金融监督管理等相关部门应当向税务机关提供纳税人子女教育、继续教育、大病医疗、住房贷款利息、住房租金、赡养老人等专项附加扣除信息。

个人转让不动产的，税务机关应当根据不动产登记等相关信息核验应缴的个人所得税，登记机构办理转移登记时，应当查验与该不动产转让相关的个人所得税的完税凭证。个人转让股权办理变更登记的，市场主体登记机关应当查验与该股权交易相关的个人所得税的完税凭证。

有关部门依法将纳税人、扣缴义务人遵守本法的情况纳入信用信息系统，并实施联合激励或者惩戒。

第十六条 各项所得的计算，以人民币为单位。所得为人民币以外的货币的，按照人民币汇率中间价折合成人民币缴纳税款。

第十七条 对扣缴义务人按照所扣缴的税款，付给百分之二的手续费。

第十八条 对储蓄存款利息所得开征、减征、停征个人所得税及其具体办法，由国务院规定，并报全国人民代表大会常务委员会备案。

第十九条 纳税人、扣缴义务人和税务机关及其工作人员违反本法规定的，依照《中华人民共和国税收征收管理法》和有关法律法规的规定追究法律责任。

第二十条 个人所得税的征收管理，依照本法和《中华人民共和国税收征收管理法》的规定执行。

第二十一条 国务院根据本法制定实施条例。

第二十二条 本法自公布之日起施行。

个人所得税税率表一		
级数	全年应纳税所得额	税率（%）
1	不超过 36 000 元的	3
2	超过 36 000 元至 144 000 元部分	10
3	超过 144 000 元至 300 000 元部分	20
4	超过 300 000 元至 420 000 元部分	25
5	超过 420 000 元至 660 000 元部分	30
6	超过 660 000 元至 960 000 元部分	35
7	超过 960 000 元的部分	45
（注1：本表所称全年应纳税所得额是指依照本法第六条的规定，居民个人取得综合所得以每一纳税年度收入额减除费用六万元以及专项扣除、专项附加扣除和依法确定的其他扣除后的余额。注2：非居民个人取得工资、薪金所得，劳务报酬所得，稿酬所得和特许权使用费所得，依照本表按月换算后计算应纳税额。）		

个人所得税税率表二		
级数	全年应纳税所得额	税率（％）
1	不超过 30 000 元的	5
2	超过 30 000 元至 90 000 元部分	10
3	超过 90 000 元至 300 000 元部分	20
4	超过 300 000 元至 500 000 元部分	30
5	超过 500 000 元的部分	35
（注：本表所称全年应纳税所得额是指依照本法第六条的规定，以每一纳税年度的收入总额减除成本、费用以及损失后的余额。）		

《中华人民共和国个人所得税法实施条例》

(1994 年 1 月 28 日中华人民共和国国务院令第 142 号发布 根据 2005 年 12 月 19 日《国务院关于修改〈中华人民共和国个人所得税法实施条例〉的决定》第一次修正 根据 2008 年 2 月 18 日《国务院关于修改〈中华人民共和国个人所得税法实施条例〉的决定》第二次修正 根据 2011 年 7 月 19 日《国务院关于修改〈中华人民共和国个人所得税法实施条例〉的决定》第三次修正 2018 年 12 月 18 日中华人民共和国国务院令第 707 号第四次修正)

第一条 根据《中华人民共和国个人所得税法》（以下简称个人所得税法），制定本条例。

第二条 个人所得税法所称在中国境内有住所，是指因户籍、家庭、经济利益关系而在中国境内习惯性居住；所称从中国境内和境外取得的所得，分别是指来源于中国境内的所得和来源于中国境外的所得。

第三条 除国务院财政、税务主管部门另有规定外，下列所得，不论支付地点是否在中国境内，均为来源于中国境内的所得：

（一）因任职、受雇、履约等在中国境内提供劳务取得的所得；

（二）将财产出租给承租人在中国境内使用而取得的所得；

（三）许可各种特许权在中国境内使用而取得的所得；

（四）转让中国境内的不动产等财产或者在中国境内转让其他财产取得的所得；

（五）从中国境内企业、事业单位、其他组织以及居民个人取得的利息、股息、红利所得。

第四条 在中国境内无住所的个人，在中国境内居住累计满 183 天的年度连续不满六年的，经向主管税务机关备案，其来源于中国境外且由境外单位或者个人支付的所得，免予缴纳个人所得税；在中国境内居住累计满 183 天的任一年度中有一次离境超过 30 天的，其在中国境内居住累计满 183 天的年度的连续年限重新起算。

第五条 在中国境内无住所的个人，在一个纳税年度内在中国境内居住累计不超过 90 天的，其来源于中国境内的所得，由境外雇主支付并且不由该雇主在中国境内的机构、场所负担的部分，免予缴纳个人所得税。

第六条 个人所得税法规定的各项个人所得的范围：

（一）工资、薪金所得，是指个人因任职或者受雇取得的工资、薪金、奖金、年终加薪、劳动分红、津贴、补贴以及与任职或者受雇有关的其他所得。

（二）劳务报酬所得，是指个人从事劳务取得的所得，包括从事设计、装潢、安装、制图、化验、测试、医疗、法律、会计、咨询、讲学、翻译、审稿、书画、雕刻、影视、录音、录像、演出、表演、广告、展览、技术服务、介绍服务、经纪服务、代办服务以及其他劳务取得的所得。

（三）稿酬所得，是指个人因其作品以图书、报刊等形式出版、发表而取得的所得。

（四）特许权使用费所得，是指个人提供专利权、商标权、著作权、非专利技术以及其他特许权的使用权取得的所得；提供著作权的使用权取得的所得，不包括稿酬所得。

（五）经营所得，是指：

1. 个体工商户从事生产、经营活动取得的所得，个人独资企业投资人、合伙企业的个人合伙人来源于境内注册的个人独资企业、合伙企业生产、经营的所得；

2. 个人依法从事办学、医疗、咨询以及其他有偿服务活动取得的所得；

3. 个人对企业、事业单位承包经营、承租经营以及转包、转租取得的所得；

4. 个人从事其他生产、经营活动取得的所得。

（六）利息、股息、红利所得，是指个人拥有债权、股权等而取得的利息、股息、红利所得。

（七）财产租赁所得，是指个人出租不动产、机器设备、车船以及其他财产取得的所得。

（八）财产转让所得，是指个人转让有价证券、股权、合伙企业中的财产份额、不动产、机器设备、车船以及其他财产取得的所得。

（九）偶然所得，是指个人得奖、中奖、中彩以及其他偶然性质的所得。

个人取得的所得，难以界定应纳税所得项目的，由国务院税务主管部门确定。

第七条　对股票转让所得征收个人所得税的办法，由国务院另行规定，并报全国人民代表大会常务委员会备案。

第八条　个人所得的形式，包括现金、实物、有价证券和其他形式的经济利益；所得为实物的，应当按照取得的凭证上所注明的价格计算应纳税所得额，无凭证的实物或者凭证上所注明的价格明显偏低的，参照市场价格核定应纳税所得额；所得为有价证券的，根据票面价格和市场价格核定应纳税所得额；所得为其他形式的经济利益的，参照市场价格核定应纳税所得额。

第九条　个人所得税法第四条第一款第二项所称国债利息，是指个人持有中华人民共和国财政部发行的债券而取得的利息；所称国家发行的金融债券利息，是指个人持有经国务院批准发行的金融债券而取得的利息。

第十条　个人所得税法第四条第一款第三项所称按照国家统一规定发给的补贴、津贴，是指按照国务院规定发给的政府特殊津贴、院士津贴，以及国务院规定免予缴纳个人所得税的其他补贴、津贴。

第十一条　个人所得税法第四条第一款第四项所称福利费，是指根据国家有关规定，从企业、事业单位、国家机关、社会组织提留的福利费或者工会经费中支付给个人的生活补助费；所称救济金，是指各级人民政府民政部门支付给个人的生活困难补助费。

第十二条　个人所得税法第四条第一款第八项所称依照有关法律规定应予免税的各国驻华使馆、领事馆的外交代表、领事官员和其他人员的所得，是指依照《中华人民共和国外交特权与豁免条例》和《中华人民共和国领事特权与豁免条例》规定免税的所得。

第十三条　个人所得税法第六条第一款第一项所称依法确定的其他扣除，包括个人缴付符合国家规定的企业年金、职业年金，个人购买符合国家规定的商业健康保险、税收递延型商业养老保险的支出，以及国务院规定可以扣除的其他项目。

专项扣除、专项附加扣除和依法确定的其他扣除，以居民个人一个纳税年度的应纳税所得额为限额；一个纳税年度扣除不完的，不结转以后年度扣除。

第十四条 个人所得税法第六条第一款第二项、第四项、第六项所称每次，分别按照下列方法确定：

（一）劳务报酬所得、稿酬所得、特许权使用费所得，属于一次性收入的，以取得该项收入为一次；属于同一项目连续性收入的，以一个月内取得的收入为一次。

（二）财产租赁所得，以一个月内取得的收入为一次。

（三）利息、股息、红利所得，以支付利息、股息、红利时取得的收入为一次。

（四）偶然所得，以每次取得该项收入为一次。

第十五条 个人所得税法第六条第一款第三项所称成本、费用，是指生产、经营活动中发生的各项直接支出和分配计入成本的间接费用以及销售费用、管理费用、财务费用；所称损失，是指生产、经营活动中发生的固定资产和存货的盘亏、毁损、报废损失，转让财产损失，坏账损失，自然灾害等不可抗力因素造成的损失以及其他损失。

取得经营所得的个人，没有综合所得的，计算其每一纳税年度的应纳税所得额时，应当减除费用6万元、专项扣除、专项附加扣除以及依法确定的其他扣除。专项附加扣除在办理汇算清缴时减除。

从事生产、经营活动，未提供完整、准确的纳税资料，不能正确计算应纳税所得额的，由主管税务机关核定应纳税所得额或者应纳税额。

第十六条 个人所得税法第六条第一款第五项规定的财产原值，按照下列方法确定：

（一）有价证券，为买入价以及买入时按照规定交纳的有关费用；

（二）建筑物，为建造费或者购进价格以及其他有关费用；

（三）土地使用权，为取得土地使用权所支付的金额、开发土地的费用以及其他有关费用；

（四）机器设备、车船，为购进价格、运输费、安装费以及其他有关费用。

其他财产，参照前款规定的方法确定财产原值。

纳税人未提供完整、准确的财产原值凭证，不能按照本条第一款规定的方法确定财产原值的，由主管税务机关核定财产原值。

个人所得税法第六条第一款第五项所称合理费用，是指卖出财产时按照规定支付的有关税费。

第十七条 财产转让所得，按照一次转让财产的收入额减除财产原值和合理费用后的余额计算纳税。

第十八条 两个以上的个人共同取得同一项目收入的，应当对每个人取得的收入分别按照个人所得税法的规定计算纳税。

第十九条 个人所得税法第六条第三款所称个人将其所得对教育、扶贫、济困等公益慈善事业进行捐赠，是指个人将其所得通过中国境内的公益性社会组织、国家机关向教育、扶贫、济困等公益慈善事业的捐赠；所称应纳税所得额，是指计算扣除捐赠额之前的应纳税所得额。

第二十条 居民个人从中国境内和境外取得的综合所得、经营所得，应当分别合并计算应纳税额；从中国境内和境外取得的其他所得，应当分别单独计算应纳税额。

第二十一条 个人所得税法第七条所称已在境外缴纳的个人所得税税额，是指居民个人来源于中国境外的所得，依照该所得来源国家（地区）的法律应当缴纳并且实际已经缴纳的所得税税额。

个人所得税法第七条所称纳税人境外所得依照本法规定计算的应纳税额，是居民个人抵免已在境外缴纳的综合所得、经营所得以及其他所得的所得税税额的限额（以下简称抵免限额）。除国务院财政、税务主管部门另有规定外，来源于中国境外一个国家（地区）的综合所得抵免限额、经营所得抵免限额以及其他所得抵免限额之和，为来源于该国家（地区）所得的抵免限额。

居民个人在中国境外一个国家（地区）实际已经缴纳的个人所得税税额，低于依照前款规定计算出的来源于该国家（地区）所得的抵免限额的，应当在中国缴纳差额部分的税款；超过来源于该国家（地区）所得的抵免限额的，其超过部分不得在本纳税年度的应纳税额中抵免，但是可以在以后纳税年度来源于该国家（地区）所得的抵免限额的余额中补扣。补扣期限最长不得超过五年。

第二十二条 居民个人申请抵免已在境外缴纳的个人所得税税额，应当提供境外税务机关出具的税款所属年度的有关纳税凭证。

第二十三条 个人所得税法第八条第二款规定的利息，应当按照税款所属纳税申报期最后一日中国人民银行公布的与补税期间同期的人民币贷款基准利率计算，自税款纳税申报期满次日起至补缴税款期限届满之日止按日加收。纳税人在补缴税款期限届满前补缴税款的，利息加收至补缴税款之日。

第二十四条 扣缴义务人向个人支付应税款项时，应当依照个人所得税法规定预扣或者代扣税款，按时缴库，并专项记载备查。

前款所称支付，包括现金支付、汇拨支付、转账支付和以有价证券、实物以及其他形式的支付。

第二十五条 取得综合所得需要办理汇算清缴的情形包括：

（一）从两处以上取得综合所得，且综合所得年收入额减除专项扣除的余额超过6万元；

（二）取得劳务报酬所得、稿酬所得、特许权使用费所得中一项或者多项所得，且综合所得年收入额减除专项扣除的余额超过6万元；

（三）纳税年度内预缴税额低于应纳税额；

（四）纳税人申请退税。

纳税人申请退税，应当提供其在中国境内开设的银行账户，并在汇算清缴地就地办理税款退库。

汇算清缴的具体办法由国务院税务主管部门制定。

第二十六条 个人所得税法第十条第二款所称全员全额扣缴申报，是指扣缴义务人在代扣税款的次月十五日内，向主管税务机关报送其支付所得的所有个人的有关信息、支付所得数额、扣除事项和数额、扣缴税款的具体数额和总额以及其他相关涉税信息资料。

第二十七条 纳税人办理纳税申报的地点以及其他有关事项的具体办法，由国务院税务主管部门制定。

第二十八条 居民个人取得工资、薪金所得时，可以向扣缴义务人提供专项附加扣除有关信息，由扣缴义务人扣缴税款时减除专项附加扣除。纳税人同时从两处以上取得工资、薪金所得，并由扣缴义务人减除专项附加扣除的，对同一专项附加扣除项目，在一个纳税年度内只能选择从一处取得的所得中减除。

居民个人取得劳务报酬所得、稿酬所得、特许权使用费所得，应当在汇算清缴时向税务机关提供有关信息，减除专项附加扣除。

第二十九条　纳税人可以委托扣缴义务人或者其他单位和个人办理汇算清缴。

第三十条　扣缴义务人应当按照纳税人提供的信息计算办理扣缴申报，不得擅自更改纳税人提供的信息。

纳税人发现扣缴义务人提供或者扣缴申报的个人信息、所得、扣缴税款等与实际情况不符的，有权要求扣缴义务人修改。扣缴义务人拒绝修改的，纳税人应当报告税务机关，税务机关应当及时处理。

纳税人、扣缴义务人应当按照规定保存与专项附加扣除相关的资料。税务机关可以对纳税人提供的专项附加扣除信息进行抽查，具体办法由国务院税务主管部门另行规定。税务机关发现纳税人提供虚假信息的，应当责令改正并通知扣缴义务人；情节严重的，有关部门应当依法予以处理，纳入信用信息系统并实施联合惩戒。

第三十一条　纳税人申请退税时提供的汇算清缴信息有错误的，税务机关应当告知其更正；纳税人更正的，税务机关应当及时办理退税。

扣缴义务人未将扣缴的税款解缴入库的，不影响纳税人按照规定申请退税，税务机关应当凭纳税人提供的有关资料办理退税。

第三十二条　所得为人民币以外货币的，按照办理纳税申报或者扣缴申报的上一月最后一日人民币汇率中间价，折合成人民币计算应纳税所得额。年度终了后办理汇算清缴的，对已经按月、按季或者按次预缴税款的人民币以外货币所得，不再重新折算；对应当补缴税款的所得部分，按照上一纳税年度最后一日人民币汇率中间价，折合成人民币计算应纳税所得额。

第三十三条　税务机关按照个人所得税法第十七条的规定付给扣缴义务人手续费，应当填开退还书；扣缴义务人凭退还书，按照国库管理有关规定办理退库手续。

第三十四条　个人所得税纳税申报表、扣缴个人所得税报告表和个人所得税完税凭证式样，由国务院税务主管部门统一制定。

第三十五条　军队人员个人所得税征收事宜，按照有关规定执行。

第三十六条　本条例自 2019 年 1 月 1 日起施行。

个人所得税管理办法

（2005年7月6日国家税务总局国税发布）

第一章　总　则

第一条　为了进一步加强和规范税务机关对个人所得税的征收管理，促进个人所得税征管的科学化、精细化，不断提高征管效率和质量，根据《中华人民共和国个人所得税法》（以下简称税法）、《中华人民共和国税收征收管理法》（以下简称征管法）及有关税收法律法规规定，制定本办法。

第二条　加强和规范个人所得税征管，要着力健全管理制度，完善征管手段，突出管理重点。即要建立个人收入档案管理制度、代扣代缴明细账制度、纳税人与扣缴义务人向税务机关双向申报制度、与社会各部门配合的协税制度；尽快研发应用统一的个人所得税管理信息系统，充分利用信息技术手段加强个人所得税管理；切实加强高收入者的重点管理、税源的源泉管理、全员全额管理。

第二章　个人收入档案管理制度

第三条　个人收入档案管理制度是指，税务机关按照要求对每个纳税人的个人基本信息、收入和纳税信息以及相关信息建立档案，并对其实施动态管理的一项制度。

第四条　省以下（含省级）各级税务机关的管理部门应当按照规定逐步

对每个纳税人建立收入和纳税档案，实施"一户式"的动态管理。

第五条 省以下（含省级）各级税务机关的管理部门应区别不同类型纳税人，并按以下内容建立相应的基础信息档案：

（一）雇员纳税人（不含股东、投资者、外籍人员）的档案内容包括：姓名、身份证照类型、身份证照号码、学历、职业、职务、电子邮箱地址、有效联系电话、有效通信地址、邮政编码、户籍所在地、扣缴义务人编码、是否重点纳税人。

（二）非雇员纳税人（不含股东、投资者）的档案内容包括：姓名、身份证照类型、身份证照号码、电子邮箱地址、有效联系电话、有效通信地址（工作单位或家庭地址）、邮政编码、工作单位名称、扣缴义务人编码、是否重点纳税人。

（三）股东、投资者（不含个人独资、合伙企业投资者）的档案内容包括：姓名、国籍、身份证照类型、身份证照号码、有效通讯地址、邮政编码、户籍所在地、有效联系电话、电子邮箱地址、公司股本（投资）总额、个人股本（投资）额、扣缴义务人编码、是否重点纳税人。

（四）个人独资、合伙企业投资者、个体工商户、对企事业单位的承包承租经营人的档案内容包括：姓名、身份证照类型、身份证照号码、个体工商户（或个人独资企业、合伙企业、承包承租企事业单位）名称，经济类型、行业、经营地址、邮政编码、有效联系电话、税务登记证号码、电子邮箱地址、所得税征收方式（核定、查账）、主管税务机关、是否重点纳税人。

（五）外籍人员（含雇员和非雇员）的档案内容包括：纳税人编码、姓名（中、英文）、性别、出生地（中、英文）、出生年月、境外地址（中、英文）、国籍或地区、身份证照类型、身份证照号码、居留许可号码（或台胞证号码、回乡证号码）、劳动就业证号码、职业、境内职务、境外职务、入境时间、任职期限、预计在华时间、预计离境时间、境内任职单位名称及税务登记证号码、境内任职单位地址、邮政编码、联系电话、其他任职单位（也应包括地址、电话、联系方式）名称及税务登记证号码、境内受聘或签约单位名称及税务登记证号码、地址、邮政编码、联系电话、境外派遣单位名称（中、英文）、境外派遣单位地址（中、英文）、支付地（包括境内支付还是境外支付）、是否重点纳税人。

第六条 纳税人档案的内容来源于：

（一）纳税人税务登记情况。

（二）《扣缴个人所得税报告表》和《支付个人收入明细表》。

（三）代扣代收税款凭证。

（四）个人所得税纳税申报表。

（五）社会公共部门提供的有关信息。

（六）税务机关的纳税检查情况和处罚记录。

（七）税务机关掌握的其他资料及纳税人提供的其他信息资料。

第七条　税务机关应对档案内容适时进行更新和调整；并根据本地信息化水平和征管能力提高的实际，以及个人收入的变化等情况，不断扩大档案管理的范围，直至实现全员全额管理。

第八条　税务机关应充分利用纳税人档案资料，加强个人所得税管理。定期对重点纳税人、重点行业和企业的个人档案资料进行比对分析和纳税评估，查找税源变动情况和原因，及时发现异常情况，采取措施堵塞征管漏洞。

第三章　代扣代缴明细账制度

第九条　代扣代缴明细账制度是指，税务机关依据个人所得税法和有关规定，要求扣缴义务人按规定报送其支付收入的个人所有的基本信息、支付个人收入和扣缴税款明细信息以及其他相关涉税信息，并对每个扣缴义务人建立档案，为后续实施动态管理打下基础的一项制度。

第十条　税务机关应按照税法及相关法律、法规的有关规定，督促扣缴义务人按规定设立代扣代缴税款账簿，正确反映个人所得税的扣缴情况。

第十一条　扣缴义务人申报的纳税资料，税务机关应严格审查核实。对《扣缴个人所得税报告表》和《支付个人收入明细表》没有按每一个人逐栏逐项填写的，或者填写内容不全的，主管税务机关应要求扣缴义务人重新填报。已实行信息化管理的，可以将《支付个人收入明细表》并入《扣缴个人所得税报告表》。

《扣缴个人所得税报告表》填写实际缴纳了个人所得税的纳税人的情况；《支付个人收入明细表》填写支付了应税收入，但未达到纳税标准的纳税人的情况。

第十二条　税务机关应将扣缴义务人报送的支付个人收入情况与其同期财务报表交叉比对，发现不符的，应要求其说明情况，并依法查实处理。

第十三条　税务机关应对每个扣缴义务人建立档案，其内容包括：扣缴义务人编码、扣缴义务人名称、税务（注册）登记证号码、电话号码、电子邮件地址、行业、经济类型、单位地址、邮政编码、法定代表人（单位负责人）和财务主管人员姓名及联系电话、税务登记机关、登记证照类型、发照日期、主管税务机关、应纳税所得额（按所得项目归类汇总）、免税收入、应纳税额（按所得项目归类汇总）、纳税人数、已纳税额、应补（退）税额、减免税额、滞纳金、罚款、完税凭证号等。

第十四条　扣缴义务人档案的内容来源于：

（一）扣缴义务人扣缴税款登记情况。

（二）《扣缴个人所得税报告表》和《支付个人收入明细表》。

（三）代扣代收税款凭证。

（四）社会公共部门提供的有关信息。

（五）税务机关的纳税检查情况和处罚记录。

（六）税务机关掌握的其他资料。

第四章　纳税人与扣缴义务人向税务机关双向申报制度

第十五条　纳税人与扣缴义务人向税务机关双向申报制度是指，纳税人与扣缴义务人按照法律、行政法规规定和税务机关依法律、行政法规所提出的要求，分别向主管税务机关办理纳税申报，税务机关对纳税人和扣缴义务人提供的收入、纳税信息进行交叉比对、核查的一项制度。

第十六条　对税法及其实施条例，以及相关法律、法规规定纳税人必须自行申报的，税务机关应要求其自行向主管税务机关进行纳税申报。

第十七条　税务机关接受纳税人、扣缴义务人的纳税申报时，应对申报的时限、应税项目、适用税率、税款计算及相关资料的完整性和准确性进行初步审核，发现有误的，应及时要求纳税人、扣缴义务人修正申报。

第十八条　税务机关应对双向申报的内容进行交叉比对和评估分析，从中发现问题并及时依法处理。

第五章　与社会各部门配合的协税制度

第十九条　与社会各部门配合的协税制度是指，税务机关应建立与个人收入和个人所得税征管有关的各部门的协调与配合的制度，及时掌握税源和与纳税有关的信息，共同制定和实施协税、护税措施，形成社会协税、护税网络。

第二十条　税务机关应重点加强与以下部门的协调配合：公安、检察、法院、工商、银行、文化体育、财政、劳动、房管、交通、审计、外汇管理等部门。

第二十一条　税务机关通过加强与有关部门的协调配合，着重掌握纳税人的相关收入信息。

（一）与公安部门联系，了解中国境内无住所个人出入境情况及在中国境内的居留暂住情况，实施阻止欠税人出境制度，掌握个人购车等情况。

（二）与工商部门联系，了解纳税人登记注册的变化情况和股份制企业股东及股本变化等情况。

（三）与文化体育部门联系，掌握各种演出、比赛获奖等信息，落实演出承办单位和体育单位的代扣代缴义务等情况。

（四）与房管部门联系，了解房屋买卖、出租等情况。

（五）与交通部门联系，了解出租车、货运车以及运营等情况。

（六）与劳动部门联系，了解中国境内无住所个人的劳动就业情况。

第二十二条　税务机关应积极创造条件，逐步实现与有关部门的相关信息共享或定期交换。

第二十三条　各级税务机关应当把大力宣传和普及个人所得税法知识、不断提高公民的依法纳税意识作为一项长期的基础性工作予以高度重视，列入重要议事日程，并结合征管工作的要求、社会关注的热点和本地征管的重点，加强与上述部门的密切配合。制定周密的宣传工作计划，充分利用各种宣传媒体和途径、采取灵活多样的方式进行个人所得税宣传。

第六章　加快信息化建设

第二十四条　各级税务机关应在金税工程三期的总体框架下，按照"一体化"要求和"统筹规划、统一标准，突出重点、分布实施，整合资源、讲究实效，加强管理、保证安全"的原则，进一步加快个人所得税征管信息化建设，以此提高个人所得税征管质量和效率。

第二十五条　按照一体化建设的要求，个人所得税与其他税种具有共性的部分，由核心业务系统统一开发软件，个人所得税个性的部分单独开发软件。根据个人所得税特点，总局先行开发个人所得税代扣代缴（扣缴义务人端）和基础信息管理（税务端）两个子系统。

第二十六条 代扣代缴（扣缴义务人端）系统的要求是：

（一）为扣缴义务人提供方便快捷的报税工具。

（二）可以从扣缴义务人现有的财务等软件中导入相关信息。

（三）自动计算税款，自动生成各种报表。

（四）支持多元化的申报方式。

（五）方便扣缴义务人统计、查询、打印。

（六）提供《代扣代收税款凭证》打印功能。

（七）便于税务机关接受扣缴义务人的明细扣缴申报，准确全面掌握有关基础数据资料。

第二十七条 基础信息管理系统（税务端）的要求是：

（一）建立个人收入纳税一户式档案，用于汇集扣缴义务人、纳税人的基础信息、收入及纳税信息资料。

（二）传递个人两处以上取得的收入及纳税信息给征管环节。

（三）从一户式档案中筛选高收入个人、高收入行业、重点纳税人、重点扣缴义务人，并实施重点管理。

（四）通过对纳税人收入、纳税相关信息进行汇总比对，判定纳税人申报情况的真实性。

（五）通过设定各类统计指标、口径和运用统计结果，为加强个人所得税管理和完善政策提供决策支持。

（六）建立与各部门的数据应用接口，为其他税费征收提供信息。

（七）按规定打印《中华人民共和国个人所得税完税证明》，为纳税人提供完税依据。

第二十八条 省级税务机关应做好现有个人所得税征管软件的整合工作。省级及以下各级税务机关原则上不应再自行开发个人所得税征管软件。

第七章 加强高收入者的重点管理

第二十九条 税务机关应将下列人员纳入重点纳税人范围：金融、保险、证券、电力、电信、石油、石化、烟草、民航、铁道、房地产、学校、医院、城市供水供气、出版社、公路管理、外商投资企业和外国企业、高新技术企业、中介机构、体育俱乐部等高收入行业人员；民营经济投资者、影视明星、歌星、体育明星、模特等高收入个人；临时来华演出人员。

第三十条　各级税务机关应从下列人员中，选择一定数量的个人作为重点纳税人，实施重点管理：

（一）收入较高者。

（二）知名度较高者。

（三）收入来源渠道较多者。

（四）收入项目较多者。

（五）无固定单位的自由职业者。

（六）对税收征管影响较大者。

第三十一条　各级税务机关对重点纳税人应实行滚动动态管理办法，每年都应根据本地实际情况，适时增补重点纳税人，不断扩大重点纳税人管理范围，直至实现全员全额管理。

第三十二条　税务机关应对重点纳税人按人建立专门档案，实行重点管理，随时跟踪其收入和纳税变化情况。

第三十三条　各级税务机关应充分利用建档管理掌握的重点纳税人信息，定期对重点纳税人的收入、纳税情况进行比对、评估分析，从中发现异常问题，及时采取措施堵塞管理漏洞。

第三十四条　省级（含计划单列市）税务机关应于每年7月底以前和次年1月底以前，分别将所确定的重点纳税人的半年和全年的基本情况及收入、纳税等情况，用Excel表格的形式填写《个人所得税重点纳税人收入和纳税情况汇总表》报送国家税务总局（所得税管理司）。

第三十五条　各级税务机关应强化对个体工商户、个人独资企业和合伙企业投资者以及独立从事劳务活动的个人的个人所得税征管。

（一）积极推行个体工商户、个人独资企业和合伙企业建账工作，规范财务管理，健全财务制度；有条件的地区应使用税控装置加强对纳税人的管理和监控。

（二）健全和完善核定征收工作，对账证不全、无法实行查账征收的纳税人，按规定实行核定征收，并根据纳税人经营情况及时进行定额调整。

（三）加强税务系统的协作配合，实现信息共享，建立健全个人所得税情报交流和异地协查制度，互通信息，解决同一个投资者在两处或两处以上投资和取得收入合并缴纳个人所得税的监控难题。

（四）加强个人投资者从其投资企业借款的管理，对期限超过一年又未用于企业生产经营的借款，严格按照有关规定征税。

（五）要严格对个人投资的企业和个体工商户税前扣除的管理，定期进行检查。对个人投资者以企业资金为本人、家庭成员及其相关人员支付的与生产经营无关的消费性、财产性支出，严格按照规定征税。

（六）加强对从事演出、广告、讲课、医疗等人员的劳务报酬所得的征收管理，全面推行预扣预缴办法，从源泉上加强征管。

第三十六条 税务机关要加强对重点纳税人、独立纳税人的专项检查，严厉打击涉税违法犯罪行为。各地每年应当通过有关媒体公开曝光 2 至 3 起个人所得税违法犯罪案件。

第三十七条 税务机关要重视和加强重点纳税人、独立纳税人的个人所得税日常检查，及时发现征管漏洞和薄弱环节，制定和完善征管制度、办法。日常检查由省级以下税务机关的征管和税政部门共同组织实施。

实施日常检查应当制定计划，并按规定程序进行，防止多次、重复检查，防止影响纳税人的生产经营。

第八章　加强税源的源泉管理

第三十八条 税务机关应严格税务登记管理制度，认真开展漏征漏管户的清理工作，摸清底数。

第三十九条 税务机关应按照有关要求建立和健全纳税人、扣缴义务人的档案，切实加强个人所得税税源管理。

第四十条 税务机关应继续做好代扣代缴工作，提高扣缴质量和水平：

（一）要继续贯彻落实已有的个人所得税代扣代缴工作制度和办法，并在实践中不断完善提高。

（二）要对本地区所有行政、企事业单位、社会团体等扣缴义务人进行清理和摸底，在此基础上按照纳税档案管理的指标建立扣缴义务人台账或基本账户，对其实行跟踪管理。

（三）配合全员全额管理，推行扣缴义务人支付个人收入明细申报制度。

（四）对下列行业应实行重点税源管理：金融、保险、证券、电力、电信、石油、石化、烟草、民航、铁道、房地产、学校、医院、城市供水供气、出版社、公路管理、外商投资企业、高新技术企业、中介机构、体育俱乐部等高收入行业；连续 3 年（含 3 年）为零申报的代扣代缴单位（以下简称长期零申报单位）。

（五）对重点税源管理的行业、单位和长期零申报单位，应将其列为每年开展专项检查的重点对象，或对其纳税申报材料进行重点审核。

第四十一条　各级税务机关应充分利用与各部门配合的协作制度，从公安、工商、银行、文化、体育、房管、劳动、外汇管理等社会公共部门获取税源信息。

第四十二条　各级税务机关应利用从有关部门获取的信息，加强税源管理、进行纳税评估。税务机关应定期分析税源变化情况，对变动较大等异常情况，应及时分析原因，采取相应管理措施。

第四十三条　各级税务机关在加强查账征收工作的基础上，对符合征管法第三十五条规定情形的，采取定期定额征收和核定应税所得率征收，以及其它合理的办法核定征收个人所得税。

对共管个体工商户的应纳税经营额由国家税务局负责核定。

第四十四条　主管税务机关在确定对纳税人的核定征收方式后，要选择有代表性的典型户进行调查，在此基础上确定应纳税额。典型调查面不得低于核定征收纳税人的 3%.

第九章　加强全员全额管理

第四十五条　全员全额管理是指，凡取得应税收入的个人，无论收入额是否达到个人所得税的纳税标准，均应就其取得的全部收入，通过代扣代缴和个人申报，全部纳入税务机关管理。

第四十六条　各级税务机关应本着先扣缴义务人后纳税人，先重点行业、企业和纳税人后一般行业、企业和纳税人，先进"笼子"后规范的原则，积极稳妥地推进全员全额管理工作。

第四十七条　各级税务机关要按照规定和要求，尽快建立个人收入档案管理制度、代扣代缴明细账制度、纳税人与扣缴义务人向税务机关双向申报制度、与社会各部门配合的协税制度，为实施全员全额管理打下基础。

第四十八条　各级税务机关应积极创造条件，并根据金税工程三期的总体规划和有关要求，依托信息化手段，逐步实现全员全额申报管理，并在此基础上，为每个纳税人开具完税凭证（证明）。

第四十九条 税务机关应充分利用全员全额管理掌握的纳税人信息、扣缴义务人信息、税源监控信息、有关部门、媒体提供的信息、税收管理人员实地采集的信息等，依据国家有关法律和政策法规的规定，对自行申报纳税人纳税申报情况和扣缴义务人扣缴税情况的真实性、准确性进行分析、判断，开展个人所得税纳税评估，提高全员全额管理的质量。

第五十条 税务机关应加强个人独资和合伙企业投资者、个体工商户、独立劳务者等无扣缴义务人的独立纳税人的基础信息和税源管理工作。

第五十一条 个人所得税纳税评估应按"人机结合"的方式进行，其基本原理和流程是：根据当地居民收入水平及其变动、行业收入水平及其变动等影响个人所得税的相关因素，建立纳税评估分析系统；根据税收收入增减额、增减率或行业平均指标模型确定出纳税评估的重点对象；对纳税评估对象进行具体评估分析，查找锁定引起该扣缴义务人或者纳税人个人所得税变化的具体因素；据此与评估对象进行约谈，要求其说明情况并纠正错误，或者交由稽查部门实施稽查，并进行后续的重点管理。

第五十二条 税务机关应按以下范围和来源采集纳税评估的信息：

（一）信息采集的范围

1、当地职工年平均工资、月均工资水平。

2、当地分行业职工年平均工资、月均工资水平。

3、当地分行业资金利润率。

4、企业财务报表相关数据。

5、股份制企业分配股息、红利情况。

6、其他有关数据。

（二）信息采集的来源

1、税务登记的有关信息。

2、纳税申报的有关信息。

3、会计报表有关信息。

4、税控收款装置的有关信息。

5、中介机构出具的审计报告、评估报告的信息。

6、相关部门、媒体提供的信息。

7、税收管理人员到纳税户了解采集的信息。

8、其他途径采集的纳税人和扣缴义务人与个人所得税征管有关的信息。

第五十三条　税务机关应设置纳税评估分析指标、财务分析指标、业户不良记录评析指标，通过分析确定某一期间个人所得税的总体税源发生增减变化的主要行业、主要企业、主要群体，确定纳税评估重点对象。个人所得税纳税评估的程序、指标、方法等按照总局《纳税评估管理办法（试行）》及相关规定执行。

第五十四条　个人所得税纳税评估主要从以下项目进行：

（一）工资、薪金所得，应重点分析工资总额增减率与该项目税款增减率对比情况，人均工资增减率与人均该项目税款增减率对比情况，税款增减率与企业利润增减率对比分析，同行业、同职务人员的收入和纳税情况对比分析。

（二）利息、股息、红利所得，应重点分析当年该项目税款与上年同期对比情况，该项目税款增减率与企业利润增减率对比情况，企业转增个人股本情况，企业税后利润分配情况。

（三）个体工商户的生产、经营所得（含个人独资企业和合伙企业），应重点分析当年与上年该项目税款对比情况，该项目税款增减率与企业利润增减率对比情况；税前扣除项目是否符合现行政策规定；是否连续多个月零申报；同地区、同行业个体工商户生产、经营所得的税负对比情况。

（四）对企事业单位的承包经营、承租经营所得，应重点分析当年与上年该项目税款对比情况，该项目税款增减率与企业利润增减率对比情况，其行业利润率、上缴税款占利润总额的比重等情况；是否连续多个月零申报；同地区、同行业对企事业单位的承包经营、承租经营所得的税负对比情况。

（五）劳务报酬所得，应重点分析纳税人取得的所得与过去对比情况，支付劳务费的合同、协议、项目情况，单位白条列支劳务报酬情况。

（六）其他各项所得，应结合个人所得税征管实际，选择有针对性的评估指标进行评估分析。

第十章　附　则

第五十五条　储蓄存款利息所得的个人所得税管理办法，另行制定。

第五十六条　此前规定与本办法不一致的，按本办法执行。

第五十七条　本办法未尽事宜按照税收法律、法规以及相关规定办理。

第五十八条　本办法由国家税务总局负责解释，各省、自治区、直辖市和计划单列市税务局可根据本办法制定具体实施意见。

第五十九条　本办法自 2005 年 10 月 1 日起执行。

《个人所得税自行纳税申报办法（试行）》

（2006 年 11 月 6 日，国家税务总局发布）

第一章　总　则

第一条　为进一步加强个人所得税征收管理，保障国家税收收入，维护纳税人的合法权益，方便纳税人自行纳税申报，规范自行纳税申报行为，根据《中华人民共和国个人所得税法》（以下简称个人所得税法）及其实施条例、《中华人民共和国税收征收管理法》（以下简称税收征管法）及其实施细则和其他法律、法规的有关规定，制定本办法。

第二条　凡依据个人所得税法负有纳税义务的纳税人，有下列情形之一的，应当按照本办法的规定办理纳税申报：

（一）年所得 12 万元以上的；

（二）从中国境内两处或者两处以上取得工资、薪金所得的；

（三）从中国境外取得所得的；

（四）取得应税所得，没有扣缴义务人的；

（五）国务院规定的其他情形。

第三条　本办法第二条第一项年所得 12 万元以上的纳税人，无论取得的各项所得是否已足额缴纳了个人所得税，均应当按照本办法的规定，于纳税年度终了后向主管税务机关办理纳税申报。

本办法第二条第二项至第四项情形的纳税人，均应当按照本办法的规定，于取得所得后向主管税务机关办理纳税申报。

本办法第二条第五项情形的纳税人，其纳税申报办法根据具体情形另行规定。

第四条 本办法第二条第一项所称年所得 12 万元以上的纳税人，不包括在中国境内无住所，且在一个纳税年度中在中国境内居住不满 1 年的个人。

本办法第二条第三项所称从中国境外取得所得的纳税人，是指在中国境内有住所，或者无住所而在一个纳税年度中在中国境内居住满 1 年的个人。

第二章　申报内容

第五条 年所得 12 万元以上的纳税人，在纳税年度终了后，应当填写《个人所得税纳税申报表（适用于年所得 12 万元以上的纳税人申报）》，并在办理纳税申报时报送主管税务机关，同时报送个人有效身份证件复印件，以及主管税务机关要求报送的其他有关资料。

有效身份证件，包括纳税人的身份证、护照、回乡证、军人身份证件等。

第六条 本办法所称年所得 12 万元以上，是指纳税人在一个纳税年度取得以下各项所得的合计数额达到 12 万元：

（一）工资、薪金所得；

（二）个体工商户的生产、经营所得；

（三）对企事业单位的承包经营、承租经营所得；

（四）劳务报酬所得；

（五）稿酬所得；

（六）特许权使用费所得；

（七）利息、股息、红利所得；

（八）财产租赁所得；

（九）财产转让所得；

（十）偶然所得；

（十一）经国务院财政部门确定征税的其他所得。

第七条 本办法第六条规定的所得不含以下所得：

（一）个人所得税法第四条第一项至第九项规定的免税所得，即：

1. 省级人民政府、国务院部委、中国人民解放军军以上单位，以及外国组织、国际组织颁发的科学、教育、技术、文化、卫生、体育、环境保护等方面的奖金；

2. 国债和国家发行的金融债券利息；

3. 按照国家统一规定发给的补贴、津贴，即个人所得税法实施条例第十三条规定的按照国务院规定发放的政府特殊津贴、院士津贴、资深院士津贴以及国务院规定免纳个人所得税的其他补贴、津贴；

4. 福利费、抚恤金、救济金；

5. 保险赔款；

6. 军人的转业费、复员费；

7. 按照国家统一规定发给干部、职工的安家费、退职费、退休工资、离休工资、离休生活补助费；

8. 依照我国有关法律规定应予免税的各国驻华使馆、领事馆的外交代表、领事官员和其他人员的所得；

9. 中国政府参加的国际公约、签订的协议中规定免税的所得。

（二）个人所得税法实施条例第六条规定可以免税的来源于中国境外的所得。

（三）个人所得税法实施条例第二十五条规定的按照国家规定单位为个人缴付和个人缴付的基本养老保险费、基本医疗保险费、失业保险费、住房公积金。

第八条　本办法第六条所指各项所得的年所得按照下列方法计算：

（一）工资、薪金所得，按照未减除费用（每月 1600 元）及附加减除费用（每月 3200 元）的收入额计算。

（二）个体工商户的生产、经营所得，按照应纳税所得额计算。实行查账征收的，按照每一纳税年度的收入总额减除成本、费用以及损失后的余额计算；实行定期定额征收的，按照纳税人自行申报的年度应纳税所得额计算，或者按照其自行申报的年度应纳税经营额乘以应税所得率计算。

（三）对企事业单位的承包经营、承租经营所得，按照每一纳税年度的收入总额计算，即按照承包经营、承租经营者实际取得的经营利润，加上从承包、承租的企事业单位中取得的工资、薪金性质的所得计算。

（四）劳务报酬所得，稿酬所得，特许权使用费所得，按照未减除费用（每次 800 元或者每次收入的 20%）的收入额计算。

（五）财产租赁所得，按照未减除费用（每次 800 元或者每次收入的

20%）和修缮费用的收入额计算。

（六）财产转让所得，按照应纳税所得额计算，即按照以转让财产的收入额减除财产原值和转让财产过程中缴纳的税金及有关合理费用后的余额计算。

（七）利息、股息、红利所得，偶然所得和其他所得，按照收入额全额计算。

第九条　纳税人取得本办法第二条第二项至第四项所得，应当按规定填写并向主管税务机关报送相应的纳税申报表，同时报送主管税务机关要求报送的其他有关资料。

第三章　申报地点

第十条　年所得 12 万元以上的纳税人，纳税申报地点分别为：

（一）在中国境内有任职、受雇单位的，向任职、受雇单位所在地主管税务机关申报。

（二）在中国境内有两处或者两处以上任职、受雇单位的，选择并固定向其中一处单位所在地主管税务机关申报。

（三）在中国境内无任职、受雇单位，年所得项目中有个体工商户的生产、经营所得或者对企事业单位的承包经营、承租经营所得（以下统称生产、经营所得）的，向其中一处实际经营所在地主管税务机关申报。

（四）在中国境内无任职、受雇单位，年所得项目中无生产、经营所得的，向户籍所在地主管税务机关申报。在中国境内有户籍，但户籍所在地与中国境内经常居住地不一致的，选择并固定向其中一地主管税务机关申报。在中国境内没有户籍的，向中国境内经常居住地主管税务机关申报。

第十一条　取得本办法第二条第二项至第四项所得的纳税人，纳税申报地点分别为：

（一）从两处或者两处以上取得工资、薪金所得的，选择并固定向其中一处单位所在地主管税务机关申报。

（二）从中国境外取得所得的，向中国境内户籍所在地主管税务机关申报。在中国境内有户籍，但户籍所在地与中国境内经常居住地不一致的，选择并固定向其中一地主管税务机关申报。在中国境内没有户籍的，向中国境内经常居住地主管税务机关申报。

（三）个体工商户向实际经营所在地主管税务机关申报。

（四）个人独资、合伙企业投资者兴办两个或两个以上企业的，区分不同情形确定纳税申报地点：

1. 兴办的企业全部是个人独资性质的，分别向各企业的实际经营管理所在地主管税务机关申报。

2. 兴办的企业中含有合伙性质的，向经常居住地主管税务机关申报。

3. 兴办的企业中含有合伙性质，个人投资者经常居住地与其兴办企业的经营管理所在地不一致的，选择并固定向其参与兴办的某一合伙企业的经营管理所在地主管税务机关申报。

（五）除以上情形外，纳税人应当向取得所得所在地主管税务机关申报。

第十二条　纳税人不得随意变更纳税申报地点，因特殊情况变更纳税申报地点的，须报原主管税务机关备案。

第十三条　本办法第十一条第四项第三目规定的纳税申报地点，除特殊情况外，5 年以内不得变更。

第十四条　本办法所称经常居住地，是指纳税人离开户籍所在地最后连续居住一年以上的地方。

第四章　申报期限

第十五条　年所得 12 万元以上的纳税人，在纳税年度终了后 3 个月内向主管税务机关办理纳税申报。

第十六条　个体工商户和个人独资、合伙企业投资者取得的生产、经营所得应纳的税款，分月预缴的，纳税人在每月终了后 7 日内办理纳税申报；分季预缴的，纳税人在每个季度终了后 7 日内办理纳税申报。纳税年度终了后，纳税人在 3 个月内进行汇算清缴。

第十七条　纳税人年终一次性取得对企事业单位的承包经营、承租经营所得的，自取得所得之日起 30 日内办理纳税申报；在 1 个纳税年度内分次取得承包经营、承租经营所得的，在每次取得所得后的次月 7 日内申报预缴，纳税年度终了后 3 个月内汇算清缴。

第十八条　从中国境外取得所得的纳税人，在纳税年度终了后 30 日内向中国境内主管税务机关办理纳税申报。

第十九条　除本办法第十五条至第十八条规定的情形外，纳税人取得其他各项所得须申报纳税的，在取得所得的次月 7 日内向主管税务机关办理纳税申报。

第二十条　纳税人不能按照规定的期限办理纳税申报，需要延期的，按照税收征管法第二十七条和税收征管法实施细则第三十七条的规定办理。

第五章　申报方式

第二十一条　纳税人可以采取数据电文、邮寄等方式申报，也可以直接到主管税务机关申报，或者采取符合主管税务机关规定的其他方式申报。

第二十二条　纳税人采取数据电文方式申报的，应当按照税务机关规定的期限和要求保存有关纸质资料。

第二十三条　纳税人采取邮寄方式申报的，以邮政部门挂号信函收据作为申报凭据，以寄出的邮戳日期为实际申报日期。

第二十四条　纳税人可以委托有税务代理资质的中介机构或者他人代为办理纳税申报。

第六章　申报管理

第二十五条　主管税务机关应当将各类申报表，登载到税务机关的网站上，或者摆放到税务机关受理纳税申报的办税服务厅，免费供纳税人随时下载或取用。

第二十六条　主管税务机关应当在每年法定申报期间，通过适当方式，提醒年所得 12 万元以上的纳税人办理自行纳税申报。

第二十七条　受理纳税申报的主管税务机关根据纳税人的申报情况，按照规定办理税款的征、补、退、抵手续。

第二十八条　主管税务机关按照规定为已经办理纳税申报并缴纳税款的纳税人开具完税凭证。

第二十九条　税务机关依法为纳税人的纳税申报信息保密。

第三十条　纳税人变更纳税申报地点，并报原主管税务机关备案的，原主管税务机关应当及时将纳税人变更纳税申报地点的信息传递给新的主管税务机关。

第三十一条　主管税务机关对已办理纳税申报的纳税人建立纳税档案，实施动态管理。

第七章 法律责任

第三十二条 纳税人未按照规定的期限办理纳税申报和报送纳税资料的，依照税收征管法第六十二条的规定处理。

第三十三条 纳税人采取伪造、变造、隐匿、擅自销毁账簿、记账凭证，或者在账簿上多列支出或者不列、少列收入，或者经税务机关通知申报而拒不申报或者进行虚假的纳税申报，不缴或者少缴应纳税款的，依照税收征管法第六十三条的规定处理。

第三十四条 纳税人编造虚假计税依据的，依照税收征管法第六十四条第一款的规定处理。

第三十五条 纳税人有扣缴义务人支付的应税所得，扣缴义务人应扣未扣、应收未收税款的，依照税收征管法第六十九条的规定处理。

第三十六条 税务人员徇私舞弊或者玩忽职守，不征或者少征应征税款的，依照税收征管法第八十二条第一款的规定处理。

第三十七条 税务人员滥用职权，故意刁难纳税人的，依照税收征管法第八十二条第二款的规定处理。

第三十八条 税务机关和税务人员未依法为纳税人保密的，依照税收征管法第八十七条的规定处理。

第三十九条 税务代理人违反税收法律、行政法规，造成纳税人未缴或者少缴税款的，依照税收征管法实施细则第九十八条的规定处理。

第四十条 其他税收违法行为，依照税收法律、法规的有关规定处理。

第八章 附 则

第四十一条 纳税申报表由各省、自治区、直辖市和计划单列市地方税务局按照国家税务总局规定的式样统一印制。

第四十二条 纳税申报的其他事项，依照税收征管法、个人所得税法及其他有关法律、法规的规定执行。

第四十三条 本办法第二条第一项年所得 12 万元以上情形的纳税申报，按照第十届全国人民代表大会常务委员会第十八次会议通过的《关于修改〈中华人民共和国个人所得税法〉的决定》规定的施行时间，自 2006 年 1 月 1 日起执行。

　　第四十四条　本办法有关第二条第二项至第四项情形的纳税申报规定，自 2007 年 1 月 1 日起执行，《国家税务总局关于印发〈个人所得税自行申报纳税暂行办法〉的通知》（国税发〔1995〕077 号）同时废止。

《国家税务总局关于个人所得税自行纳税申报有关问题的公告》

（2018 年 12 月 21 日国家税务总局发布）

根据新修改的《中华人民共和国个人所得税法》及其实施条例，现就个人所得税自行纳税申报有关问题公告如下：

一、取得综合所得需要办理汇算清缴的纳税申报

取得综合所得且符合下列情形之一的纳税人，应当依法办理汇算清缴：

（一）从两处以上取得综合所得，且综合所得年收入额减除专项扣除后的余额超过 6 万元；

（二）取得劳务报酬所得、稿酬所得、特许权使用费所得中一项或者多项所得，且综合所得年收入额减除专项扣除的余额超过 6 万元；

（三）纳税年度内预缴税额低于应纳税额；

（四）纳税人申请退税。

需要办理汇算清缴的纳税人，应当在取得所得的次年 3 月 1 日至 6 月 30 日内，向任职、受雇单位所在地主管税务机关办理纳税申报，并报送《个人所得税年度自行纳税申报表》。纳税人有两处以上任职、受雇单位的，选择向其中一处任职、受雇单位所在地主管税务机关办理纳税申报；纳税人没有任职、受雇单位的，向户籍所在地或经常居住地主管税务机关办理纳税申报。

纳税人办理综合所得汇算清缴，应当准备与收入、专项扣除、专项附加

扣除、依法确定的其他扣除、捐赠、享受税收优惠等相关的资料，并按规定留存备查或报送。

纳税人取得综合所得办理汇算清缴的具体办法，另行公告。

二、取得经营所得的纳税申报

个体工商户业主、个人独资企业投资者、合伙企业个人合伙人、承包承租经营者个人以及其他从事生产、经营活动的个人取得经营所得，包括以下情形：

（一）个体工商户从事生产、经营活动取得的所得，个人独资企业投资人、合伙企业的个人合伙人来源于境内注册的个人独资企业、合伙企业生产、经营的所得；

（二）个人依法从事办学、医疗、咨询以及其他有偿服务活动取得的所得；

（三）个人对企业、事业单位承包经营、承租经营以及转包、转租取得的所得；

（四）个人从事其他生产、经营活动取得的所得。

纳税人取得经营所得，按年计算个人所得税，由纳税人在月度或季度终了后15日内，向经营管理所在地主管税务机关办理预缴纳税申报，并报送《个人所得税经营所得纳税申报表（A表）》。在取得所得的次年3月31日前，向经营管理所在地主管税务机关办理汇算清缴，并报送《个人所得税经营所得纳税申报表（B表）》；从两处以上取得经营所得的，选择向其中一处经营管理所在地主管税务机关办理年度汇总申报，并报送《个人所得税经营所得纳税申报表（C表）》。

三、取得应税所得，扣缴义务人未扣缴税款的纳税申报

纳税人取得应税所得，扣缴义务人未扣缴税款的，应当区别以下情形办理纳税申报：

（一）居民个人取得综合所得的，按照本公告第一条办理。

（二）非居民个人取得工资、薪金所得，劳务报酬所得，稿酬所得，特许权使用费所得的，应当在取得所得的次年6月30日前，向扣缴义务人所在地主管税务机关办理纳税申报，并报送《个人所得税自行纳税申报表（A

表）》。有两个以上扣缴义务人均未扣缴税款的，选择向其中一处扣缴义务人所在地主管税务机关办理纳税申报。

非居民个人在次年 6 月 30 日前离境（临时离境除外）的，应当在离境前办理纳税申报。

（三）纳税人取得利息、股息、红利所得，财产租赁所得，财产转让所得和偶然所得的，应当在取得所得的次年 6 月 30 日前，按相关规定向主管税务机关办理纳税申报，并报送《个人所得税自行纳税申报表（A 表）》。

税务机关通知限期缴纳的，纳税人应当按照期限缴纳税款。

四、取得境外所得的纳税申报

居民个人从中国境外取得所得的，应当在取得所得的次年 3 月 1 日至 6 月 30 日内，向中国境内任职、受雇单位所在地主管税务机关办理纳税申报；在中国境内没有任职、受雇单位的，向户籍所在地或中国境内经常居住地主管税务机关办理纳税申报；户籍所在地与中国境内经常居住地不一致的，选择其中一地主管税务机关办理纳税申报；在中国境内没有户籍的，向中国境内经常居住地主管税务机关办理纳税申报。

纳税人取得境外所得办理纳税申报的具体规定，另行公告。

五、因移居境外注销中国户籍的纳税申报

纳税人因移居境外注销中国户籍的，应当在申请注销中国户籍前，向户籍所在地主管税务机关办理纳税申报，进行税款清算。

（一）纳税人在注销户籍年度取得综合所得的，应当在注销户籍前，办理当年综合所得的汇算清缴，并报送《个人所得税年度自行纳税申报表》。尚未办理上一年度综合所得汇算清缴的，应当在办理注销户籍纳税申报时一并办理。

（二）纳税人在注销户籍年度取得经营所得的，应当在注销户籍前，办理当年经营所得的汇算清缴，并报送《个人所得税经营所得纳税申报表（B 表）》。从两处以上取得经营所得的，还应当一并报送《个人所得税经营所得纳税申报表（C 表）》。尚未办理上一年度经营所得汇算清缴的，应当在办理注销户籍纳税申报时一并办理。

（三）纳税人在注销户籍当年取得利息、股息、红利所得，财产租赁所

得，财产转让所得和偶然所得的，应当在注销户籍前，申报当年上述所得的完税情况，并报送《个人所得税自行纳税申报表（A 表）》。

（四）纳税人有未缴或者少缴税款的，应当在注销户籍前，结清欠缴或未缴的税款。纳税人存在分期缴税且未缴纳完毕的，应当在注销户籍前，结清尚未缴纳的税款。

（五）纳税人办理注销户籍纳税申报时，需要办理专项附加扣除、依法确定的其他扣除的，应当向税务机关报送《个人所得税专项附加扣除信息表》《商业健康保险税前扣除情况明细表》《个人税收递延型商业养老保险税前扣除情况明细表》等。

六、非居民个人在中国境内从两处以上取得工资、薪金所得的纳税申报

非居民个人在中国境内从两处以上取得工资、薪金所得的，应当在取得所得的次月 15 日内，向其中一处任职、受雇单位所在地主管税务机关办理纳税申报，并报送《个人所得税自行纳税申报表（A 表）》。

七、纳税申报方式

纳税人可以采用远程办税端、邮寄等方式申报，也可以直接到主管税务机关申报。

八、其他有关问题

（一）纳税人办理自行纳税申报时，应当一并报送税务机关要求报送的其他有关资料。首次申报或者个人基础信息发生变化的，还应报送《个人所得税基础信息表（B 表）》。

本公告涉及的有关表证单书，由国家税务总局统一制定式样，另行公告。

（二）纳税人在办理纳税申报时需要享受税收协定待遇的，按照享受税收协定待遇有关办法办理。

九、施行时间

本公告自 2019 年 1 月 1 日起施行。

个人所得税扣缴申报管理办法（试行）

（2018 年 12 月 21 日国家税务总局发布，2019 年 1 月 1 日施行）

第一条 为规范个人所得税扣缴申报行为，维护纳税人和扣缴义务人合法权益，根据《中华人民共和国个人所得税法》及其实施条例、《中华人民共和国税收征收管理法》及其实施细则等法律法规的规定，制定本办法。

第二条 扣缴义务人，是指向个人支付所得的单位或者个人。扣缴义务人应当依法办理全员全额扣缴申报。

全员全额扣缴申报，是指扣缴义务人应当在代扣税款的次月十五日内，向主管税务机关报送其支付所得的所有个人的有关信息、支付所得数额、扣除事项和数额、扣缴税款的具体数额和总额以及其他相关涉税信息资料。

第三条 扣缴义务人每月或者每次预扣、代扣的税款，应当在次月十五日内缴入国库，并向税务机关报送《个人所得税扣缴申报表》。

第四条 实行个人所得税全员全额扣缴申报的应税所得包括：

（一）工资、薪金所得；

（二）劳务报酬所得；

（三）稿酬所得；

（四）特许权使用费所得：

（五）利息、股息、红利所得；

（六）财产租赁所得；

（七）财产转让所得；

（八）偶然所得。

第五条　扣缴义务人首次向纳税人支付所得时，应当按照纳税人提供的纳税人识别号等基础信息，填写《个人所得税基础信息表（A表）》，并于次月扣缴申报时向税务机关报送。

扣缴义务人对纳税人向其报告的相关基础信息变化情况，应当于次月扣缴申报时向税务机关报送。

第六条　扣缴义务人向居民个人支付工资、薪金所得时，应当按照累计预扣法计算预扣税款，并按月办理扣缴申报。

累计预扣法，是指扣缴义务人在一个纳税年度内预扣预缴税款时，以纳税人在本单位截至当前月份工资、薪金所得累计收入减除累计免税收入、累计减除费用、累计专项扣除、累计专项附加扣除和累计依法确定的其他扣除后的余额为累计预扣预缴应纳税所得额，适用个人所得税预扣率表一（见附件），计算累计应预扣预缴税额，再减除累计减免税额和累计已预扣预缴税额，其余额为本期应预扣预缴税额。余额为负值时，暂不退税。纳税年度终了后余额仍为负值时，由纳税人通过办理综合所得年度汇算清缴，税款多退少补。

具体计算公式如下：

本期应预扣预缴税额＝（累计预扣预缴应纳税所得额×预扣率－速算扣除数）－累计减免税额－累计已预扣预缴税额

累计预扣预缴应纳税所得额＝累计收入－累计免税收入－累计减除费用－累计专项扣除－累计专项附加扣除－累计依法确定的其他扣除

其中：累计减除费用，按照5000元/月乘以纳税人当年截至本月在本单位的任职受雇月份数计算。

第七条　居民个人向扣缴义务人提供有关信息并依法要求办理专项附加扣除的，扣缴义务人应当按照规定在工资、薪金所得按月预扣预缴税款时予以扣除，不得拒绝。

第八条　扣缴义务人向居民个人支付劳务报酬所得、稿酬所得、特许权使用费所得时，应当按照以下方法按次或者按月预扣预缴税款：

劳务报酬所得、稿酬所得、特许权使用费所得以收入减除费用后的余额为收入额；其中，稿酬所得的收入额减按百分之七十计算。

减除费用：预扣预缴税款时，劳务报酬所得、稿酬所得、特许权使用费所得每次收入不超过四千元的，减除费用按八百元计算；每次收入四千元以上的，减除费用按收入的百分之二十计算。

应纳税所得额：劳务报酬所得、稿酬所得、特许权使用费所得，以每次收入额为预扣预缴应纳税所得额，计算应预扣预缴税额。劳务报酬所得适用个人所得税预扣率表二（见附件），稿酬所得、特许权使用费所得适用百分之二十的比例预扣率。

居民个人办理年度综合所得汇算清缴时，应当依法计算劳务报酬所得、稿酬所得、特许权使用费所得的收入额，并入年度综合所得计算应纳税款，税款多退少补。

第九条　扣缴义务人向非居民个人支付工资、薪金所得，劳务报酬所得，稿酬所得和特许权使用费所得时，应当按照以下方法按月或者按次代扣代缴税款：

非居民个人的工资、薪金所得，以每月收入额减除费用五千元后的余额为应纳税所得额；劳务报酬所得、稿酬所得、特许权使用费所得，以每次收入额为应纳税所得额，适用个人所得税税率表三（见附件）计算应纳税额。劳务报酬所得、稿酬所得、特许权使用费所得以收入减除百分之二十的费用后的余额为收入额；其中，稿酬所得的收入额减按百分之七十计算。

非居民个人在一个纳税年度内税款扣缴方法保持不变，达到居民个人条件时，应当告知扣缴义务人基础信息变化情况，年度终了后按照居民个人有关规定办理汇算清缴。

第十条　扣缴义务人支付利息、股息、红利所得，财产租赁所得，财产转让所得或者偶然所得时，应当依法按次或者按月代扣代缴税款。

第十一条　劳务报酬所得、稿酬所得、特许权使用费所得，属于一次性收入的，以取得该项收入为一次；属于同一项目连续性收入的，以一个月内取得的收入为一次。

财产租赁所得，以一个月内取得的收入为一次。

利息、股息、红利所得，以支付利息、股息、红利时取得的收入为一次。

偶然所得，以每次取得该项收入为一次。

第十二条　纳税人需要享受税收协定待遇的，应当在取得应税所得时主动向扣缴义务人提出，并提交相关信息、资料，扣缴义务人代扣代缴税款时按照享受税收协定待遇有关办法办理。

第十三条 支付工资、薪金所得的扣缴义务人应当于年度终了后两个月内，向纳税人提供其个人所得和已扣缴税款等信息。纳税人年度中间需要提供上述信息的，扣缴义务人应当提供。

纳税人取得除工资、薪金所得以外的其他所得，扣缴义务人应当在扣缴税款后，及时向纳税人提供其个人所得和已扣缴税款等信息。

第十四条 扣缴义务人应当按照纳税人提供的信息计算税款、办理扣缴申报，不得擅自更改纳税人提供的信息。

扣缴义务人发现纳税人提供的信息与实际情况不符的，可以要求纳税人修改。纳税人拒绝修改的，扣缴义务人应当报告税务机关，税务机关应当及时处理。

纳税人发现扣缴义务人提供或者扣缴申报的个人信息、支付所得、扣缴税款等信息与实际情况不符的，有权要求扣缴义务人修改。扣缴义务人拒绝修改的，纳税人应当报告税务机关，税务机关应当及时处理。

第十五条 扣缴义务人对纳税人提供的《个人所得税专项附加扣除信息表》，应当按照规定妥善保存备查。

第十六条 扣缴义务人应当依法对纳税人报送的专项附加扣除等相关涉税信息和资料保密。

第十七条 对扣缴义务人按照规定扣缴的税款，按年付给百分之二的手续费。不包括税务机关、司法机关等查补或者责令补扣的税款。

扣缴义务人领取的扣缴手续费可用于提升办税能力、奖励办税人员。

第十八条 扣缴义务人依法履行代扣代缴义务，纳税人不得拒绝。纳税人拒绝的，扣缴义务人应当及时报告税务机关。

第十九条 扣缴义务人有未按照规定向税务机关报送资料和信息、未按照纳税人提供信息虚报虚扣专项附加扣除、应扣未扣税款、不缴或少缴已扣税款、借用或冒用他人身份等行为的，依照《中华人民共和国税收征收管理法》等相关法律、行政法规处理。

第二十条 本办法相关表证单书式样，由国家税务总局另行制定发布。

第二十一条 本办法自 2019 年 1 月 1 日起施行。《国家税务总局关于印发〈个人所得税全员全额扣缴申报管理暂行办法〉的通知》（国税发〔2005〕205 号）同时废止。

《个人所得税专项附加扣除暂行办法》

（2018 年 12 月 13 日国务院发布，2019 年 1 月 1 日施行）

第一章　总　则

第一条　根据《中华人民共和国个人所得税法》（以下简称个人所得税法）规定，制定本办法。

第二条　本办法所称个人所得税专项附加扣除，是指个人所得税法规定的子女教育、继续教育、大病医疗、住房贷款利息或者住房租金、赡养老人等 6 项专项附加扣除。

第三条　个人所得税专项附加扣除遵循公平合理、利于民生、简便易行的原则。

第四条　根据教育、医疗、住房、养老等民生支出变化情况，适时调整专项附加扣除范围和标准。

第二章　子女教育

第五条　纳税人的子女接受全日制学历教育的相关支出，按照每个子女每月 1000 元的标准定额扣除。

学历教育包括义务教育（小学、初中教育）、高中阶段教育（普通高中、中等职业、技工教育）、高等教育（大学专科、大学本科、硕士研究生、博士研究生教育）。

年满 3 岁至小学入学前处于学前教育阶段的子女,按本条第一款规定执行。

第六条 父母可以选择由其中一方按扣除标准的 100% 扣除,也可以选择由双方分别按扣除标准的 50% 扣除,具体扣除方式在一个纳税年度内不能变更。

第七条 纳税人子女在中国境外接受教育的,纳税人应当留存境外学校录取通知书、留学签证等相关教育的证明资料备查。

第三章 继续教育

第八条 纳税人在中国境内接受学历(学位)继续教育的支出,在学历(学位)教育期间按照每月 400 元定额扣除。同一学历(学位)继续教育的扣除期限不能超过 48 个月。纳税人接受技能人员职业资格继续教育、专业技术人员职业资格继续教育的支出,在取得相关证书的当年,按照 3600 元定额扣除。

第九条 个人接受本科及以下学历(学位)继续教育,符合本办法规定扣除条件的,可以选择由其父母扣除,也可以选择由本人扣除。

第十条 纳税人接受技能人员职业资格继续教育、专业技术人员职业资格继续教育的,应当留存相关证书等资料备查。

第四章 大病医疗

第十一条 在一个纳税年度内,纳税人发生的与基本医保相关的医药费用支出,扣除医保报销后个人负担(指医保目录范围内的自付部分)累计超过 15000 元的部分,由纳税人在办理年度汇算清缴时,在 80000 元限额内据实扣除。

第十二条 纳税人发生的医药费用支出可以选择由本人或者其配偶扣除;未成年子女发生的医药费用支出可以选择由其父母一方扣除。

纳税人及其配偶、未成年子女发生的医药费用支出,按本办法第十一条规定分别计算扣除额。

第十三条 纳税人应当留存医药服务收费及医保报销相关票据原件(或者复印件)等资料备查。医疗保障部门应当向患者提供在医疗保障信息系统记录的本人年度医药费用信息查询服务。

第五章　住房贷款利息

第十四条　纳税人本人或者配偶单独或者共同使用商业银行或者住房公积金个人住房贷款为本人或者其配偶购买中国境内住房，发生的首套住房贷款利息支出，在实际发生贷款利息的年度，按照每月1000元的标准定额扣除，扣除期限最长不超过240个月。纳税人只能享受一次首套住房贷款的利息扣除。

本办法所称首套住房贷款是指购买住房享受首套住房贷款利率的住房贷款。

第十五条　经夫妻双方约定，可以选择由其中一方扣除，具体扣除方式在一个纳税年度内不能变更。

夫妻双方婚前分别购买住房发生的首套住房贷款，其贷款利息支出，婚后可以选择其中一套购买的住房，由购买方按扣除标准的100%扣除，也可以由夫妻双方对各自购买的住房分别按扣除标准的50%扣除，具体扣除方式在一个纳税年度内不能变更。

第十六条　纳税人应当留存住房贷款合同、贷款还款支出凭证备查。

第六章　住房租金

第十七条　纳税人在主要工作城市没有自有住房而发生的住房租金支出，可以按照以下标准定额扣除：

（一）直辖市、省会（首府）城市、计划单列市以及国务院确定的其他城市，扣除标准为每月1500元；

（二）除第一项所列城市以外，市辖区户籍人口超过100万的城市，扣除标准为每月1100元；市辖区户籍人口不超过100万的城市，扣除标准为每月800元。

纳税人的配偶在纳税人的主要工作城市有自有住房的，视同纳税人在主要工作城市有自有住房。

市辖区户籍人口，以国家统计局公布的数据为准。

第十八条　本办法所称主要工作城市是指纳税人任职受雇的直辖市、计划单列市、副省级城市、地级市（地区、州、盟）全部行政区域范围；纳税人无任职受雇单位的，为受理其综合所得汇算清缴的税务机关所在城市。

夫妻双方主要工作城市相同的，只能由一方扣除住房租金支出。

第十九条 住房租金支出由签订租赁住房合同的承租人扣除。

第二十条 纳税人及其配偶在一个纳税年度内不能同时分别享受住房贷款利息和住房租金专项附加扣除。

第二十一条 纳税人应当留存住房租赁合同、协议等有关资料备查。

第七章 赡养老人

第二十二条 纳税人赡养一位及以上被赡养人的赡养支出，统一按照以下标准定额扣除：

（一）纳税人为独生子女的，按照每月 2000 元的标准定额扣除；

（二）纳税人为非独生子女的，由其与兄弟姐妹分摊每月 2000 元的扣除额度，每人分摊的额度不能超过每月 1000 元。可以由赡养人均摊或者约定分摊，也可以由被赡养人指定分摊。约定或者指定分摊的须签订书面分摊协议，指定分摊优先于约定分摊。具体分摊方式和额度在一个纳税年度内不能变更。

第二十三条 本办法所称被赡养人是指年满 60 岁的父母，以及子女均已去世的年满 60 岁的祖父母、外祖父母。

第八章 保障措施

第二十四条 纳税人向收款单位索取发票、财政票据、支出凭证，收款单位不能拒绝提供。

第二十五条 纳税人首次享受专项附加扣除，应当将专项附加扣除相关信息提交扣缴义务人或者税务机关，扣缴义务人应当及时将相关信息报送税务机关，纳税人对所提交信息的真实性、准确性、完整性负责。专项附加扣除信息发生变化的，纳税人应当及时向扣缴义务人或者税务机关提供相关信息。

前款所称专项附加扣除相关信息，包括纳税人本人、配偶、子女、被赡养人等个人身份信息，以及国务院税务主管部门规定的其他与专项附加扣除相关的信息。

本办法规定纳税人需要留存备查的相关资料应当留存五年。

第二十六条 有关部门和单位有责任和义务向税务部门提供或者协助核实以下与专项附加扣除有关的信息：

（一）公安部门有关户籍人口基本信息、户成员关系信息、出入境证件信息、相关出国人员信息、户籍人口死亡标识等信息；

（二）卫生健康部门有关出生医学证明信息、独生子女信息；

（三）民政部门、外交部门、法院有关婚姻状况信息；

（四）教育部门有关学生学籍信息（包括学历继续教育学生学籍、考籍信息）、在相关部门备案的境外教育机构资质信息；

（五）人力资源社会保障等部门有关技工院校学生学籍信息、技能人员职业资格继续教育信息、专业技术人员职业资格继续教育信息；

（六）住房城乡建设部门有关房屋（含公租房）租赁信息、住房公积金管理机构有关住房公积金贷款还款支出信息；

（七）自然资源部门有关不动产登记信息；

（八）人民银行、金融监督管理部门有关住房商业贷款还款支出信息；

（九）医疗保障部门有关在医疗保障信息系统记录的个人负担的医药费用信息；

（十）国务院税务主管部门确定需要提供的其他涉税信息。

上述数据信息的格式、标准、共享方式，由国务院税务主管部门及各省、自治区、直辖市和计划单列市税务局商有关部门确定。

有关部门和单位拥有专项附加扣除涉税信息，但未按规定要求向税务部门提供的，拥有涉税信息的部门或者单位的主要负责人及相关人员承担相应责任。

第二十七条　扣缴义务人发现纳税人提供的信息与实际情况不符的，可以要求纳税人修改。纳税人拒绝修改的，扣缴义务人应当报告税务机关，税务机关应当及时处理。

第二十八条　税务机关核查专项附加扣除情况时，纳税人任职受雇单位所在地、经常居住地、户籍所在地的公安派出所、居民委员会或者村民委员会等有关单位和个人应当协助核查。

第九章　附　则

第二十九条　本办法所称父母，是指生父母、继父母、养父母。本办法所称子女，是指婚生子女、非婚生子女、继子女、养子女。父母之外的其他人担任未成年人的监护人的，比照本办法规定执行。

第三十条　个人所得税专项附加扣除额一个纳税年度扣除不完的，不能结转以后年度扣除。

第三十一条　个人所得税专项附加扣除具体操作办法，由国务院税务主管部门另行制定。

第三十二条　本办法自 2019 年 1 月 1 日起施行。

个人所得税专项附加扣除信息表

填表日期： 年 月 日

扣除年度：

纳税人姓名：

纳税人识别号： □□□□□□□□□□□□□□□□□□

纳税人信息	手机号码		电子邮箱	
	联系地址		配偶情况	□有配偶　　　　□无配偶
纳税人配偶信息	姓名		身份证件类型	身份证件号码	□□□□□□□□□□ □□□□□□□□

一、子女教育

较上次报送信息是否发生变化：□首次报送（请填写全部信息）□无变化（不需重新填写）□有变化（请填写发生变化项目的信息）

子女一	姓名		身份证件类型		身份证件号码	□□□□□□□□□□ □□□□□□□□
	出生日期		当前受教育阶段		□学前教育阶段 □义务教育 □高中阶段教育 □高等教育	
	当前受教育阶段起始时间	年月	当前受教育阶段结束时间	年月	子女受教育终止时间＊不再受教育时填写	年　月
	就读国家（或地区）		就读学校		本人扣除比例	□100%（全额扣除） □50%（平均扣除）

	姓名		身份证件类型		□□□□□□□□□ □□□□□□	
子女二	出生日期		当前受教育阶段		□学前教育阶段 □义务教育 □高中阶段教育 □高等教育	
	当前受教育阶段起始时间	年月	当前受教育阶段结束时间	年月	子女受教育终止时间*不再受教育时填写	年　月
	就读国家（或地区）		就读学校		本人扣除比例	□100%（全额扣除）□50%（平均扣除）

二、继续教育

较上次报送信息是否发生变化：□首次报送（请填写全部信息）□无变化（不需重新填写）□有变化（请填写发生变化项目的信息）

学历（学位）继续教育	当前继续教育起始时间	年月	当前继续教育结束时间	年月	学历（学位）继续教育阶段	□专科 □本科 □硕士研究生 □博士研究生 □其它
职业资格继续教育	职业资格继续教育类型	□技能人员 □专业技术人员			证书名称	
	证书编号		发证机关		发证（批准）日期	

三、住房贷款利息

较上次报送信息是否发生变化：□首次报送（请填写全部信息）□无变化（不需重新填写）□有变化（请填写发生变化项目的信息）

房屋信息	房屋坐落地址	省（区、市）　　　　市　　　　县（区）街道（乡、镇）	
	产权证号/不动产登记号商品房买卖合同号/预售合同号		

续表

房贷信息	本人是否借款人	□是 □否	是否婚前各自首套贷款，且婚后分别扣除50%	□是		□否
	公积金贷款| 贷款合同编号					
	贷款期限（月）		首次还款日期			
	商业贷款| 贷款合同编号		贷款银行			
	贷款期限（月）		首次还款日期			

四、住房租金

较上次报送信息是否发生变化：□首次报送（请填写全部信息）□无变化（不需重新填写）□有变化（请填写发生变化项目的信息）

房屋信息	住房坐落地址	省（区、市） 市 县（区） 街道（乡、镇）	
租赁情况	出租方（个人） 姓　名	身份证件号码	□□□□□□□□□ □□□□□□□□
	出租方（单位） 名　称	纳税人识别号 （统一社会信用代码）	
	主要工作城市 （＊填写市一级）	住房租赁合同编号 （非必填）	
		租赁期止	

五、赡养老人

较上次报送信息是否发生变化：□首次报送（请填写全部信息）□无变化（不需重新填写）□有变化（请填写发生变化项目的信息）

纳税人身份		□独生子女	□非独生子女	
被赡养人一	姓名	身份证件类型	身份证件号码	□□□□□□□□□ □□□□□□□□
	出生日期	与纳税人关系	□父亲 □母亲 □其它	

续表

被赡养人二	姓名	身 份 证 件类型	身份证件号码	□□□□□□□ □□□□□□□
	出生日期	与纳税人关系	□父亲　□母亲　□其它	
共同赡养人信息	姓名	身份证件类型	身份证件号码	□□□□□□□ □□□□□□□
	姓名	身份证件类型	身份证件号码	□□□□□□□ □□□□□□□
	姓名	身份证件类型	身份证件号码	□□□□□□□ □□□□□□□
	姓名	身份证件类型	身份证件号码	□□□□□□□ □□□□□□□
分摊方式 *独生子女 不需要填写	□平均分摊 □赡养人约定分摊 □被赡养人指定分摊		本年度月 扣除金额	

六、大病医疗（仅限综合所得年度汇算清缴申报时填写）

较上次报送信息是否发生变化：□首次报送（请填写全部信息）□无变化（不需重新填写）□有变化（请填写发生变化项目的信息）

患者一	姓名	身份证件类型	身份证件号码	□□□□□□□ □□□□□□□
	医药用费	个人负担金额	与纳税人关系	□本人　□配偶 □未成年子女
患者二	姓名	身份证件类型	身份证件号码	□□□□□□□ □□□□□□□
	医药用费	个人负担金额	与纳税人关系	□本人　□配偶 □未成年子女

需要在任职受雇单位预扣预缴工资、薪金所得个人所得税时享受专项附加扣除的，填写本栏

重要提示：当您填写本栏表示您已同意该任职受雇单位使用本表信息为您办理专项附加扣除。

| 扣缴义务人名称 | | 扣缴义务人纳
税人识别号
（统一社会信用代码） | □□□□□□□
□□□□□□□ |

本人承诺：我已仔细阅读了填表说明，并根据《中华人民共和国个人所得税法》及其实施条例《个人所得税专项附加扣除暂行办法》《个人所得税专项附加扣除操作办法（试行）》等相关法律法规规定填写本表。本人已就所填的扣除信息进行了核对，并对所填内容的真实性、准确性、完整性负责。 纳税人签字：　　　　　　　　　　　年　　　　月　　　　日		
扣缴义务人签章： 经办人签字： 接受日期：年 月 日	代理机构签章： 代理机构统一社会信用代码： 经办人签字： 经办人身份证号码：	受理人： 受理税务机关（章）： 受理日期：　　年　　月　　日

《国家税务总局关于进一步加强高收入者个人所得税征收管理的通知》

(国税发〔2010〕54号)

各省、自治区、直辖市和计划单列市地方税务局，西藏、宁夏、青海省(自治区)国家税务局：

近年来，随着我国经济的快速发展，城乡居民收入水平不断提高，个人收入差距扩大的矛盾也日益突出。为强化税收征管，充分发挥税收在收入分配中的调节作用，现就进一步加强高收入者个人所得税征收管理有关问题通知如下：

一、认真做好高收入者应税收入的管理和监控

各地税务机关要继续深入贯彻落实国家税务总局关于加强个人所得税管理的工作思路，夯实高收入者个人所得税征管基础。

(一) 摸清本地区高收入者的税源分布状况

各地要认真开展个人所得税税源摸底工作，结合本地区经济总体水平、产业发展趋势和居民收入来源特点，重点监控高收入者相对集中的行业和高收入者相对集中的人群，摸清高收入行业的收入分配规律，掌握高收入人群的主要所得来源，建立高收入者所得来源信息库，完善税收征管机制，有针对性地加强个人所得税征收管理工作。

（二）全面推进全员全额扣缴明细申报管理

1. 要认真贯彻落实税务总局关于推进全员全额扣缴明细申报的部署和要求，并将全员全额扣缴明细申报管理纳入税务机关工作考核体系。税务总局将不定期进行抽查、考评和通报相关情况。

2. 要督促扣缴义务人按照《个人所得税法》第八条、《个人所得税法实施条例》第三十七条和《国家税务总局关于印发〈个人所得税全员全额扣缴申报管理暂行办法〉的通知》（国税发［2005］205号）的规定，实行全员全额扣缴申报。

扣缴义务人已经实行全员全额扣缴明细申报的，主管税务机关要促使其提高申报质量，特别是要求其如实申报支付工薪所得以外的其他所得（如劳务报酬所得等）、非本单位员工的支付信息和未达到费用扣除标准的支付信息。

扣缴义务人未依法实行全员全额扣缴明细申报的，主管税务机关应按照税收征管法有关规定对其进行处罚。

（三）加强年所得12万元以上纳税人自行纳税申报管理

年所得12万元以上纳税人自行纳税申报是纳税人的法定义务，是加强高收入者征管的重要措施。各地税务机关要健全自行纳税申报制度，优化申报流程，将自行纳税申报作为日常征管工作，实行常态化管理。通过对高收入者税源分布状况的掌握、扣缴义务人明细申报信息的审核比对，以及加强与工商、房管、人力资源和社会保障、证券机构等部门的协作和信息共享，进一步促进年所得12万元以上纳税人自行纳税申报。要注重提高自行纳税申报数据质量。采取切实措施，促使纳税人申报其不同形式的所有来源所得，不断提高申报数据的真实性和完整性。对未扣缴税款或扣缴不足的，要督促纳税人补缴税款；纳税人应申报未申报、申报不实少缴税款的，要按照税收征管法相关规定进行处理。

（四）积极推广应用个人所得税信息管理系统

没有推广应用个人所得税信息管理系统和推广面较小的地区，省级税务机关要加大工作力度，按照税务总局工作部署和要求，确保个人所得税管理系统推广到所有实行明细申报的扣缴义务人。已经全面推广应用个人所得税信息管理系统的地区，要按照要求，尽快将个人所得税明细数据向税务总局集中。

二、切实加强高收入者主要所得项目的征收管理

（一）加强财产转让所得征收管理

1. 加强限售股转让所得征收管理。要加强与证券机构的联系，主动掌握本地区上市公司和即将上市公司的股东构成情况，做好限售股转让所得个人所得税征收工作。

2. 加强非上市公司股权转让所得征收管理。要继续加强与工商行政管理部门的合作，探索建立自然人股权变更登记的税收前置措施或以其他方式及时获取股权转让信息。对平价或低价转让的，要按照《国家税务总局关于加强股权转让所得征收个人所得税管理的通知》（国税函〔2009〕285号）的规定，依法核定计税依据。

3. 加强房屋转让所得征收管理。要切实按照《国家税务总局关于个人住房转让所得征收个人所得税有关问题的通知》（国税发〔2006〕108号）、《国家税务总局关于个人转让房屋有关税收征管问题的通知》（国税发〔2007〕33号）等相关文件规定，继续做好房屋转让所得征收个人所得税管理工作。

4. 加强拍卖所得征收管理。主管税务机关应及时了解拍卖相关信息，严格执行《国家税务总局关于加强和规范个人取得拍卖收入征收个人所得税有关问题的通知》（国税发〔2007〕38号）的规定，督促拍卖单位依法扣缴个人所得税。

（二）加强利息、股息、红利所得征收管理

1. 加强股息、红利所得征收管理。重点加强股份有限公司分配股息、红利时的扣缴税款管理，对在境外上市公司分配股息红利，要严格执行现行有关征免个人所得税的规定。加强企业转增注册资本和股本管理，对以未分配利润、盈余公积和除股票溢价发行外的其他资本公积转增注册资本和股本的，要按照"利息、股息、红利所得"项目，依据现行政策规定计征个人所得税。

2. 加强利息所得征收管理。要通过查阅财务报表相关科目、资产盘查等方式，调查自然人、企业及其他组织向自然人借款及支付利息情况，对其利息所得依法计征个人所得税。

3. 加强个人从法人企业列支消费性支出和从投资企业借款的管理。对投资者本人、家庭成员及相关人员的相应所得，要根据《财政部 国家税务总局关于规范个人投资者个人所得税征收管理的通知》（财税〔2003〕158号）规

定，依照"利息、股息、红利所得"项目计征个人所得税。

（三）加强规模较大的个人独资企业、合伙企业和个体工商户的生产、经营所得征收管理

1. 加强建账管理。主管税务机关应督促纳税人依照法律、行政法规的规定设置账簿。对不能设置账簿的，应按照税收征管法及其实施细则和《财政部 国家税务总局关于印发〈关于个人独资企业和合伙企业投资者征收个人所得税的规定〉的通知》（财税〔2000〕91号）等有关规定，核定其应税所得率。税务师、会计师、律师、资产评估和房地产估价等鉴证类中介机构不得实行核定征收个人所得税。

2. 加强非法人企业注销登记管理。企业投资者在注销工商登记之前，应向主管税务机关结清有关税务事宜，未纳税所得应依法征收个人所得税。

3. 加强个人消费支出与非法人企业生产经营支出管理。对企业资金用于投资者本人、家庭成员及其相关人员消费性和财产性支出的部分，应按照《财政部 国家税务总局关于规范个人投资者个人所得税征收管理的通知》（财税〔2003〕158号）等有关规定，依照"个体工商户的生产、经营所得"项目计征个人所得税。

（四）加强劳务报酬所得征收管理和工资、薪金所得比对管理

各地税务机关要与有关部门密切合作，及时获取相关劳务报酬支付信息，切实加强对各类劳务报酬，特别是一些报酬支付较高项目（如演艺、演讲、咨询、理财、专兼职培训等）的个人所得税管理，督促扣缴义务人依法履行扣缴义务。

对高收入行业的企业，要汇总全员全额明细申报数据中工资、薪金所得总额，与企业所得税申报表中工资费用支出总额比对，规范企业如实申报和扣缴个人所得税。

（五）加强外籍个人取得所得的征收管理

要积极与公安出入境管理部门协调配合，掌握外籍人员出入境时间及相关信息，为实施税收管理和离境清税等提供依据；积极与银行及外汇管理部门协调配合，加强对外支付税务证明管理，把住资金转移关口。各级国税局、地税局要密切配合，建立外籍个人管理档案，掌握不同国家外派人员的薪酬标准，重点加强来源于中国境内、由境外机构支付所得的管理。

三、扎实开展高收入者个人所得税纳税评估和专项检查

各地税务机关要将高收入者个人所得税纳税评估作为日常税收管理的重要内容，充分利用全员全额扣缴明细申报数据、自行纳税申报数据和从外部门获取的信息，科学设定评估指标，创新评估方法，建立高收入者纳税评估体系。对纳税评估发现的疑点，要进行跟踪核实、约谈和调查，督促纳税人自行补正申报、补缴税款。发现纳税人有税收违法行为嫌疑的，要及时移交税务稽查部门立案检查。

稽查部门要将高收入者个人所得税检查列入税收专项检查范围，认真部署落实。在检查中，要特别关注高收入者的非劳动所得是否缴纳税款和符合条件的高收入者是否办理自行纳税申报。对逃避纳税、应申报未申报、申报不实等情形，要严格按照税收征管法相关规定进行处理。对典型案例，要通过媒体予以曝光。

四、不断改进纳税服务，引导高收入者依法诚信纳税

各地税务机关在加强高收入者个人所得税征收管理的同时，要切实做好纳税服务工作。要有针对性地对高收入者开展个人所得税法宣传和政策辅导，引导高收入者主动申报、依法纳税，形成诚信纳税的良好氛围；要推进"网上税务局"建设，建立多元化的申报方式，为纳税人包括高收入者提供多渠道、便捷化的申报纳税服务；要积极了解纳税人的涉税诉求，拓展咨询渠道，提高咨询回复质量和效率；要做好为纳税人开具完税证明和纳税人的收入、纳税信息保密管理工作，切实维护纳税人合法权益。

《国家税务总局关于切实加强高收入者个人所得税征管的通知》

（国税发〔2011〕50号）

各省、自治区、直辖市和计划单列市国家税务局、地方税务局：

2010年5月，国家税务总局下发了《关于进一步加强高收入者个人所得税征收管理的通知》（国税发〔2010〕54号），各级税务机关采取有效措施，认真贯彻落实，取得积极成效。根据党的十七届五中全会通过的《中共中央关于制定国民经济和社会发展第十二个五年规划的建议》（以下简称《建议》）和十一届全国人大四次会议批准的《中华人民共和国国民经济和社会发展第十二个五年规划纲要》（以下简称《纲要》）对税收调节收入分配的有关要求，现就进一步做好高收入者个人所得税征管工作通知如下：

一、充分认识新形势下加强高收入者个人所得税征管的重要意义

党中央、国务院对收入分配问题高度重视，强调要合理调整收入分配关系。税收具有调节收入分配的重要功能，《建议》要求"加强税收对收入分配的调节作用，有效调节过高收入"。《纲要》提出要"完善个人所得税征管机制"，"加大对高收入者的税收调节力度"。做好高收入者个人所得税征管工作，对于有效地发挥税收调节收入分配的职能作用，促进社会公平正义与和谐稳定，具有重要意义。各级税务机关要认真贯彻落实党中央、国务院的部署和要求，将加强高收入者个人所得税征管作为当前和今后一个时期的一项

重点工作，进一步强化征管基础，完善征管手段，创新管理和服务方式，为加快形成合理有序的收入分配格局做出积极努力。

二、不断完善高收入者主要所得项目的个人所得税征管

各级税务机关要继续贯彻落实国税发〔2010〕54号文件规定，以非劳动所得为重点，依法进一步加强高收入者主要所得项目征管。

（一）加强财产转让所得征管

1. 完善自然人股东股权（份）转让所得征管。

（1）积极与工商行政管理部门合作，加强对个人转让非上市公司股权所得征管。重点做好平价或低价转让股权的核定工作，建立电子台账，记录股权转让的交易价格和税费情况，强化财产原值管理。

（2）加强个人对外投资取得股权的税源管理，重点监管上市公司在上市前进行增资扩股、股权转让、引入战略投资者等行为的涉税事项，防止税款流失。

（3）与相关部门密切配合，积极做好个人转让上市公司限售股个人所得税征管工作。

2. 加强房屋转让所得和拍卖所得征管。

（1）搞好与相关部门的配合，加强房屋转让所得征管，符合查实征收条件的，坚持实行查实征收；确实不符合查实征收条件的，按照有关规定严格核定征收。

（2）加强与本地区拍卖单位的联系，掌握拍卖所得税源信息，督促拍卖单位依法代扣代缴个人所得税。

3. 抓好其他形式财产转让所得征管。重点是加强个人以评估增值的非货币性资产对外投资取得股权（份）的税源管理，完善征管链条。

（二）深化利息、股息、红利所得征管

1. 加强企业分配股息、红利的扣缴税款管理，重点关注以未分配利润、盈余公积和资产评估增值转增注册资本和股本的征管，堵塞征管漏洞。

2. 对投资者本人及其家庭成员从法人企业列支消费支出和借款的，应认真开展日常税源管理和检查，对其相关所得依法征税。涉及金额较大的，应核实其费用凭证的真实性、合法性。

3. 对连续盈利且不分配股息、红利或者核定征收企业所得税的企业，其个人投资者的股息、红利等所得，应实施重点跟踪管理，制定相关征管措施。

同时，加强企业注销时个人投资者税收清算管理。

4. 对企业及其他组织向个人借款并支付利息的，应通过核查相关企业所得税前扣除凭证等方式，督导企业或有关组织依法扣缴个人所得税。

（三）完善生产经营所得征管

1. 重点加强规模较大的个人独资、合伙企业和个体工商户的生产经营所得的查账征收管理；难以实行查账征收的，依法严格实行核定征收。对律师事务所、会计师事务所、税务师事务所、资产评估和房地产估价等鉴证类中介机构，不得实行核定征收个人所得税。

2. 对个人独资企业和合伙企业从事股权（票）、期货、基金、债券、外汇、贵重金属、资源开采权及其他投资品交易取得的所得，应全部纳入生产经营所得，依法征收个人所得税。

3. 将个人独资企业、合伙企业和个体工商户的资金用于投资者本人、家庭成员及其相关人员消费性支出和财产性支出的，严格按照相关规定计征个人所得税。

4. 加强个人独资、合伙企业和个体工商户注销登记管理，在其注销登记前，主管税务机关应主动采取有效措施处理好有关税务事项。

三、继续加强高收入行业和人群的个人所得税征管

（一）加强以非劳动所得为主要收入来源人群的征管

密切关注持有公司大量股权、取得大额投资收益以及从事房地产、矿产资源投资、私募基金、信托投资等活动的高收入人群，实行重点税源管理。

（二）做好高收入行业工薪所得征管工作

1. 深化高收入行业工薪所得扣缴税款管理。重点关注高收入行业企业的中高层管理人员各项工资、薪金所得，尤其是各类奖金、补贴、股票期权和限制性股票等激励所得。

2. 加强高收入行业企业扣缴个人所得税的工资、薪金所得总额与企业所得税申报表中工资费用支出总额的比对，强化企业所得税和个人所得税的联动管理。

3. 对以各种发票冲抵个人收入，从而偷逃个人所得税的行为，严格按照税收征管法的规定予以处罚。

（三）对纳税人从两处或两处以上取得工资、薪金所得，应通过明细申报

数据等信息汇总比对，加强纳税人自行申报纳税管理。

（四）完善数额较大的劳务报酬所得征管

1. 督促扣缴义务人依法履行扣缴义务，与有关部门密切合作，及时获取相关劳务报酬支付信息，重点加强数额较大劳务报酬所得的征管。

2. 加强对个人从事影视表演、广告拍摄及形象代言等获取所得的源泉控管，重点做好相关人员通过设立艺人工作室、劳务公司及其他形式的企业或组织取得演出收入的所得税征管工作。

（五）加强高收入外籍个人取得所得的征管

1. 进一步建立和充实外籍个人管理档案，掌握不同国家、不同行业、不同职位的薪酬标准，加强来源于中国境内、由境外机构支付所得的管理。充分利用税收情报交换和对外支付税务证明审核等信息，加强在中国境内无住所但居住超过 5 年的个人境外所得税收征管。

2. 加强外籍个人提供非独立劳务取得所得的征管，抓好对由常设机构或固定基地负担外籍个人报酬的监管，防范税收协定滥用。

四、建立健全高收入者应税收入监控体系

加强税务机关内部和外部涉税信息的获取与整合应用。通过各类涉税信息的分析、比对，掌握高收入者经济活动和税源分布特点、收入获取规律等情况，有针对性地加强高收入者个人所得税征管。

（一）强化税源管理基础

1. 按照税务总局的统一部署和要求，通过推广应用个人所得税管理信息系统等手段，加强扣缴义务人全员全额扣缴明细申报管理，建立健全个人纳税档案。

2. 推进年所得 12 万元以上纳税人自行纳税申报常态化管理，不断提高申报数据质量，加强申报补缴税款管理。

3. 逐步建立健全自行纳税申报和全员全额扣缴申报信息交叉稽核机制，完善高收入者税源管理措施。

4. 国税局和地税局密切配合，健全信息传递和反馈机制，形成征管工作合力。

（二）建立协税护税机制

1. 根据税收征管法的规定，加强税务机关与公安、工商、银行、证券、

房管、外汇管理、人力资源和社会保障等相关部门与机构的协作，共享涉税信息，完善配套措施。

2. 积极争取地方政府的支持，建立健全政府牵头的涉税信息共享机制，明确相关部门协税护税的责任和义务。

五、深入开展纳税服务、纳税评估和专项检查

各级税务机关要通过改进纳税服务，深化纳税评估，加强专项检查，促进纳税人依法诚信纳税。

（一）不断优化纳税服务

积极为纳税人提供多渠道、便捷化的申报纳税服务。了解纳税人的涉税诉求，提高咨询回复质量和效率。有针对性地对高收入者进行税法宣传和政策辅导，引导其主动申报、依法纳税。认真贯彻落实税务总局有关工作要求，继续做好为纳税人开具完税证明工作。严格执行为纳税人收入和纳税信息保密的有关规定，维护纳税人合法权益。

（二）切实加强日常税源管理和评估

坚持开展高收入者个人所得税日常税源管理，充分利用相关信息，科学设定评估指标，创新评估方法，积极开展纳税评估。对纳税评估发现的疑点，应进行跟踪核查、约谈；发现纳税人涉嫌税收违法行为的，应及时移交稽查部门立案检查。

（三）扎实做好个人所得税专项检查工作

按照税务总局的统一部署，认真开展个人所得税专项检查。同时，结合本地征管实际，选取部分高收入者比较集中的行业，切实搞好专项检查。加强税政、征管、稽查等部门的协调配合，及时提供违法线索，依法严厉查处。

各级税务机关要加强组织领导，认真做好高收入者个人所得税征管工作，并将其作为税收工作考核的重要内容。主动向地方政府汇报，加强与相关部门的沟通，争取各方面的支持和配合。根据本通知精神，结合实际制定具体实施方案。进一步研究强化基础工作、创新管理方式、完善征管手段、搞好税法宣传的有效措施，不断提高个人所得税征管水平。

国家税务总局

二〇一一年四月十五日

参考文献

一、专著类

[1] [比] 西尔文·R. F. 普拉斯切特：《对所得的分类、综合及二元课税模式》，国家税务局税收科学研究所译，中国财政经济出版社 1993 年版。

[2] 王雍君：《税制优化原理》，中国财政经济出版社 1995 年版。

[3] 樊丽明：《西方国家财政税收论纲》，山东大学出版社 1996 年版。

[4] 国家税务总局税收科学研究所编：《西方税收理论》，中国财政经济出版社 1997 年版。

[5] 曾繁正等编译：《财政管理学》，红旗出版社 1998 年版。

[6] 刘佐等：《个人所得税》，海南出版社 1998 年版。

[7] 刘剑文：《国际所得税法研究》，中国政法大学出版社 2000 年版。

[8] [日] 北野弘久：《税法学原论》，吉田庆子等译，中国检察出版社 2001 年版。

[9] 刘军、郭庆旺主编：《世界性税制改革理论与实践研究》，中国人民大学出版社 2001 年版。

[10] 解学智主编：《个人所得税》，中国财政经济出版社 2003 年版。

[11] 蔡秀云：《个人所得税制国际比较研究》，中国财政经济出版社 2002 年版。

[12] 刘隆亨：《中国税法概论》，北京大学出版社 2003 年版。

[13] 岳树民：《中国税制优化的理论分析》，中国人民大学出版社 2003 年版。

[15] 施正文主编：《中国税法评论》，中国税务出版社 2012 年版。

[16] 夏琛舸：《所得税的历史分析和比较研究》，东北财经大学出版社 2003 年版。

[18] 刘剑文、熊伟：《税法基础理论》，北京大学出版社 2004 年版。

[19] 刘剑文主编：《财税法学》，高等教育出版社 2004 年版，

[20] 刘剑文主编：《WTO 体制下的中国税收法治》，北京大学出版社 2004 年版。

[21] [日] 金子宏：《日本税法》，战宪斌等译，法律出版社 2004 年版。

[22] 胡怡建编著：《税收学》，上海财经大学出版社 2004 年版。

［23］张守文：《财税法疏议》，北京大学出版社 2005 年版。

［24］［美］阿兰·J. 奥尔巴克、马丁·费尔德斯坦主编：《公共经济学手册》（第 1 卷），匡小平、黄毅译，经济科学出版社 2005 年版。

［25］［英］威廉·配第：《赋税论》，邱霞、原磊译，华夏出版社 2006 年版。

［26］安体富、王海勇等：《当前中国税制改革研究》，中国税务出版社 2006 年版。

［27］刘剑文主编：《纳税主体法理研究》，经济管理出版社 2006 年版。

［28］刘剑文主编：《税法学》，北京大学出版社 2007 年版。

［29］张富强主编：《税法学》，法律出版社 2007 年版。

［30］温海滢：《个人所得税制度设计的理论研究》，中国财政经济出版社 2007 年版。

［31］刘佐：《中国税制概览》，经济科学出版社 2007 年版。

［32］徐孟洲主编：《税法原理》，中国人民大学出版社 2008 年版。

［33］韩国荣编：《个人所得税实务》，中国财政经济出版社 2008 年版。

［34］刘佐：《中国税制改革三十年》，中国财政经济出版社 2008 年版。

［35］王红晓：《完善个人所得税制度研究》，经济科学出版社 2008 年版。

［37］徐晔、袁莉莉、徐战平：《中国个人所得税制度》，复旦大学出版社 2010 年版。

［38］张怡主编：《税法学》，法律出版社 2010 年版。

［39］高培勇：《个人所得税：迈出走向"综合与分类相结合"的脚步》，中国财政经济出版社 2011 年版。

［40］李波：《我国个人所得税改革与国际比较》，中国财政经济出版社 2011 年版。

［41］曾康华：《当代西方税收理论与税制改革研究》，中国税务出版社 2011 年版。

［42］张富强：《经济法通论》，法律出版社 2012 年版。

［43］施正文主编：《中国税法评论》，中国税务出版社 2012 年版。

［45］张怡等：《衡平税法研究》，中国人民大学出版社 2012 年版。

［46］石坚、陈文东：《中国个人所得税混合模式研究》，中国财政经济出版社 2012 年版。

［47］庄富怡主编：《阳光下的纳税筹划》，石油工业出版社 2012 年版，

［48］郭凤喜、奚卫华主编：《个人所得税报税实务》，北京大学出版社 2012 年版。

［49］张彤、何小王主编：《个人所得税业务实训》，北京大学出版社 2012 年版。

［50］田雷编：《个人所得税纳税筹划 36 计》，东北财经大学出版社 2013 年版。

［51］［美］休·奥尔特、［加］布赖恩·阿诺德：《比较所得税法——结构性分析》，丁一、崔威译，北京大学出版社 2013 年版。

［52］陈红国：《个人所得税法律制度的演进路径》，中国社会科学出版社 2014 年版。

［53］徐静：《我国个人所得税的再分配效应研究》，中国税务出版社 2014 年版。

［54］刘剑文、熊伟：《财政税收法》（第 6 版），法律出版社 2014 年版。

［55］刘剑文、王桦宇：《两岸税法比较研究》，北京大学出版社 2015 年版。

[56] 熊伟：《财税改革的法律逻辑》，湖北人民出版社 2015 年版。

[57] 朱大旗编：《税法》，中国人民大学出版社 2015 年版。

[58] ［美］约翰·罗尔斯《正义论》，何怀宏、何包钢、廖申白译，中国社会科学出版社 1988 年版。

[59] ［美］理查德·A. 马斯格雷夫、艾伦·T. 皮考克：《财政理论史上的经典文献》，刘守刚、王晓丹译，上海财经大学出版社 2015 年版。

[60] 刘纯林：《个人所得税法变革专题研究》，世界图书出版公司 2015 年版。

[61] 张巍：《中国需要现代化的个人所得税——观英德美法个人所得税》，浙江工商大学出版社 2015 年版。

[62] 崔志坤：《个人所得税制度改革整体性推进》，经济科学出版社 2015 年版。

[63] 吕敏：《个人所得税制度改革研究——基于收入再分配的视角》，西南财经大学出版社 2015 年版。

[65] 许建国主编：《中国个人所得税改革研究》，中国财政经济出版社 2016 年版。

[66] 陈洋：《个人所得税综合税制可行性研究》，中国税务出版社 2016 年版。

[67] 葛玉御：《中国个人所得税的收入分配效应——新视角的评估》，经济科学出版社 2016 年版。

[68] 程平：《个人所得税 100 讲》，中国税务出版社 2016 年版。

[69] 刘剑文：《税法学》，北京大学出版社 2017 年版。

[70] 孙世强、尤绪超：《中西方税收制度理论与实践比较》，中国经济出版社 2017 年版。

[71] 王亭喜：《美国个人所得税制研究》，经济科学出版社 2017 年版。

[72] 胡怡建等编：《个人所得税税制国际比较》，中国税务出版社 2017 年版。

[73] 卓立峰编：《个人所得税政策与实务深度解析》，中国税务出版社 2017 年版。

[74] 严德军、董长春、吴健编：《个人所得税实务：政策解读、实务操作、案例分析》，中国市场出版社 2017 年版。

[75] 陈宇：《中国税制改革路径与效应：基于税收超额负担的视角》，中国税务出版社 2018 年版。

[76] 刘元春、李兵兵主编：《经营所得个人所得税纳税申报实务》，中国经济出版社 2018 年版。

[77] 孟佳、安慰主编：《个人所得税政策法规实务应用指南》，立信会计出版社 2018 年版。

[78] 吴健编：《新个人所得税实务与案例》，中国市场出版社 2019 年版。

[79] 孙莉莉编：《2019 个税新政实操手册》，中国工信出版集团、人民邮电出版社 2019 年版。

二、期刊类

[1] 温海滢："论个人所得税课税模式的选择"，载《广东商学院学报》2000 年第 4 期。

[2] 王宏波："我国个人所得税制改革综述"，载《西北师大学报（社会科学版）》2000 年第 4 期。

[3] 平新乔："最优税理论及其政策含义——效率、公平与信息"，载《涉外税务》2000 年第 11 期。

[4] 隋丽："个人所得税：问题与改革思路"，载《中央财经大学学报》2000 年第 12 期。

[5] 杨崇春："有关完善个人所得税制的几个问题"，载《税务研究》2001 年第 9 期。

[6] 黄慧敏："个人所得税的国际趋势及借鉴"，载《郑州大学学报（哲学社会科学版）》2001 年第 3 期。

[7] 姚涛："论个人所得税课税模式的改革"，载《乐山师范学院学报》2001 年第 3 期。

[8] 王树玲："我国个人所得税存在的问题及改革的设想"，载《山东科技大学学报（社会科学版）》2002 年第 2 期。

[9] 胡鞍钢："加强对高收入者个人所得税征收调节居民贫富收入差距"，载《财政研究》2002 年第 10 期。

[10] 朱明熙："个人所得税的调节作用何以失效"，载《经济学家》2002 年第 1 期。

[11] 迟淑贤："进一步完善我国个人所得税制的探讨"，载《扬州大学税务学院学报》2002 年第 4 期。

[12] 赵迎春、张巍："我国个人所得税改革的思路"，载《税务与经济》2002 年第 4 期。

[13] 许琳："中国与英国个人所得税的比较及借鉴"，载《经济纵横》2002 年第 11 期。

[14] 周国良、李萍："个人所得税：政策目标与完善"，载《西北师大学报（社会科学版）》2002 年第 6 期。

[15] 朱青："个人所得税免征额初探"，载《税务研究》2003 年第 10 期。

[16] 张富强："我国个人所得税税收负担的国际比较"，载《财贸经济》2003 年第 6 期。

[17] 童生、郑馨："个人所得税课税模式应当改革"，载《北京观察》2003 年第 12 期。

[18] 李萍："深化个人所得税改革的探讨"，载《开发研究》2003 年第 6 期。

[19] 马克和："完善我国个人所得税制的几点思考"，载《税务研究》2003 年第 3 期。

[20] 金晓通："综合所得税制是个人所得税改革的最佳选择"，载《税务研究》2003 年第 10 期。

[21] 张慧："完善我国个人所得税制的思考"，载《华东经济管理》2004 年第 5 期。

[22] 牛艳伟："刍议我国个人所得税制改革"，载《经济师》2004 年第 6 期。

[23] 杨斌、石建兴："中国式个人所得税的制度设计"，载《财政研究》2004 年第 7 期。

[24] 李志远："我国个人所得税税制模式的改革"，载《税务研究》2004 年第 11 期。

[25] 王晓红："个人所得税税制要素设计探讨"，载《涉外税务》2004 年第 7 期。

[26] 汤贡亮："税制改革的重要一环：改革与完善个人所得税"，载《中国税务》2004 年年第 4 期。

[27] 罗红云："从税收的纵向公平原则看我国个人所得税的设计"，载《新疆财经学院学报》2004 年第 3 期。

[28] 童生："当前我国个人所得税课税模式改革分析"，载《财政监督》2004 年第 7 期。

[29] 刘隆亨："逐步推进个税税制改革"，载《经济研究参考》2005 年第 79 期。

[30] 董再平："我国个人所得税制的功能定位和发展完善"，载《税务与经济》2005 年第 4 期。

[31] 刘佐、李本贵："个人所得税税前扣除的国际比较"，载《涉外税务》2005 年第 8 期。

[32] 张文春："个人所得税与收入再分配"，载《税务研究》2005 年第 11 期。

[33] 杨斌："不能用西方最优税收理论指导我国的税制改革"，载《厦门大学学报》2005 年第 5 期。

[34] 王飞："论我国个人所得税课税模式问题"，载《理论界》2005 年第 3 期。

[35] 田苗："我国个人所得税征税模式分析"，载《中国科技信息》2005 年第 20 期。

[36] 孙杭生、文烈掌："我国个人所得税制度的缺陷与改革思路"，载《商业研究》2005 年第 21 期。

[37] 郭再高、绍纯："对完善现行个人所得税税制的思考"，载《湖南人文科技学院学报》2005 年第 3 期。

[38] 张鹏飞、刘锦凤："关于我国个人所得税法的思考"，载《江苏科技大学学报（社会科学版）》2005 年第 3 期。

[39] 刘虹："在新一轮税制改革契机中完善个人所得税"，载《企业经济》2005 年第 7 期。

[40] 莫生红、李明伟："论我国个人所得税制的改革与完善"，载《经济纵横》2006 年第 7S 期。

[41] 张卫平："论个人所得税制度的改革"，载《商业研究》2006 年第 21 期。

[42] 薛香梅："我国个人所得税课税模式选择"，载《合作经济与科技》2006 年第 01X 期。

[43] 赵惠敏"所得概念的界定和所得课税"，载《当代经济研究》2006 年第 1 期。

[44] 郝春虹："效率与公平兼顾的最优所得税：理论框架及最优税率估计"，载《当代财经》2006 年第 2 期。

[45] 丛中笑："我国个人所得税法的再修改前瞻"，载《法学论坛》2006 年第 6 期。

[46] 柳建启、陈伟翔："浅论我国个人所得税法律制度改革——从《个人所得税法》的修

改谈起"，载《南京航空航天大学学报（社会科学版）》2006 年第 4 期。

[47] 李方："强化我国个人所得税调控功能的思考"，载《西南农业大学学报（社会科学版）》2006 年第 1 期。

[48] 刘升："我国个人所得税制度完善的法律思考"，载《湛江海洋大学学报》2006 年第 2 期。

[49] 欧阳俊、乔燕、陈卢："完善我国个人所得税制的思考"，载《华南农业大学学报（社会科学版）》2006 年第 2 期。

[50] 付丽红："关于改革和完善我国个人所得税制的思考"，载《贵州工业大学学报（社会科学版）》2006 年第 2 期。

[51] 张怡："论非均衡经济制度下税法的公平与效率"，载《现代法学》2007 年第 4 期。

[52] 温海滢："西方个人所得税税制度设计思想及其文献综述"，载《中南财经政法大学学报》2007 年第 5 期。

[53] 金峰："我国个人所得税课税模式：比较与改革"，载《统计与决策》2007 年第 1 期。

[54] 杜莉："论个人所得税的二元课税模式"，载《税务与经济》2007 年第 5 期。

[55] 胡巍："我国个人所得税课征模式选择"，载《河南社会科学》2007 年第 3 期。

[56] 吴荻枫："社会公平与个人所得税改革"，载《特区经济》2007 年第 9 期。

[57] 王逸："个人所得税模式改革的趋势分析"，载《改革与战略》2007 年第 11 期。

[58] 魏明英："基于公平与效率原则的我国个人所得税税率研究"，载《宁夏社会科学》2007 年第 1 期。

[59] 何杨："经济全球化下的个人所得税改革"，载《税务研究》2007 年第 6 期。

[60] 汤贡亮、周仕雅："从税基的视角完善个人所得税制"，载《税务研究》2007 年第 6 期。

[61] 吕桂英："试论我国个人所得税的发展与完善"，载《内蒙古科技与经济》2008 年第 24 期。

[62] 刘志娟："我国个人所得课税模式之比较与抉择"，载《会计之友》2008 年第 2 期。

[63] 丁芸："在公平视角下完善个人所得税"，载《税务研究》2008 年第 9 期。

[64] 黄威："关于中国个人所得税改革的研究综述"，载《上海财经大学学报（哲学社会科学版）》2008 年第 4 期。

[65] 朱建文："发达国家个人所得税征管模式的经验及其借鉴"，载《税务研究》2008 年第 10 期。

[66] 张明："我国个人所得税分类税制转向综合税制评析"，载《税务研究》2008 年第 1 期。

[67] 黄萍："完善现行个人所得税制的探讨——以税收公平为视角"，载《经济师》2008

年第 11 期。

[68] 李艳平："浅析我国现行个人所得税制的弊端及完善思路"，载《内蒙古科技与经济》2008 年第 24 期。

[69] 明月："个人所得税法的发展与完善"，载《中小企业管理与科技》2008 年第 11 期。

[70] 刘剑文："对个税工资薪金所得费用扣除标准的反思与展望——以人权保障为视角"，载《涉外税务》2009 年第 1 期。

[71] 乔梁："我国个人所得税制改革模式设计"，载《世界经济情况》2009 年第 6 期。

[72] 陈玲："勤劳所得与非勤劳所得课税模式的选择"，载《现代商业》2009 年第 18 期。

[73] 卢艳宁："关于我国个人所得税坚持公平原则的法律制度设计"，载《财政监督》2009 年第 15 期。

[74] 张惠颖："我国个人所得税改革的几点设想"，载《中国新技术新产品》2009 年第 19 期。

[75] 武辉："当前个人所得税存在的问题与对策研究"，载《中央财经大学学报》2009 年第 1 期。

[76] 郑淑芳："完善个人所得税税制所需要的法律条件"，载《税务研究》2009 年第 3 期。

[77] 董再平、黄晓虹、邓文勇："东盟四国个人所得税税制比较与借鉴"，载《涉外税务》2009 年第 10 期。

[78] 冯曦明："从公平视角看个人所得税税制模式的选择"，载《财会研究》2009 年第 5 期。

[79] 高培勇："个人所得税改革的内容、进程与前瞻"，载《理论前沿》2009 年第 6 期。

[80] 李文："国外个人所得税改革的趋向及动因"，载《涉外税务》2009 年第 10 期。

[81] 华雅琴、张志忠："我国个人所得税税制模式转轨需要解决的若干问题"，载《涉外税务》2009 年第 10 期。

[82] 李波："公平分配视角下的个人所得税模式选择"，载《税务研究》2009 年第 3 期。

[83] 周涛："中国个人所得税税制模式的选择"，载《经济管理者》2009 年第 12 期。

[84] 王晓红："交叉型分类综合个人所得税税制设计"，载《税务与经济》2009 年第 4 期。

[85] 贾康、梁季："我国个人所得税改革问题研究——兼论'起征点'问题合理解决的思路"，载《财政研究》2010 年第 4 期。

[86] 崔志坤："综合与分类混合型个人所得税模式设计的不同取向"，载《税务研究》2010 年第 9 期。

[87] 岳树民、卢艺："世界主要经济体个人所得税课税模式及对我国的启示"，载《中国税务》2010 年第 11 期。

[88] 汪亮、毛家骥："个人所得税二元所得税模式国际比较"，载《企业导报》2010 年第 1 期。

[89] 孙钢："我国个人所得税制改革进展：'快板'还是'慢板'"，载《税务研究》2010 年第 3 期。

[90] 刘佐："中国个人所得税制度发展的回顾与展望——纪念《中华人民共和国个人所得税法》公布 30 周年"，载《税务研究》2010 年第 9 期。

[91] 邓子基、李永刚："最优所得税理论与我国个人所得税的实践"，载《涉外税务》2010 年第 2 期。

[92] 刘剑文："收入分配改革与财税法制创新"，载《中国法学》2011 年第 5 期。

[93] 施正文："分配正义与个人所得税法改革"，载《中国法学》2011 年第 5 期。

[94] 刘隆亨："我国个人所得税法的评析及其改革与完善"，载《北京联合大学学报（人文社会科学版）》2011 年第 2 期。

[95] 余显财："个人所得税税制模式：公平与效率的权衡"，载《中南财经政法大学学报》2011 年第 2 期。

[96] 张洪、杨荣海："现行分类个人所得税模式的制度优化探讨"，载《财会研究》2011 年第 5 期。

[97] 黄凤羽："中国个人所得税改革的路径选择：从分类到综合"，载《中央财经大学学报》2011 年第 7 期。

[98] 高培勇："迈出走向综合与分类相结合个人所得税制度的脚步"，载《中国财政》2011 年第 18 期。

[99] 闫泽滢："从混合课税模式看《个人所得税法》修订和完善"，载《税务研究》2011 年第 9 期。

[100] 樊轶侠："逐步完善个人所得税课税模式"，载《涉外税务》2011 年第 9 期。

[101] 史正保、李涛、王治："公平视角下我国个人所得税税制模式之选择"，载《甘肃社会科学》2011 年第 4 期。

[102] 刘畅："公平视角下的个人所得税改革设想"，载《经济问题探索》2011 年第 2 期。

[104] 刘丽、丘首群、郑云鹤："OECD 成员国个人所得税管理经验简介"，载《涉外税务》2011 年第 2 期。

[105] 李雪梅："调整后个人所得税制度存在的问题及对策"，载《山西财经大学学报》2011 年第 S3 期。

[106] 魏小文、朱新林："完善我国个人所得税制的构想"，载《技术经济与管理研究》2011 年第 5 期。

[107] 施正文："论我国个人所得税法改革的功能定位与模式选择"，载《政法论丛》2012 年第 2 期。

[108] 刘阳："我国个人所得税征收模式改革探讨"，载《财会通讯》2012 年第 9 期。

[109] 安福仁、沈向民："个人所得税税制的模式比较与路径选择"，载《生产力研究》2012 年第 2 期。

[110] 池巧珠："论税收公平原则与个人所得税制的审视"，载《长春工业大学学报（社会科学版）》2012 年第 2 期。

[111] 薛震阳："个人所得税制度对缓解收入分配不公的影响分析"，载《金融经济》2012 年第 10 期。

[112] 金艳艳："公平收入分配下个人所得税法征税模式改革"，载《知识经济》2012 年第 4 期。

[113] 崔志坤："基于课税模式转变视角下的个人所得税征收管理框架分析"，载《地方财政研究》2013 年第 9 期。

[114] 沈向民："西方个人所得税课税模式的经验与借鉴"，载《现代经济探讨》2013 年第 8 期。

[115] 陈茂国、袁希："我国个人所得税课税单位改革探究"，载《法学评论》2013 年第 1 期。

[116] 张海霞："论我国个人所得税制度改革与完善——基于居民收入公平分配视角"，载《学术交流》2013 年第 4 期。

[117] 韩青、丁成名："个人所得税：模式选择与建议"，载《国际税收》2013 年第 8 期。

[118] 胡绍雨、申曙光："加强我国个人所得税收入分配功能的改革探索"，载《湖北经济学院学报》2013 年第 6 期。

[119] 凌荣安："个人所得税改革指向及其问题分析"，载《经济研究参考》2013 年第 17 期。

[120] 孙亦军、梁云凤："我国个人所得税改革效果评析及对策建议"，载《中央财经大学学报》2013 年第 1 期。

[121] 李英伟、李松森："个人所得税制调节居民收入分配问题的思考——基于美国经验的视角"，载《湖北经济学院学报》2013 年第 1 期。

[122] 黄菊英："我国个人所得税流失的原因及对策研究"，载《会计之友》2014 年第 14 期。

[123] 胡绍雨、申曙光："关于强化我国个人所得税收入分配功能的探析"，载《当代经济管理》2014 年第 1 期。

[124] 崔军、朱晓璐："论综合与分类相结合计征方式下的我国个人所得税改革"，载《税务研究》2014 年第 9 期。

[125] 谢敏："我国个人所得税法的改革与完善"，载《统计与管理》2014 年第 3 期。

[126] 任晨梅："我国个人所得税现状及问题剖析"，载《现代商贸工业》2014 年第

20 期。

[127] 李华琴："基于公平角度谈中国当前的个人所得税"，载《经济研究导刊》2014 年第 24 期。

[128] 吴俊培、张帆："对我国税收收入结构分析及改革方向探讨"，载《经济问题探索》2014 年第 5 期。

[129] 俞杰："个人所得税课税单位的选择与评析"，载《税务研究》2015 年第 2 期。

[130] 薛刚、李炜光、赵瑞："关于我国个人所得税课税单位的选择问题"，载《南方经济》2015 年第 7 期。

[131] 王希："公平视角下我国个人所得税改革探讨"，载《西部财会》2015 年第 6 期。

[132] 胡绍雨："进一步完善我国个人所得税制度的再思考"，载《武汉科技大学学报（社会科学版）》2015 年第 6 期。

[133] 应永胜、林阳春："我国个人所得税课税模式的优化选择"，载《价格理论与实践》2015 年第 10 期。

[134] 涂虎："我国分类综合个人所得税制设计"，载《中外企业家》2016 年第 8 期。

[135] 王萍："个人所得税税制模式比较及我国税制选择"，载《江汉学术》2016 年第 2 期。

[136] 刘璐："个人所得税综合与分类税制模式比较及我国的税制选择"，载《经济研究导刊》2016 年第 20 期。

[137] 蓝相洁："个人所得税税制模式辨析与选择路径"，载《地方财政研究》2016 年第 12 期。

[138] 王玮："同源课税模式下的个人所得税：基于对美国的分析"，载《税务与经济》2016 年第 2 期。

[139] 王金兰："个人所得税课税模式演变与改革——基于纳税遵从视角"，载《财会通讯》2016 年第 8 期。

[140] 康姝萌："中美个人所得税制度对比分析"，载《财经问题研究》2016 年第 S2 期。

[141] 李升、杨武："个人所得税改革：以促进公平为视角"，载《税务研究》2016 年第 2 期。

[142] 张晶："论我国个人所得税纳税单位的选择"，载《中国市场》2016 年第 5 期。

[143] 李文碧："基于个人所得税流失论的所得税改革思考"，载《中国商论》2016 年第 2 期。

[144] 韩洋洋、金鑫："我国个人所得税实行以家庭课税的问题研究"，载《中国商论》2016 年第 2 期。

[145] 杨斌："论中国式个人所得税征管模式"，载《税务研究》2017 年第 2 期。

[146] 许建国："税收公平问题的理论渊源与现实思考"，载《税务研究》2017 年第 5 期。

[147] 王树锋、徐晗："我国个人所得税税制存在的问题与改革建议"，载《商业会计》2017 年第 3 期。

[148] 戚冉佳："浅谈我国个人所得税征收模式改革"，载《西部财会》2017 年第 1 期。

[150] 王建琴："我国个人所得税制度存在的问题及完善"，载《现代商贸工业》2017 年第 13 期。

[152] 洪晖琪、王国然："我国个人所得税课税模式改革探讨"，载《商业会计》2017 年第 14 期。

[153] 陈少英、王一骁："论附加福利课税的程序法路径——以《税收征管法修正案》引入自然人纳税识别号制度为重点"，载《上海财经大学学报（哲学社会科学版）》2017 年第 3 期。

[154] 张天姣："我国实行综合与分类相结合所得税制是现实选择——基于要素报酬的税收型角度"，载《当代财经》2017 年第 4 期。

[155] 刘华、魏娟、陈力朋："个人所得税征管信息凸显性与纳税遵从关系的实证分析"，载《税务研究》2017 年第 2 期。

[156] 张天姣："个人所得税制模式的比较分析"，载《财贸研究》2017 年第 4 期。

[157] 李闻一、林希希："我国个人所得税混合课税模式研究"，载《学习与实践》2018 年第 1 期。

[158] 任元明："我国个人所得税课税模式选择及优化路径研究"，载《教育财会研究》2018 年第 2 期。

[159] 陈贺鸿："我国个人所得税课税模式研究"，载《财会学习》2018 年第 21 期。

[160] 国家税务总局所得税司课题组、邓勇、王海勇："中国所得税制改革四十年：回顾和展望"，载《税务研究》2018 年第 10 期。

[161] 郑春荣、张麟琳："我国实施家庭课税制的改革前景——基于世界主要纳税单位模式的讨论"，载《税务研究》2018 年第 10 期。

[162] 艾华、吴玥："其他'金砖四国'个人所得税制度的分析与借鉴"，载《理论月刊》2018 年第 9 期。

[163] 杨志勇："现代税收制度建设：四十年个人所得税发展的思考"，载《经济纵横》2018 年第 6 期。

[164] 王敏、袁娇："中国税制改革四十年回溯与发展趋向"，载《经济纵横》2018 年第 6 期。

[165] 邓海卓："我国个人所得税改革的问题与方向"，载《经营与管理》2018 年第 6 期。

[166] 张依婷："中美个人所得税比较及启示"，载《合作经济与科技》2018 年第 16 期。

[167] 刘剑文、胡翔："《个人所得税法》修改的变迁评介与当代进路"，载《法学》2018 年第 9 期。

［168］武晓芬、耿溪谣："我国个人所得税税制模式改革及其完善对策——基于实现税收公平的视角"，载《税务与经济》2019 年第 1 期。

［169］俞杰："税制累进设计与收入分配调节"，载《税务与经济》2019 年第 2 期。

［170］姚毅："新《个人所得税法》的解读及建议"，载《会计之友》2019 年第 2 期。

［171］孙健夫、舒飞："论面向新时代的个人所得税综合改革"，载《河北大学学报（哲学社会科学版）》2019 年第 1 期。

［172］蒋震："从经济社会转型进程看个人所得税改革"，载《河北大学学报（哲学社会科学版）》2019 年第 1 期。

［173］蔡素兰："全面二孩政策背景下个人所得税改革探析"，载《财会学习》2019 年第 1 期。

［174］陈建东、金泽宇、王平："有关个人所得税生计费用扣除的探究"，载《扬州大学学报（人文社会科学版）》2019 年第 1 期。

［175］熊文邦："税收公平原则下个人所得税法的立法完善"，载《中国党政干部论坛》2019 年第 2 期。

［176］张守文："个人所得税法的立法完善"，载《华东政法大学学报》2019 年第 1 期。

［177］邢会强："个人所得的分类规制与综合规制"，载《华东政法大学学报》2019 年第 1 期。

［178］吴旭东、王晓佳、宋文："个人所得税专项附加扣除研究"，载《财经问题研究》2019 年第 2 期。

［179］刘佐："从个人所得税制度改革看减税效应"，载《财政监督》2019 年第 4 期。

［180］李文："公平还是效率：2019 年个人所得税改革效应分析"，载《财贸研究》2019 年第 4 期。

［181］刘维彬、黄凤羽："我国个人所得税的税收负担及其优化"，载《税务研究》2020 年第 9 期。

［182］马珺："个人所得税税前扣除的基本逻辑：中美比较分析"，载《国际税收》2019 年第 9 期。

［183］侯卓："二元目标下的个人所得税法制度演进"，载《华中科技大学学报（社会科学版）》2020 年第 3 期。

［184］赵艾凤、姚震："进一步完善我国个人所得税扣除制度的构想"，载《税务研究》2020 年第 9 期。

［185］张旭："个人所得税专项附加扣除规则的反思与改进"，载《税务与经济》2020 年第 5 期。

［186］费茂清、杨昭、周克清："公平视角下我国新一轮个人所得税改革评价"，载《财经科学》2020 年第 7 期。

[187] 徐妍："个人所得税赡养老人专项附加扣除制度法律问题研究"，载《学习与探索》2020年第1期。

[188] 周晗燕："我国《个人所得税法》家庭课税的考量和路径分析"，载《商业研究》2021年第2期。

三、学位论文

[1] 王勇："公平与效率视角下我国个人所得税研究"，西南财经大学2009年博士学位论文。

[2] 马静："单一税理论与我国个人所得税改革实践"，财政部财政科学研究所2010年博士学位论文。

[3] 崔志坤："中国个人所得税制度改革研究"，财政部财政科学研究所2011年博士学位论文。

[5] 周琦深："个人所得税纳税遵从与税收征管"，华中科技大学2013年博士学位论文。

[6] 徐晔："我国个人所得税现行课税模式的弊端分析与改革研究"，复旦大学2014年博士学位论文。

[7] 陈辰："个人所得税家庭课征制的比较研究"，天津财经大学2014年博士学位论文。

[8] 周晓君："基于功能分析的中国个人所得税改革研究"，首都经济贸易大学2015年博士学位论文。

[9] 魏贵和："个人所得税制度及其运行效应的实证分析"，西南交通大学2015年博士学位论文。

[10] 夏宏伟："中国个人所得税制度改革研究"，财政部财政科学研究所2013年博士学位论文。

[11] 王婷："个人所得税税收征管与遵从问题研究"，华中科技大学2016年博士学位论文。

[12] 李琼："中国个人所得税收入之谜研究"，对外经济贸易大学2016年博士学位论文。

[13] 王堃："个人所得税税源监控研究"，东北财经大学2016年博士学位论文。

[14] 黄桂兰："个人所得税的再分配效应与改革升级研究"，中央财经大学2016年博士学位论文。

[15] 成琦："个人所得税费用扣除制度改革研究——综合与分类相结合的计征方式"，中国财政科学研究院2017年学位论文。

[16] 陈兴旺："论综合与分类相结合的个人所得税法律制度构建"，甘肃政法学院2017年硕士学位论文。

[17] 李军："我国个人所得税生计费用扣除制度完善研究"，中国政法大学2017年硕士学位论文。

［18］ 孟湘怡："我国个人所得税费用扣除标准的研究"，首都经济贸易大学 2018 年硕士学
　　　 位论文。

［19］ 桑润华："个人所得税综合与分类相结合税制改革研究——基于征管效率的视角"，
　　　 上海海关学院 2018 年学位论文。

［20］ 史祖峰："综合分类个人所得税模式下的国际观察与制度设计"，安徽财经大学 2018
　　　 年硕士学位论文。

［21］ 周浩然："税收效率原则下我国个人所得税法完善研究"，安徽大学 2018 年硕士学位
　　　 论文。

［22］ 孙阳："分类综合个人所得税改革研究"，首都经济贸易大学 2018 年硕士学位论文。

四、外文文献

［1］ Joseph J. Cordes, Arlene Holen, *Should the Government Prepare Individual Income Tax Returns?* Social Science Electronic Publishing, 2010.

［2］ Sahar Ashayer, Mansur Askari, Hossein Afarideh, "The Strengthening of the Function of Individual Income Tax for the Adjustment of Family Income——Based on a Family Income Survey of Urban Residents of Guangzhou", *Taxation Research*, 2011.

［3］ John Creedy, José Félix Sanz-Sanz, "Modelling Aggregate Individual Income Tax Revenue in Multi-schedular and Multi-regional Structures", 2011.

［4］ Congressional Budget Office, "Taxing Businesses Through the Individual Income Tax", *Reports*, 2012.

［5］ Walter W. Heller, "Limitations of the Federal Individual Income Tax", *The Journal of Finance*, 2012.

［6］ Diego Focanti, Mark Hallerberg and Carlos Scartascini, "Tax Reforms in Latin America in an Era of Democracy", *IDB Working Paper*, 2013.

［7］ Volker Meier, Matthias Wrede, "Reducing the Excess Burden of Subsidizing the Stork: Joint Taxation, Individual Taxation, and Family Tax Splitting", *Journal of Population Economics*, 2013.

［8］ Hans Fricke, Bernd Süssmuth, "Growth and Volatility of Tax Revenues in Latin America", *World Development*, 2014.

［9］ Thomas J. Hayes, Christopher Dennis, "State Adoption of Tax Policy", *American Politics Research*, 2014.

［10］ Thomas Aronsson, Johansson-Stenman, "Positional Preferences in Time and Space: Optimal Income Taxation With Dynamic Social Comparisons", *Journal of Economic Behavior & Organization*, 2014.

［11］ José Félix Sanz-Sanz, "Revenue-maximizing Tax Rates in Individual Income Taxation in the Presence of Consumption Taxes: a Note", *Applied Economics Letters*, 2015.

[12] Sören Blomquist, Vidar Christiansen, Luca Micheletto, "Public Provision of Private Goods, Self-selection and Income Tax Avoidance", *Scandinavian Journal of Economics*, 2016.

[13] Sanz-Sanz et al., "Consumption Tax Revenue and Individual Income Tax: Analytical Elasticities Under Non-standard Tax Structures", *Applied Economics*, 2016.

[14] Ugo Troiano, "Do Taxes Increase Economic Inequality? A Comparative Study Based on the State Individual Income Tax", *Nber Working Papers*, 2017.

[15] Anna Povarova, "Reforming Individual Income Tax Is the Crucial Factor in Stabilizing the Budgetary System", *Economic & Social Changes Facts*, 2017.

[16] Armin Von Schiller, "Party System Institution Alization and Reliance on Individual Income Taxation in Developing Countries", *Journal of International Development*, 2018.

[17] Diego Andria, "Superstars and Mediocrities: A Solution Based on Individual Income Taxation", *Journal of Economic Behavior & Organization*, 2018.

[18] Michael Sattinger, "Double Limit Analysis of Optimal Individual Income Taxation", *Oxford Economic Papers*, 2018.

[19] Simone Pellegrino, Guido Perboli, Giovanni Squillero, "Balancing the Equity Efficiency Trade-off in Individual Income Taxation: an Evolutionary Approach", 2018.

[20] G. -L. Gayle and A. Shephard, "Supplement to Optimal Taxation, Marriage, Home Production, and Family Labor Supply", *Econometrica Supplemental Material*, 2019.

后 记

　　斗转星移，岁月已成过往，本书是在博士论文的基础上修改完成的拙作。值此书落笔之际，回望整个撰写过程，一路充满了艰辛与收获，心中难以平复，感慨万千。

　　追忆三年的博士求学生涯，风雨兼程，收获颇丰，师恩难忘。首先，我要衷心地感谢我的恩师张富强教授。论文选题、框架设计、逻辑结构、论文定稿等诸多环节，张老师都倾注了大量心血。如今能顺利完成，离不开张老师对我一直以来的悉心教导、帮助与支持。犹记得初学财税法学，即拜在张老师门下，张老师在学术上治学严谨、思维缜密、见解独到；在工作中以身作则、言传身教、尽职尽责。求学三年期间，张老师总是孜孜不倦地传授知识，教导我做人的道理，并激励着我不断前进。张老师的为人处世和治学风范不仅让我终身受益，更是我学习的好榜样。寥寥数语不足以言师恩。在此，我衷心地感谢张老师长期以来对我的悉心栽培，并致以诚挚的谢意和崇高的敬意。

　　感谢华南理工大学法学院的所有任课教师对我的谆谆教诲，他们传经授业，使得我在撰写过程中犹如拨云见日，茅塞顿开。感谢胡婷老师一直以来给予我的关怀、帮助、支持与鼓励。感谢武汉大学熊伟教授在我的创作过程中，帮我答疑解惑、排忧解难、指点迷津。感谢吴大华院长在我求学生涯中给予的帮助、鼓励与支持。感谢贵州民族大学法学院宋强院长对我多年以来的鼓励、帮助与支持。感谢老同学吴迪为本书的撰写与创作提供了宝贵的调研机会。感谢左光杰科长在本书的写作中给予了很多税务实践中的启发和真知灼见。感谢贵州民族大学法学院和贵州民族大学科研处对本书出版的鼎力支持。

　　感谢我的父母，焉得谖草，言树之背，养育之恩，无以回报。在我求学与创作的过程中，你们不仅尊重、支持我当初的读博选择，还帮助我照顾好孩子的学习与生活。正因为有你们的鼎力支持，才有了我今天的如愿以偿。女儿此生报答不尽，无以言表。感谢我的爱人杨军先生及爱子悠悠，你们多年来对我的默默支持、理解与付出是我不断努力、克服困难、奋勇前进的精神动力。感谢我的弟弟和弟媳在读博期间帮我照顾父母和孩子，为我解决了后顾之忧。

　　尽管本书的撰写倾注了我全部的时间和精力，但囿于本人能力和水平有限，难免存在疏漏和遗憾，还望众读者不吝赐教，给予批评与指正，以增进我对个人所得税课税模式改革的认识。猛然回首，仿佛又回到了最初的起点。从当初的稚嫩与浅薄，到今天的成熟和深厚，撰写书稿，带给我的不仅仅是专业知识和学术水平的日益提升，更是一场人生的历练，即一场心理、身体、精神上的磨炼。在本书即将付梓之际，仿佛有种如释重负的感觉，不忘初心、不念过往、不负当下、不畏将来。我将继续秉持着以学为乐、皓首穷经的拼搏精神，再接再厉，续写辉煌！